职业教育双高建设系列教材

和谐型机车网络控制

主　编 ◎ 张宏林

副主编 ◎ 何安琪　程玉娟

西南交通大学出版社

·成　都·

图书在版编目（CIP）数据

和谐型机车网络控制 / 张宏林主编. —成都：西南交通大学出版社，2023.4
ISBN 978-7-5643-9087-7

Ⅰ. ①和… Ⅱ. ①张… Ⅲ. ①机车 – 网络系统 – 自动控制系统 Ⅳ. ①U285.4

中国版本图书馆 CIP 数据核字（2022）第 249007 号

Hexiexing Jiche Wangluo Kongzhi

和谐型机车网络控制

主　编 / 张宏林

责任编辑 / 穆　丰
封面设计 / 吴　兵

西南交通大学出版社出版发行
（四川省成都市金牛区二环路北一段 111 号西南交通大学创新大厦 21 楼　610031）
发行部电话：028-87600564　　028-87600533
网址：http://www.xnjdcbs.com
印刷：四川森林印务有限责任公司

成品尺寸　185 mm × 260 mm
印张　16　　字数　360 千
版次　2023 年 4 月第 1 版　　印次　2023 年 4 月第 1 次

书号　ISBN 978-7-5643-9087-7
定价　45.00 元

课件咨询电话：028-81435775
图书如有印装质量问题　本社负责退换

前言 Preface

现代列车正朝着高速化、自动化和舒适化的方向发展。与传统的列车相比，越来越多的信息（诸如状态、控制、故障诊断、旅客服务信息等）需要在机车车辆以及车载设备各计算机之间互相传输与交换。如何将这些信息安全、快速、可靠、准确地在列车上传输，是一个关键性的课题。列车通信网络（TCN）是解决这一课题的有效途径。国外已开行的高速列车（如德国的 ICE、法国的 TGV、日本的新干线等）都装有完备的列车通信网络系统。近年来我国轨道交通的发展异常迅猛，从干线铁路的高速动车组、大功率电力机车到城市轨道交通的地铁列车、轻轨列车、现代有轨电车，乃至磁悬浮列车，各种形式的轨道交通列车不断出现，但不论哪种形式的轨道交通列车，其控制系统的核心技术都是列车通信网络控制系统。

本书从计算机通信的基本原理出发，阐述了列车通信网络的技术特点，系统地介绍了列车控制网络的原理、结构和运用状况，并对目前在我国常用的和谐型机车的网络控制系统做了比较详细和全面的剖析。该书知识体系完整，理论分析清晰，案例运用恰当，理论与实际结合，符合轨道交通专业的需求。对从事列车控制系统和通信网络技术研究、开发的专业技术人员是一本系统学习、参考的书籍，也适合作为高等院校有关专业的教材。

本书由武汉铁路职业技术学院张宏林担任主编，武汉铁路职业技术学院何成才担任主审。参加本书编写的有：王红红（项目一的任务 1.1 和任务 1.2）、何安琪（项目一的任务 1.3 和任务 1.4）、程玉娟（项目二的任务 2.2、任务 2.3、任务 2.4、任务 2.5、任务 2.6、任务 2.7）、张宏林（项目三、项目四的任务 4.2、任务 4.3、任务 4.4 以及项目五的任务 5.2、任务 5.3、任务 5.4）、武汉大功率机车检修段田晓磊（项目二的任务 2.1）、江岸机务段设备科蔡苏强（项目四的任务 4.1）、中国铁路武汉局集团有限公司机务部曾彬（项目五的任务 5.1）。

在本书编写过程中，编者得到西南交通大学、中国铁路武汉局集团有限公司、郑州铁路职业技术学院、湖南铁道职业技术学院、株洲中车时代电气股份有限公司、中车株洲电力机车有限公司等单位的领导与专家的大力支持和帮助，在此表示衷心的感谢。由于编者水平有限，本书不足和疏漏之处在所难免，恳请各位读者和专家提出宝贵意见。

编　者

2022.5

目录 Contents

项目四　HXD3C 型机车网络控制

项目五　HXD1B 型机车网络控制

Part Ⅰ

项目一

列车通信网络概述

【项目描述】

随着牵引电机的交流化和列车运行速度的提高，机车上采用微型计算机实现智能化控制的部件或装置也越来越多，各微型计算机系统间的协调和信息交换显得越来越重要。此外，为提高机车的舒适度，各种辅助装置和服务装置的控制都必须纳入微机控制系统中来。因此，机车控制也由单台机车的牵引传动控制逐渐向网络控制方向发展，该技术已经成为机车核心技术之一。本项目对列车通信网络系统发展现状和特点进行了介绍，在了解国内外列车通信网络系统发展现状的基础上，介绍列车通信网络的特点以及列车通信网络技术发展趋势，为学习和谐型机车网络控制技术和网络系统的操作与维护打下基础。

任务 1.1 列车通信网络简介

知识目标

（1）掌握轨道交通列车通信网络组成。
（2）了解列车通信网络分布式控制方式。
（3）了解列车通信网络检修的发展方向。

技能目标

（1）能够叙述列车通信网络的作用。
（2）能够叙述列车通信网络带来的好处。

素质目标

（1）培养学生遵章守纪、爱护列车通信网络设备的职业道德。
（2）培养学生学习新技术、新知识的意识。
（3）培养学生勇于创新、开拓进取的意识。
（4）培养学生严谨认真、精益求精的态度，提升学生合作、应变与可持续发展的能力。
（5）能客观、公正地进行学习效果的自我评价。

知识点学习

轨道交通列车通信网络是随着轨道交通列车控制技术和计算机网络技术的发展而发展起来的。列车通信网络是列车控制系统技术发展的需求，也是必然，计算机网络技术的发展则为其发展提供了技术基础。

计算机网络技术的发展，正引发着控制技术的深刻变革，并产生与之相应的新的控制理论的出现和发展。控制系统结构的网络化、控制系统体系的开放化、控制技术与控制方式的智能化，是当前控制技术发展与创新的主要方向。计算机网络技术不仅实现管理层的数据通信与共享，同时用来控制现场的设备层，并将控制与管理综合化、一体化。

计算机网络技术在轨道交通列车上的运用推动了轨道交通列车智能化的发展，是轨道交通列车技术发展的动力之一，也为轨道交通列车乃至整个轨道交通系统展示了其发展前景。

就整体而言，轨道交通列车的微机控制系统是一个多微机控制系统，一般包括牵引控制单元、制动控制单元、辅助系统控制单元、车门控制单元、空调控制单元、车辆控制单元、列车控制单元（又称为中央控制单元）以及轴温检测、故障诊断存储单元和列车自动控制（ATC）等采用微机系统的功能控制单元。这些微机之间及微机与人机接口之间的信息传输和工作协调则需要微机系统的功能控制单元通过直接连线方式或通信网络来实现。

现代微机控制系统由于其控制的先进性和可靠性已经成为城市地铁和轻轨列车安全、准点运行的重要保障。除此之外，列车通信系统在为旅客提供有效的信息服务方面，也有着重要的作用。列车通信网络结构如图 1-1-1 所示。

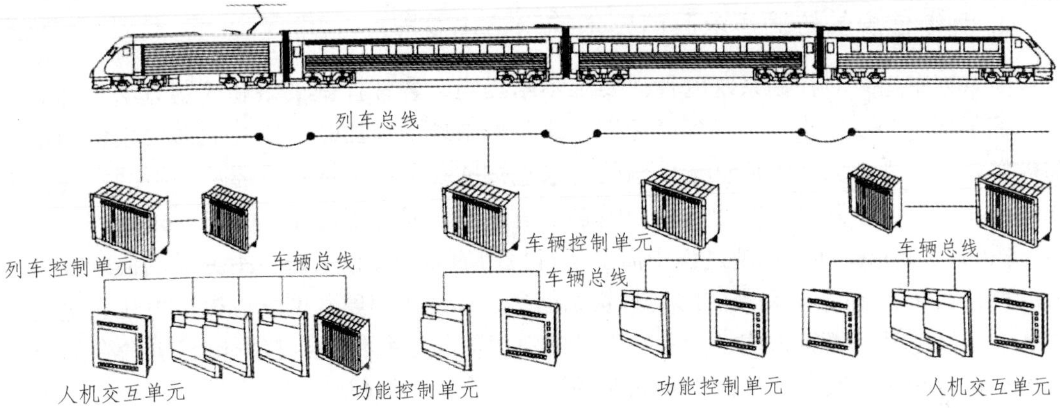

图 1-1-1 列车通信网络结构

轨道交通列车通信网络的产生与发展是技术发展的产物与必然，主要有 3 个直接的推动因素，即列车控制系统技术发展的要求、轨道交通列车信息化的技术需求和轨道交通列车运行控制技术发展的要求。

1. 列车的微机控制系统技术由集中方式向分布方式发展

轨道交通列车控制系统是从单个微机控制单元发展起来的。当列车或车辆内的微机控制单元发展为多个微机控制单元时，这些微机控制单元间的消息交换和信息共享就成为技术发展的必然。由于这些微机控制单元分散在列车的各个位置，具有固有的位置分散性，于是串行通信就成为各微机控制单元之间信息交换的最适合的技术手段，而计算机通信网络则是串行通信的进一步发展。计算机通信网络的运用从根本上改变了列车控制系统的性质，即从集中式控制方式发展成分散式控制方式，进而为实现分散控制的高级方式——分布式控制方式打下了基础。多微机控制系统的优点在于系统的风险分散，单个微机的失效不会造成整个系统的瘫痪，规避了集中式控制系统风险集中的弊病，提高了控制系统的可用性（Availability），即计算机通信网络起到隔离故障的作用。作为一种多处理机的列车控制系统，网络技术显然是列车控制系统的关键技术之一。

计算机通信网络的运用也使列车控制系统的控制领域扩大，其控制范围可以深入到各个子系统，特别是为列车中各种电气设备的状态检测和故障诊断提供了条件。近年来随着各种传感元件的发展，采用现场总线连接的传感器网络为列车控制系统的拓展开辟了新的空间。

计算机网络的传输介质可以是双绞线、同轴电缆或光纤，不论采用哪一种，计算机网络技术的运用都极大地减少了微机控制单元之间信号传送的连接线。根据可靠性原理的分析，其传输方式的可靠性比信号连接线传输方式的可靠性要提高很多，从而也提高了整个列车控制系统的可靠性。此外，由于连接线的减少，车辆和列车的质量也得以减轻。有国外的车辆制造企业在列车控制网络采用的初期曾经计算过，其制造的列车上采用网络通信后，列车减重达 4 000 kg。

2. 列车信息的传输要求通信技术的网络化发展

随着列车运行对控制系统的性能要求不断提高，各种控制策略和控制方法（即各种新的控制理论和控制手段）得到了运用，这些控制理论和控制手段一般需要较多的信息和数据才能实现，因此大信息量传输的需求直接推动了通信技术及通信网络的发展。推动通信技术和通信网络发展的另一个因素是信息和数据的可信性（Creditability）和安全性（Safety）要求。列车控制过程中需要运行控制的命令（包括来自乘务员的命令及列车自动控制 ATC 的命令）和当前的实时状态信息，如列车速度、网压、电机电压、电机电流、空气制动系统的压力值、设备和器件的温度等，这些信息直接影响控制命令的形成和列车运行状态的改变，从而影响列车的运行安全。计算机通信网络的机制和协议的规范可以提高数据传输的可靠性、可信性和安全性，相比一般的串行通信，计算机通信网络中传输数据的可靠性和可信性能够提高几个数量级。

由于列车通信网络一般均采用国际标准的通信协议，因此具有较好的扩展性。这种标准化的协议和接口规范使得不同企业生产的智能化设备能够非常简单地实现互联互通，为车辆制造企业的系统集成提供极大的便利，并使成本降低，同时也为系统的优化提供较大的空间和可能性。

3. 列车通信网络是对检修作业及其自动化的最好支持

列车和车辆的检修作业需要大批的运行状态数据和故障记录，这只有在实现列车通信网络的条件下才能获得。因此，列车和车辆的检修作业需求也是推动列车通信网络发展的动力之一，特别是在提出“检修作业自动化”的概念后，列车通信网络就成为实施这个目标的基本和必需的措施之一。根据“检修作业自动化”的概念，列车运行中的状态数据是检修作业的重要依据，因此，列车各功能单元必须记录和保存运行过程中的各种状态数据和故障情况，并通过通信网络传送到列车所指定的记录单元，以便列车返回检修基地时，由检修人员读取这些信息，在地面检修系统中分析、保存列车的状态并确定检修作业的流程及部件和设备的维修项目等。运用列车的状态信息还可以开展动态维修作业。列车在运行过程中通过网络获取列车中的设备或部件的故障，并将该信息传送至地面的运行控制中心，由该控制中心发出指令，在列车运行的后续站做好必要的准备工作，当列车到达后续站时，检修人员可以迅速地实行检修作业或更换设备，使列车在运行过程中始终保持良好的状态，大大提高了列车的安全性。

当前轨道交通列车的通信网络已经成为列车运行安全、可靠的重要技术手段，并且其在旅客信息系统（PIS）和列车运行控制系统（ATC 或 CTCS）中也有着重要的作用。

任务 1.2 列车通信网络的特点

知识目标

掌握列车通信网络的特点。

技能目标

（1）能够叙述列车通信网络的结构。
（2）能够对列车总线和车辆总线进行区分。
（3）能够叙述列车通信网络传输的数据类型。
（4）能够叙述列车通信网络的自组网能力。
（5）能够叙述列车通信网络扩展性与可用性机制。

素质目标

（1）培养学生学习新技术、新知识的意识。
（2）培养学生勇于创新、开拓进取的意识。
（3）能客观、公正地进行学习效果的自我评价。

知识点学习

列车通信网络属于局域网的范畴，具有一般局域网的特性，但其是在列车特定的环境条件下，在列车控制系统中使用的一种数据通信网络，因此它同时具有非常鲜明的控制网络的特点和符合列车环境要求的特色。列车通信网络一般具有如下主要特点。

1. 网络结构相对简单

相对于互联网或一般局域网而言，列车通信网络的结构比较简单，这主要是因为列车空间及通信节点的数量有限。另外，出于实时性要求的考虑，在构筑列车通信网络时也尽可能地采用简单的结构形式，以减少数据传输中的路由环节。

列车通信网络一般可分为列车总线（Train Bus）和车辆总线（Vehicle Bus）。列车总线连接各个车厢内的节点并构成网络，网络的拓扑结构主要为总线型，也可以是环型。车辆总线连接各车厢内的节点（功能单元）并构成网络，网络的拓扑结构一般可以是总线型或星型。列车总线与车辆总线之间采用网关（Gateway）连接，一般来说，列车总线在各车厢内的节点同时也是列车总线和车辆总线之间的网关。图 1-1-1 所示的结构就是典型的列车通信网络结构示意图。

将传感器元件和一些功能单一的执行器件通过现场总线接入列车网络是列车通信网

络技术发展的一种趋势和方向。我们将这种设备级的网络定义为车辆总线的子网。对设备级网络的运用可以进一步提高列车控制系统的信息化和智能化程度。

2. 数据传输量小且采用短帧结构

列车通信网络中传输的数据主要可分为三类，即控制命令、状态信息和网络管理命令或信息。这三类数据本身都可以采用单字节或双字节形式表示，更有一些状态信息仅为 1 位或 2 位的布尔变量，采用组合成字节的方法来传送，因此数据帧短小。因为一般不需要传送大容量的文件或图片，所以与一般的局域网或互联网相比，列车通信网络的传输量小得多，再者列车通信网络的带宽小，也不允许传送大容量的信息。

无论是列车总线还是车辆总线，其数据帧都有一个确定的最大长度，用以保证在一个确定的时间范围内每个节点都能发送信息或命令。例如，TCN 标准的多功能车辆总线 MVB，其变量传输数据帧的最大长度只有 32 个字节。

3. 数据传输的实时性与突发性兼顾

在局域网的通信协议和规范中，数据的实时传送或随机传送（突发性数据传输）机制是由数据链路层中的介质存取控制子层（Media Access Control，MAC）协议决定的。根据局域网协议，这两种机制是相互不兼容的，即一个网络只能有一种传送机制，但列车通信网络通过一定的技术手段将这两种机制进行了融合，即列车通信网络既能传送实时性数据，又能在需要时传送突发性数据。列车通信网络融合了实时性和突发性是列车通信网络的一大特色，也是有别于其他控制网络或局域网的技术特色。这个特点既体现了控制网络的要求（实时传送），又体现了列车运行需求的特点。

然而，列车通信网络在融合实时传送和突发性传输的技术时是付出了代价的，这个代价就是牺牲了网络效率（这里的网络效率是指在单位时间内传输的数据量），但这并不影响列车通信网络的正常运行和完成必要的功能。

4. 列车通信网络具有自组网能力

自组网能力是列车总线所具有的性能特点。一般的通信网络在有新节点入网时需要进行设置，而且这种设置基本上是在静态条件下进行的，但列车运行的条件却常常不允许列车总线进行这种静态的设置，如列车进行重新编组，特别是在不同制造商的车辆之间进行连挂甚至是不同国家间的车辆进行编组连挂时，就要求列车总线能够自动组网，即一旦车辆连挂成功，列车总线就能组合成网，实现列车通信。这是列车通信网络所特有的功能，也是列车通信网络有别于其他网络的另一个显著特点。

自组网能力主要应用于那些在运行过程中可能发生列车解编、重新编组的干线铁路列车上，尤其是在国际列车上的通信网络系统中，而对于那些采用固定编组的动车组、城市地铁、轻轨列车等，自组网能力就不是必要的了。

5. 列车通信网络具有较好的扩展性

网络的扩展性是控制网络的基本特性之一，列车通信网络应用于列车控制系统，因此也必须具备良好的扩展性。列车通信网络的扩展性为列车控制系统的扩充、升级和完善提供了基本的条件，也为车辆电气设备和控制设备的制造企业提供了机遇，还为列车和车辆的制造企业扩大了系统集成的空间。

扩展性是依赖于系统的标准化实现的，只有标准化的系统才能实现扩展。因此，列车通信网络基本上都是采用国际标准的网络协议，如国际电工技术委员会（IEC）标准、美国电子和电气工程师协会（IEEE）标准、国际铁路联盟（UIC）标准等。

6. 列车通信网络的可用性强

列车通信网络的运用环境和工作条件要求其具有较强的可用性，一般采用冗余技术来实现，而且是热备冗余。无论是列车总线还是车辆总线都使用 A 线和 B 线的双线方式，网络接口单元（Network Interface Unit，NIU）以一个预定的方式或规律控制收发器在 A、B 线之间来回切换使用，以保证通信网络的正常工作。为此，列车通信网络的每个节点通常同时在两条线上发送信息，而接收信息则在 A、B 线之间切换。在环型网络中则是采取双环的结构，且信息的传送是在两个环上按相反的方向同时进行，以保证信息的可靠传送。

为了避免“主/从”方式下的主节点故障而导致网络瘫痪，列车通信网络通常还设有多个备用主节点，按照一定的规则和方法使通信网络的控制权在这些主节点之间转移。获得控制权的主节点为当前的控制主节点，而未获得控制权的主节点只是网络上的普通节点。

任务 1.3 列车通信网络的发展与现状

知识目标

（1）熟悉国内外各种类型列车网络的使用和发展情况。
（2）熟悉我国列车通信网络在机车上的应用情况。
（3）熟悉我国列车通信网络在动车组上的应用情况。

技能目标

（1）能够正确说出各型机车、动车组的列车总线和车辆总线。
（2）能够正确画出 SS3B、SS7E、DF11 网络拓扑结构图。

素质目标

（1）培养学生学习新技术、新知识的意识。
（2）培养学生勇于创新、开拓进取的意识。
（3）能客观、公正地进行学习效果的自我评价。

知识点学习

列车通信网络是随着列车控制系统的发展而发展起来的。当机车和列车上采用计算机或微处理器实现智能化控制的部件或装置越来越多，即由单个微机控制器发展为多处理机控制和分布式控制系统时，各微机控制器间的协调和信息交换就显得越来越重要，于是列车内的数据通信就成为列车控制系统的一项关键技术。

1.3.1 国外列车通信网络的发展

1. 欧洲的列车通信网络发展

列车通信网络的发展主要是从欧洲开始的。20 世纪 70 年代末至 80 年代初，车载微机的雏形分别在 SIEMENS 公司和 BBC（ABB）公司出现，开始仅仅用于传动装置的控制。随着控制、服务对象的增多，人们把铁路系统依次划分为 6 个层次：公司管理、铁路运营、列车控制、机车车辆控制、传动控制和过程驱动，从而使得在各层次之间和各个层次内各设备之间信息的交换成为关键问题，于是列车通信网络便逐步发展起来。列车通信网络是在初期的串行通信总线的基础上产生、发展起来的，并从原来不同公司的企业标准走向国际标准，逐步形成了列车通信的标准化以及模块化的硬件系列和全方位的开发、调试、维护、管理软件工具。

SIEMENS 公司最早于 1981 年专为铁路机车动车控制研制了微机控制系统 SIBAS-16，全称为西门子铁路自动化系统（Siemens Railway Automation System），并在纽伦堡交通运输管理局的地铁车辆上安装了第一台样机。随后短短几年时间里将其完善成为一种机车通用的控制系统，并广泛应用于世界范围内 70 多种不同的应用场合，可以实现机车的全部控制。这种带有串行通信总线的 SIBAS-16 系统以 16 位的微处理器构成系统的核心部分，围绕着这个核心，通过串行通信总线形成对外围组件的连接，由此实现的这种全新的主控装置结构的机车控制系统，对车载微机控制的发展具有非常重要的意义。

SIEMENS 公司初期在铁路自动化系统 SIBAS-16 上使用的各类通信总线情况如表 1-3-1 所示。

表 1-3-1 SIEMENS 公司初期在铁路自动化系统 SIBAS-16 上使用的各类通信总线情况

总线名称	物理接口	比特率/（b/s）	编码/协议	组态	标准
列车总线	RS-485/60 V，2 线	100	Manchester HDLC	主/从	DIN43322 第 3 部分
车辆总线	RS-485，4 线	100	Manchester HDLC	主/从	DIN43322 第 2 部分
控制总线	RS-485，2 线	62.5	西门子标准	主/从	西门子标准
显示总线	RS-232C/RS-422，20 mA	4.8	异步	—	—
诊断总线	RS-232	4.8	异步	—	—
旅客信息 IBIS 总线	IBI 标准 VOV，4 线	1.2	异步	主/从	—

20 世纪 90 年代，在 SIBAS-16 系统的基础上，SIEMENS 公司又推出了基于 32 位微处理器和数字信号处理器（Digital Signal Processor，DSP）的车载微机控制系统 SIBAS-32，并保持与 SIBAS-16 系统的接口兼容。SIBAS-32 系统采用了 TCN 标准的列车总线和车辆总线，其性能较 SIBAS-16 系统更加优越。

瑞士的 BBC 公司于 1980 年开始在运输部门应用有存储程序的系统，其开发的微型计算机自动控制系统 MICAS 比较理想地运用于机动车与船只的控制功能。MICAS 问世后，为了方便其在不同领域的应用，技术人员做了大量的硬件模块和工具软件的开发工作，形成了包括 MICAS-S、MICAS-L 和 MICAS-E 等系列的微型计算机自动控制系统。其中的 MICAS-S 特别适合于对过程处理速度和性能有很高要求的牵引控制系统。1985 年瑞士公司生产的牵引控制系统首先采用了 MICAS-S 系统的技术。

1988 年，瑞典的 ASEA 公司和 BBC 公司合并而成 ABB 公司。ABB 公司（后成为 ADTRANZ 牵引控制系统公司，现在是 BOMBARDIER 公司的欧洲分部）的微机自动化系统 MICAS-S2 在列车层采用了移频键控（Frequency Shift Keying，FSK）列车总线，比特率为 19.2 kb/s，车辆总线采用了在 RS-485 控制器总线基础上进一步开发的 MICAS 车辆总线 MVB，比特率为 1.5 Mb/s，这两种总线均具有全方位的软件工具支持。

欧洲的其他铁路运输设备制造企业，如意大利的 ANSALDO 公司、法国的 ALSTOM 公司等，均在其牵引系统和列车控制系统的发展过程中采用或发展了其用于列车控制系统的通信网络。其中比较著名的是 ALSTOM 公司的 WorldFIP 通信网络，WorldFIP 通信网络是在欧洲的工厂代表协议（Factory Instrument Protocol，FIP）现场总线的基础上发展成用于列车控制系统的通信网络，并在法国的 TGV 列车上获得广泛的应用。

上述 SIEMENS、ABB、ALSTOM 三家公司列车微机控制系统的通信网络对后来产生的 TCN 标准均具有重要的影响，其中有些网络就是 TCN 标准的原形。

2. 美国的列车通信网络发展

美国铁路运输业有着辉煌的历史，但其主要运用于货运，且主要采用电传动内燃机车。从 20 世纪 70 年代后期开始，美国的内燃机车开始采用电子控制装置，到 20 世纪 80 年代初开始设计运用微处理器的控制装置。例如，当时美国主要的两家内燃机车制造企业之一的通用电气（General Electric，GE）公司设计生产了采用微机控制的 C39-8 型内燃机车，并在该机车上使用了 RS-232 串行通信，用于微机控制器与显示屏之间的数据通信。

1997 年 5 月，美国铁路协会（Association of American Railroad，AAR）将 LonWorks 作为其列车内部通信规范，编号为 S-4230。目前主要以重载货运为主的美国铁路运输，其列车控制网络技术以实用为原则，大量采用包括 LonWorks、CAN、无线网络等通用技术或在通用技术基础上的改进技术，成功地实现了列车的重联，显著地提高了列车的抗干扰能力。而且使用 LonWorks 网络化的数据传送保障了数据的完整性，降低了列车的故障率，也较好地满足了铁路运输的需要。

正是由于美国铁路选择了 LonWorks 作为列车通信网络，使得目前 LonWorks 网络在北美地区的列车上有着比较普遍的运用。

3. 日本的列车通信网络发展

日本的铁路运输和城市轨道交通十分发达，但由于日本地形具有十分封闭的特点，其列车控制网络技术模式不同于欧洲和美国，有其独特的特点。

日本的新干线于 1964 年开通运行，当时新干线上的主力车型 0 系列车及后续的 100 系、200 系列车均为交-直流传动系统，也没有通信网络的应用。直到 20 世纪 80 年代中期采用交流传动的新型 300 系列车投入运用时，列车通信网络开始在列车上得到运用。以后的各型列车均采用了通信网络技术，且通信网络在列车控制系统中的作用不断提高，重要性逐渐增强。列车控制信息管理系统（Train Control Information Management System，TIS）是日本新干线各型列车上装备的信息控制与传输系统，其目前没有国际标准，可以看作是一种企业标准。

TIS 由列车通信网和各车厢通信网组成，在各车厢内设有一个终端站，它是列车通信网上的节点，也是本车厢信息传输的主站，各车厢内功能单元的信息均通过这个终端站（节点）向列车通信网络发送或从列车通信网接收信息。新干线的列车编组是以 2~4 节车厢组成一个单元为基础的，在一个单元内，由牵引制动控制系统、辅助电源、车门空调控制、变压器及信息子系统等相对独立的子系统构成对车组单元的完备控制。当列车根据需要由 n 个单元构成列车编组时，这些相对独立的子系统，通过一定的信息传输手段连成一个完整的列车控制系统。

TIS 的网络基本结构有两种，一种结构是车厢内的终端站（节点）只传输 TIS 的信息；另一种结构是节点既传输信息又传输控制命令，因此在日本新干线及既有线铁路列车上有以 3 下种应用形式。

二重直通线的方式，采用控制命令和 TIS 的信息都在二重直通线上传输，A、B 总线上的传输方式为 FSK，传输速率为 100 kb/s。

控制命令用二重直通线，即控制命令从司机台发出，通过 A、B 二重总线与各车厢变流器逆变器单元直接连接。命令传送方式采用 FSK 方式，传输速率为 19.6 kb/s，TIS 的信息用单一 FSK 方式传输，传输速率为 38.4 kb/s。

列车总线和车厢总线方式。各车厢的节点通过两个方向相反的环型网络连接，采用光纤作为介质，传输速率为 2.5 Mb/s；车厢总线用于连接车厢节点和车厢内的功能单元，采用双绞线及 RS-485 电气标准，传输速率最大为 1 Mb/s，控制命令和 TIS 信息都在这两个网上传输。

新干线列车通信网络的结构与其他国家运用的网络结构完全不同，在列车级网络采用环型结构，而在车辆级网络采用星型结构，TIS 系统网络结构示意图和环型结构与直通传输线结构示意图分别如图 1-3-1 和图 1-3-2 所示。

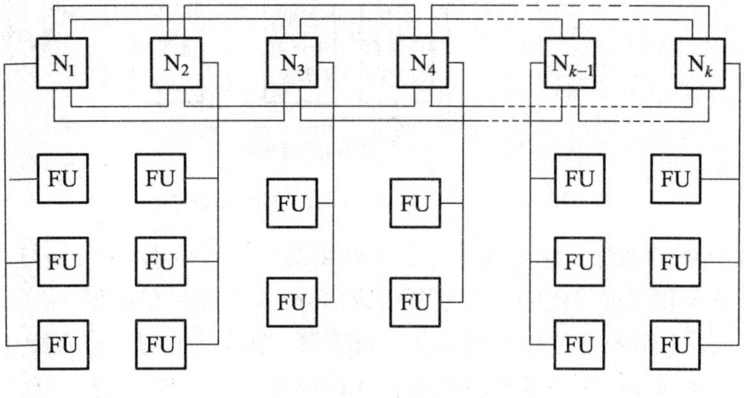

图 1-3-1　TIS 系统网络结构

系统中环型结构网络用于控制检测，其传输协议为令牌传递方式，采用基带传输（16 Vpp）传输速率为 2.5 Mb/s，终端阻抗为 120 Ω，链路层协议则采用 HDLC 标准。直通（备份）传输线是一种多点结合的双向传输，采用轮询方式，传输速率为 38.4 kb/s，基带传输（24 Vpp）终端阻抗为 120 Ω，链路层协议也采用 HDLC 标准。

TIS 具有控制命令传送、司机操作向导、乘务员操作、维修支持和旅客服务等功能。控制命令传送功能只有在最新的 700 系列车上才有完全的运用。传送的控制命令包括牵引动力、制动、门控与空调、照明、辅助电源、受电弓、蓄电池开闭等。司机操作向导可以向司机指示设备的工作信息，在异常情况下，给出操作指南及简单的检查程序，能进行出库检查并指示运行图，以指导列车正确、正点运行。乘务员操作功能使乘务员可以通过 TIS 的终端站（车长站）设定车厢的空调温度，异常情况下能发出警报，乘务员可以通过 TIS 查询情况，并对客车的情况做出处理。维修支持具有自动测试各功能单元的运行情况（用于系统调试），调阅各设备的故障记录，做出故障分析，收集、记录运行数据，为检修提供依据等功能。旅客服务功能向旅客提供各种信息，如到站和前方站、运行时刻表等信息。

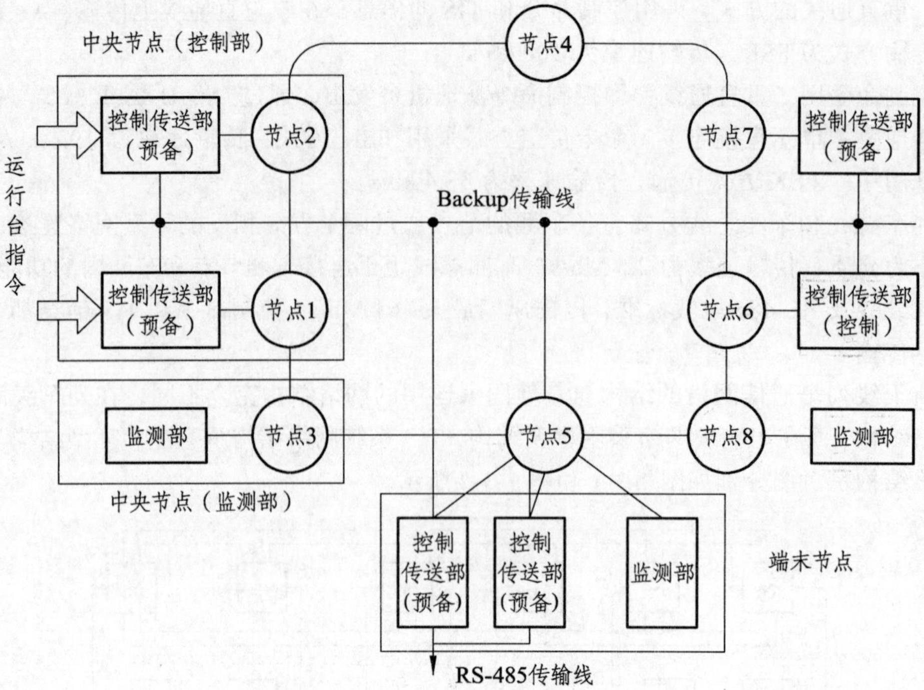

图 1-3-2 环型结构与直通传输线结构

随着 TIS 功能的增强，它在列车控制系统中的作用越来越重要，已经成为新干线列车系统中不可缺少和不可替代的一个重要组成部分。TIS 在列车运行、检修和故障诊断中的作用越来越大，工作人员对其依赖性也越来越强，维修基地的工作人员基本都是按 TIS 的检查测试结果来检修控制系统及各功能单元的故障，而 TIS 本身的可靠性也很高，几乎没有关于 TIS 本身故障的记录。

TIS 的结构形式可以看作是一种实用主义技术路线的产物，同样满足了包括新干线高速列车在内的各种列车的控制需求，具有较高的性价比。但是，由于近年来 TCN 标准的通信网络获得普遍的运用，日本也开始研究 TCN 通信网络以争取国外市场，特别是在城市轨道交通领域，已经研制了 TIS 与 TCN 的接口，也出现了在车厢内采用 MVB 总线的通信网络。

随着牵引系统的发展和列车运行速度的提高，列车和车辆内的通信显得越来越重要，特别是对动力分散型的动车组来说，各种辅助装置的控制和服务装置的控制都需要纳入列车控制系统中来，分散型控制系统或者说是分布式控制系统就成为研究开发的重点，而一个技术完善的列车通信网络则是必备的条件。为了使牵引系统和控制系统中的各种微机系统设备都能连接到列车通信网络中，也为了各个部件生产企业的设备都能在通信网络中互联互通，需要有一个各方都能遵循的网络协议。在这个需求下，各国际组织研究和制定的各种通信网络标准应运而生。

1988 年，国际电工技术委员会 IEC 的第 9 技术委员会——牵引控制委员会（TC9 委员会）联合国际铁路联盟 UIC 成立了一个 WG22 工作组，开展制定列车通信网络协议的标准。参加这个工作组的包括中国、德国、法国、意大利、瑞士、印度、南非等国家的铁路运营部门及铁路机车、车辆和部件的生产企业，如 ALSTOM、SIEMENS、BOMBARDIER、ABB 等著名的铁路装备生产企业。WG22 工作组经过 10 年的工作，进行了标准设计、样机制造、试验和验证，在 1998 年中国株洲的委员会会议上获得通过，成为 IEC61375-1（1999）标准，这就是列车通信网络（Train Communication Network，TCN）标准。目前 TCN 协议已经成为运用最广泛、认可度最高、企业支持力度最强的列车通信网络协议。

中国是 IEC61375-1（1999）标准制订的参与国之一，根据我国铁路技术发展的状况，采用与国际标准接轨的方法，将 IEC61375-1（1999）等效采纳为中国铁路行业标准 TB/T 3035-2002。

1999 年，美国 IEEE 委员会在 LonWorks 总线的基础上，制定了 IEEE1473 通信协议标准。IEEE1473 标准分为两部分，其中的 Part-T 全文采用 TCN 标准，Part-L 则采用 LonWorks 总线的标准。LonWorks 总线在北美地区有着比较广泛的运用。

WorldFIP 总线是欧洲标准 EN50170-3，1999 年被采纳为现场总线国际标准 IEC61158-7。WorldFIP 总线的主要应用者是法国 ALSTOM 公司，但由于 ALSTOM 公司的机车车辆产品在世界各地（包括中国）有较大的应用，因此 WorldFIP 总线也有着较广泛的运用。

上述这 3 个列车通信网络标准是目前国际上公认的适合于列车上运用的通信网络协议，可以说，目前国内外的轨道交通列车上（除日本以外）采用的通信网络协议基本上都属于这 3 个标准。

1.3.2 我国铁路列车通信网络的发展

我国铁路列车通信网络的应用研究开始于 20 世纪的 80 年代后半期，也是随着机车微机控制系统的研究、开发同时发展起来的。我国机车控制系统的微机化发展在起步阶段呈现出两个略有不同的方向：电力机车微机控制系统主要借鉴欧洲电力机车微机系统的技术；内燃机车则主要借鉴美国的微机系统技术。20 世纪 90 年代后期我国旅客列车的车厢开始装备采用微机系统控制的设备，连接这些微机系统的通信网络基本采用 LonWorks 总线。从 20 世纪 90 年代末到 21 世纪初期，我国铁路开始大批运用动车组，在动车组上的列车通信网络基本上采用 TCN 总线。

20 世纪 90 年代开始我国地铁列车和轻轨列车主要依靠欧洲的技术，2000 年以后我国城市轨道交通进入超大规模的发展时期，采用 TCN 标准的列车通信网络技术，在城市轨道交通列车上得到比较普遍的运用，但同时对 WorldFIP 总线也有一定程度的运用，部分城市的地铁列车也采用了日本的技术。因此，城市轨道交通列车的通信网络基本上运用的是 TCN 标准和 WorldFIP 标准的网络。

1. 我国电力机车通信网络的发展

我国电力机车通信网络的运用研究始于 20 世纪 80 年代末，起步于串行通信总线。初期，局部采用 RS-485 总线进行信息交换，在机车控制系统内系统地运用通信网络是从 SS4 型电力机车的 038 号试验机车开始的。SS_4 型电力机车是由 2 节机车重联的 8 轴直流传动电力机车，每轴均为动力轴，1 个转向架，2 台牵引电机由 1 台微机控制。试验机车的通信网络作为列车微机控制系统的一个组成部分，用于 4 个微机系统和 2 个司机台显示器之间的控制命令和信息传输。SS4 试验机车微机系统通信网络结构如图 1-3-3 所示，该通信网络采用主/从工作方式，以司机台的显示器为主节点，其他的节点为从节点，通信周期为 20 ms，通信传输速率为 19.2 kb/s。

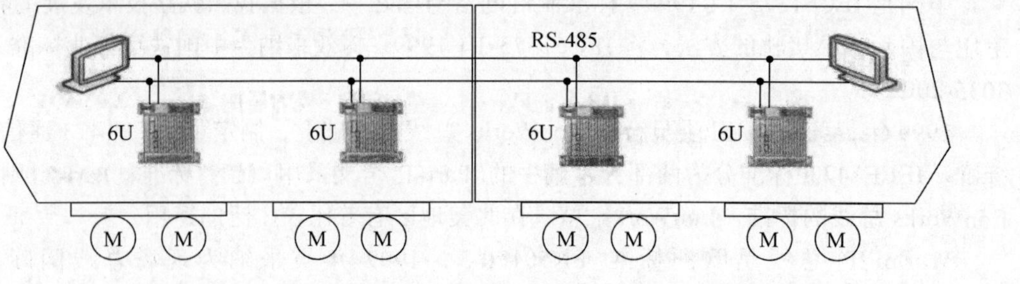

图 1-3-3　SS4 试验机车微机系统通信网络结构

1994 年开始试制、1997 年生产的 SS_8 型电力机车的微机控制系统移植了 SS_4 试验机车的通信网络技术，是我国生产的第一种采用微机控制系统和通信网络的电力机车。SS_8 型电力机车的微机控制系统具有 4 个通信网络节点，其中 RS-485 总线采用的是三线方式，即一对平衡差分总线和一根参考电位线，为主/从控制模式，传输速率为 28.8 kb/s。SS_8 型机车运用的三线式 RS-485 通信结构如图 1-3-4 所示。

20 世纪 90 年代中后期我国生产的交-直流传动的电力机车，其微机控制系统均采用与 SS8 机车相同的通信网络，如 SS7D 机车、SS9 机车、SS4B 机车等。

2000 年后我国电力机车由交-直流传动向交流传动转型，无论是交-直流传动还是交流传动微机控制的电力机车，其微机控制系统的通信网络都逐步转向 TCN 标准的列车通信网络，其中主要运用的是 TCN 标准中的 MVB 总线。

2002—2006 年生产的 SS3B 大功率干线货运电力机车采用了符合 TCN 标准的机车网络控制系统，其是 2 节重联的 12 轴的交-直流传动电力机车，持续功率 2×4 320 kW，设计时速为 100 km。SS3B 机车的每节车是一个完整的系统，两节之间由各自的中央控制单元 CCU 通过绞线式列车总线 WTB 进行通信，每节机车内则使用 MVB 总线。另外在机车逻辑控制单元 LLC（HLC）、空调控制单元 AIC 和制动机 DKL 部分采用了 CAN 总线。SS3B 机车网络系统结构如图 1-3-5 所示，这是我国在电力机车上第一次完整地采用符合国际标准 IEC61375-1 的通信网络。

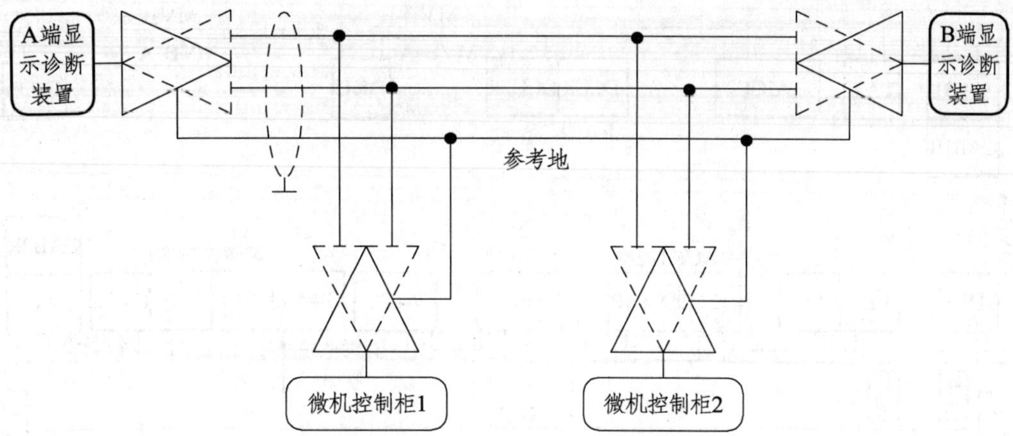

图 1-3-4 三线式 RS-485 通信结构

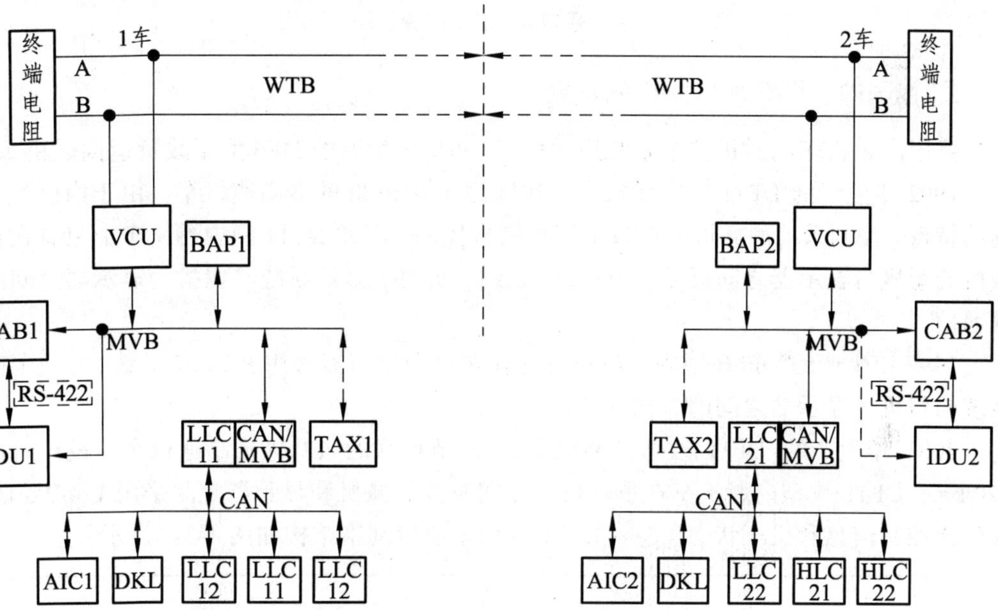

图 1-3-5 SS3B 机车网络结构

2004 年生产的两台“模块化 SS7E”电力机车，在通信网络的运用方面具有鲜明的特色。该机车实现了机车重联的 WTB 总线和车内控制单元的模块化，并采用 MVB 总线连接了所有的控制模块。“模块化 SS7E”电力机车的通信网络结构如图 1-3-6 所示，这是我国所有生产的电力机车中 MVB 总线连接功能控制单元最多的机车。

在交流传动机车方面，我国与 SIEMENS 公司合作生产的 DJ1 和 DJ2 货运电力机车的微机控制系统都采用了 MVB 总线的通信网络。

近年来我国生产的大功率电力机车的牵引电机功率为 1 200 kW 和 1 600 kW，总功率达到 7 200 kW 和 9 600 kW。机车采用交流传动，全部运用了列车通信网络，如 HXD1 机车，其机车重联总线采用 WTB，车辆总线采用 MVB。

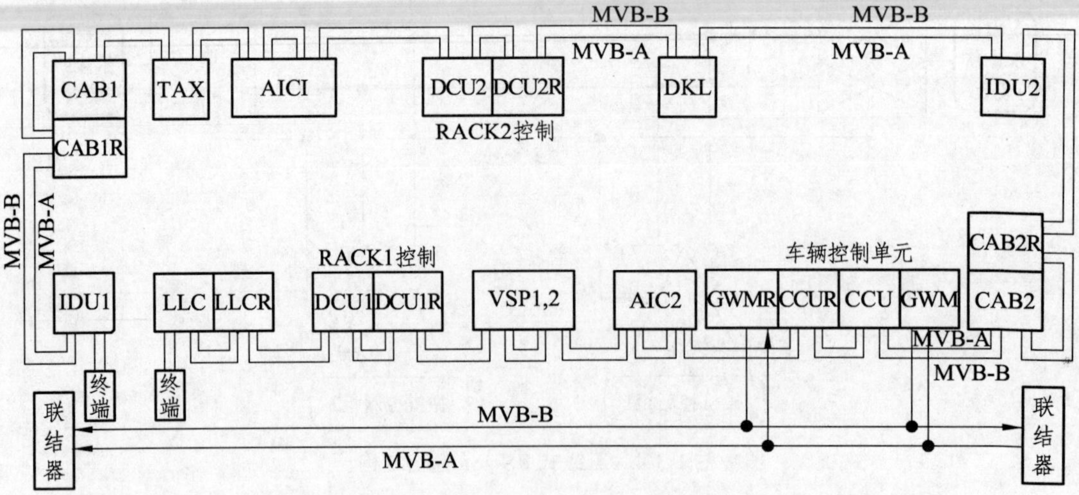

图 1-3-6 模块化 SS7E 的通信网络结构

2. 我国内燃机车通信网络的发展

我国内燃机车的微机控制系统应用始于 1989 年生产的 DF6 型干线货运内燃机车。

1992 年生产的 DF11 型内燃机车是速度为 160 km/h 的准高速机车。由于内燃机车控制的特点，控制系统的微机一般只采用单微机控制，因此 DF11 型内燃机车上只有在控制微机与司机台显示器之间运用了 RS-232 总线，实现了微机系统与司机台显示器之间的数据通信。

1997 年生产的 DF8B 型内燃机车也是在司机台显示器采用 RS-232 总线，实现了微机系统与司机台显示器之间的数据通信。

2003 年生产的 DF11 改型内燃机车是 2 节重联的 12 轴准高速机车，设计时速为 170 km。DF11 改型内燃机车在重联机车之间及控制微机和显示器之间采用 LonWorks 总线传送控制信息和机车状态信息。DF11 改列车通信网络结构如图 1-3-7 所示。

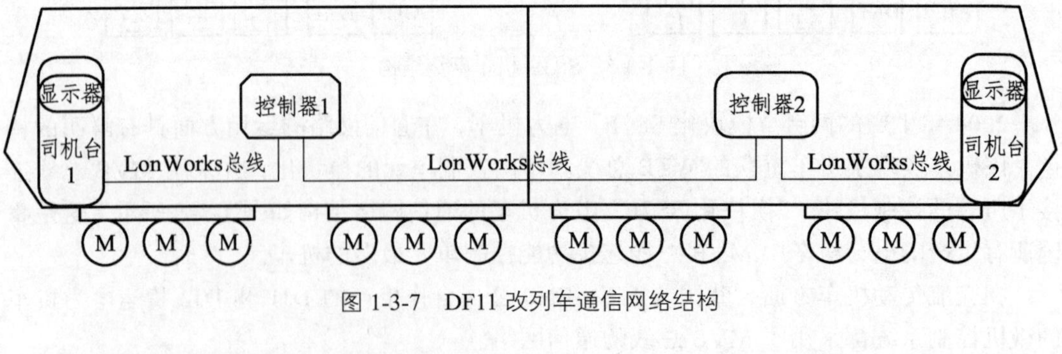

图 1-3-7 DF11 改列车通信网络结构

3. 我国动车组的列车通信网络发展

我国从 20 世纪 90 年代后期开始生产动车组。1997 年开始研制的电动车组“先锋号”是我国第一列自主研制的动力分散型电动车组，其由 2 个单元组成，每个单元的构成为 2

动 1 拖。“先锋号”动车组设计时速为 200 km，采用交流传动方式，全列应用微机控制。列车总线连接 6 节车辆，采用由屏蔽双绞线传送的 FSK 调制信号，传输速率为 19.2 kb/s，而车辆总线采用 MVB 连接本节车厢的功能控制单元，传输速率为 1.5 Mb/s。表 1-3-2 是我国历年生产的一些动车组其通信网络运用情况。

表 1-3-2 动车组通信网络运用情况

车型	编组	列车总线	车辆总线	运用时间
TM1	2 动 10 拖	FSK 重联 2 动车	MVB	1997 年
新曙光号内燃动车组	2 动 9 拖	LonWorks	—	1999 年
蓝箭动车组	1 动 6 拖	WTB	MVB	2000 年
神州号内燃动车组	2 动 10 拖	LonWorks	—	2000 年
中原之星动车组	2 动 1 拖+2 动 1 拖	FSK 连接两个单元	MVB（单元内）	2001 年
中华之星动车组	2 动 8 拖	WTB	MVB	2003 年

自 2007 年以后，通过引进、消化、吸收国外的技术，我国陆续生产了和谐系列动车组 CRH1、CRH2、CRH3 和 CRH5。和谐系列动车组的设计速度为 250 km/h，其中 CRH3 的设计速度为 300 km/h，运用于我国的高速铁路客运专线。2009 年后又在 CRH2 和 CRH3 的基础上设计生产了时速为 380 km 的 CRH380A 和 CRH380B 系列的高速动车组，但 CRH380A 和 CRH380B 动车组的通信网络与 CRH2 和 CRH3 的通信网络没有本质的变化。和谐系列动车组通信网络运用状况如表 1-3-3 所示。

表 1-3-3 和谐系列动车组通信网络运用状况

车型	编组	列车总线	车辆（单元内）总线
CRH1	M_{C1}-T_{P1}-M_1+M_3-T_B+M_2-T_{P2}-M_{C2}	WTB	MVB
CRH2	T_{C1}-M_2-M_3-T_{P4}-T_5-M_{P6}-M_7-T_{C8}	ARCNET	20 mA 电流环、RS-485
CRH3	M_{C1}-T_{P1}-M_1-T_2-T_3-M_2-T_{P2}-M_{C2}	WTB	MVB
CRH5	M_{C1}-M_2-T_{P3}-M_4+T_5-T_{P6}-M_7-M_{C8}	WTB	MVB、CAN

任务 1.4 列车通信网络技术发展趋势

知识目标

（1）掌握列车通信网络多样化的发展趋势。
（2）了解如何提高列车通信网络性能。
（3）了解列车通信网络发展平台。

技能目标

（1）能够正确列出列车通信网络种类。
（2）能够叙述列车通信网络应用环境。

素质目标

（1）培养学生学习新技术、新知识的意识。
（2）培养学生勇于创新、开拓进取的意识。
（3）能客观、公正地进行学习效果的自我评价。

知识点学习

随着技术的不断发展和成熟，今后列车控制网络的选择将会比控制器的选择更为重要，其技术将得到更为广泛和深入的应用。但是，随着控制网络的应用范围不断扩大，用户对网络的开放性、性价比、开发和应用的多样性和灵活性等方面都提出了更高的要求。由于各种控制网络都有其优缺点，可以这样说，目前还没有一种控制网络能很好地满足轨道交通用户的所有应用需求。列车控制网络是应用于列车环境下的一种特殊的计算机通信网络，一般通用的现场总线均可以在列车控制网络中找到合适的应用，但列车网络的性能也必将成为竞争的热点。可以预见，今后列车控制网络技术的发展将呈现以下趋势。

1. 列车通信网络将呈现多元化的发展趋势

多元化发展的一个方面是会有多种网络技术在列车通信网络中得到运用。基于 TCN 的网络技术是专为铁路应用而开发的，具有强实时性、高可靠性等特点，能满足铁路行业的特殊需求，因而在今后相当长的时间内仍将作为列车控制网络技术的主流，在高速动车组、地铁车辆等列车内得到广泛应用。但其他通用网络技术在今后一段时间内也将在列车的运用上得到发展，特别是工业以太网（Industrial Ethernet）、CAN 总线等已经在列车通信网络的运用中初见端倪。当然，通用网络要能够在列车通信网络中运用，必须做适合列车运用条件的技术改进或改善，也不排除会有新的网络技术和通信协议出现，这些新型的列车通信网络应该在网络的安全性、可信性和可维护性方面有着较大的提高。

多元化发展的另一个方面是现有的主流通信网络将和其他通用的通信网络共同发展，取长补短并相互融合和组合。例如，列车总线可能仍采用 WTB，而车辆总线除 MVB 外则可能有更多的选择，采用 WorldFIP、LonWorks 或 CANopen 等。在这个方面 IEEE1473 标准已经开启了先例，在标准中已经对 TCN 和 LonWorks 总线组合运用的策略和方法推荐了需要遵循的规范。

2. 列车通信网络性能的提高和优化

随着人们对列车运用要求的提高，人们希望列车控制系统信息处理的容量更大、速度更快、应用更可靠。根据这种要求，首先列车通信网络需要提高带宽，特别是对 TCN 来说，可以适当提高数据传输速率，以适应大数据流的传输需求，其次是根据列车通信网络安全性的要求，列车控制网络的系统结构将会有所发展和突破，特别是单元控制机的结构和组织会有较大的改变，以往的总线式结构可能将会被淘汰，取而代之以更紧凑的系统结构形式。欧洲的相关组织已经在这方面提出了研究的课题，开展了研究和开发。图 1-4-1 所示是欧洲铁路研究课题中提出的一个网络安全模型，采用二取一或三取二的策略来提高通信网络的安全性。

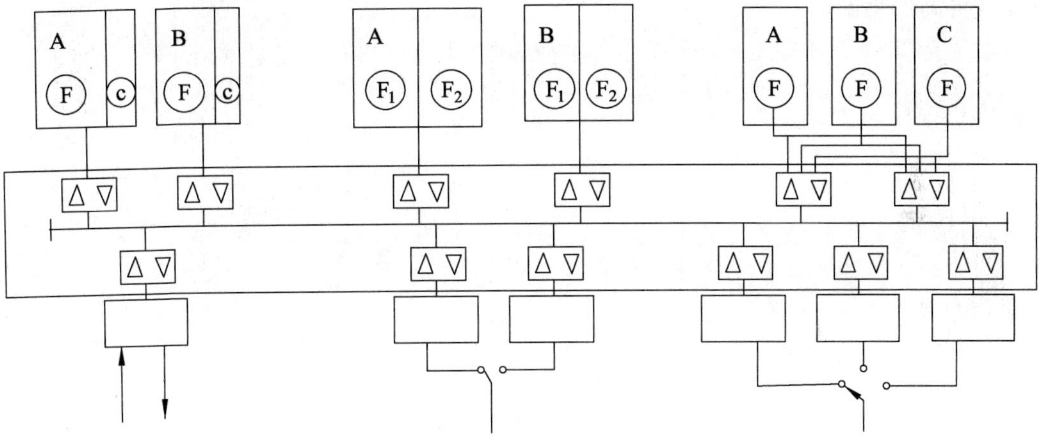

图 1-4-1 网络安全模型

由于在列车的控制策略上各种新型的控制方法和手段将被应用进来，特别是分布式控制概念的引入和分布式控制系统的实施将对列车通信网络提出更高的要求。因此，优化通信网络的性能，使其能真正符合分布式控制系统的要求，具有更快的响应速度和更好的可靠性，也将是列车通信网络技术发展的一个重要趋势。

3. 列车通信网络将会逐步融入公共的网络平台

列车通信网络接入公共的网络平台如互联网，这是运输部门实现大系统闭环控制的必然要求。近年来，工业以太网技术正在工业自动化和过程控制市场上迅速发展，已渗透到工业控制中，出现了现场总线型网络技术与以太网、因特网开放型网络技术的自然结合。随着基于网络的远程诊断与维护、旅客信息与舒适性支持等新的用户需求的提出，以太网不仅可以成为列车控制网络中的高层信息网络，也极有可能上下贯通，直接与下层车载控制设备相连，从而形成车辆控制与信息服务的新型宽带网络系统，实现控制网络与信息网络的有机融合。

列车通信网络和公共网络平台的融合将有利于各种新技术的运用，如云计算技术的应用。云计算技术的运用将对列车运行控制及各个控制系统的故障诊断具有根本性的改善，从而提高列车运行的可靠性和安全性。

值得注意的是，在实现列车通信网络与公共网络平台的融合过程中，尽管在实现系统联网的技术方面比较容易实现，但重要的问题在于通信网络系统的安全性（Security）。作为一个公共交通工具的控制系统，其安全性（即保证列车和旅客的安全）是第一位的。因此列车通信网络系统必须具备很好的安全防范性能，当列车通信网络系统受到恶意攻击时，需要具有“自卫”能力和应急处理措施，从而保证列车运行的安全。

总之，列车通信网络技术是多种技术结合的产物，是多学科综合应用的结合体。列车通信网络的发展在很大程度上依赖于电子器件、计算机技术和网络技术的发展。相信随着电子技术、自动控制技术和计算机技术的发展，列车通信网络也会随之发展到一个更新、更高的程度。

Part Ⅱ

项目二
计算机网络与数据通信基础

【项目描述】

本项目对计算机网络及数据通信技术进行了整体介绍。在介绍计算机网络发展特点的基础上介绍了计算机网络的拓扑结构、传输介质和体系结构；对局域网技术和互联设备也进行了相关介绍；如何保证数据不出错也是计算机网络的重要内容。

学习过程中要求学生重点掌握与机车网络相关的一些内容，为学习和谐型机车网络控制打下基础。

任务 2.1　计算机网络的概念、组成与分类

知识目标

（1）掌握计算机网络的定义。
（2）掌握计算机网络的组成。

技能目标

（1）能够正确说出通信线路和通信设备的类型。
（2）能够叙述计算机网络的类型。

素质目标

（1）加强学生品德修养，培养学生良好的职业道德。
（2）增长学生见识，使其具有较强的学习能力、信息处理能力和应变能力。
（3）增强学生综合素质，使其具有发现问题、分析问题和归纳总结问题的能力。

知识点学习

2.1.1　计算机网络的概念

随着现代信息社会进程的推进，通信和计算机技术的迅猛发展，计算机网络的应用也越来越普及。计算机网络就是将分布在不同地理位置的具有独立工作能力的计算机、终端及其附属设备用通信设备和通信线路连接起来，并配置网络软件，以实现资源共享的系统。其中 Internet（因特网）已成为家喻户晓的计算机网络，它也是世界上最大的计算机网络，是一条贯穿全球的“信息高速公路主干道”。现在计算机网络技术已广泛应用于办公自动化、企业管理与生产过程控制、金融与商业电子化、军事、科研、教育信息服务、医疗卫生等社会的各个领域。

2.1.2　计算机网络的组成

计算机网络连接的对象是各种类型的计算机（如大型计算机、工作站、微型计算机等）或其他数据终端设备（如各种计算机外部设备、终端服务器等）。计算机网络的连接介质是通信线路（如光缆、同轴电缆、双绞线、微波、卫星线路等）和通信设备（网关、网桥、路由器、调制解调器等）。它的控制机制是各层的网络协议和各类网络软件。计算机网络是以实现远程通信和资源共享为目的，大量分散但又互联的计算机的集合，如图 2-1-1 所示。

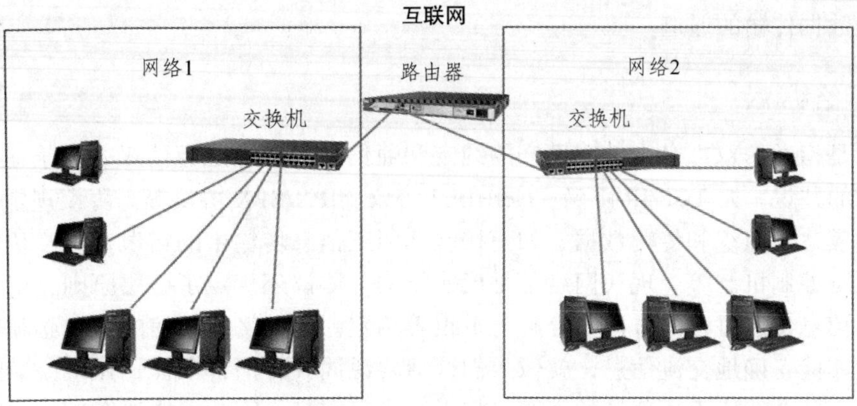

图 2-1-1 计算机网络结构

计算机网络系统由网络硬件和网络软件两大部分组成。在计算机网络系统中，硬件是网络的基础和运行的实体，它提供的是数据处理、数据传输和建立通信通道的物质基础，其性能的好坏对网络的性能具有决定性的作用。而网络软件则是支持网络运行、开发网络资源的使用效率、挖掘网络潜力的工具，失去了软件的网络什么也不会做。

计算机网络主要包括如下 4 个部分：计算机系统，通信线路和通信设备，网络协议，网络软件。

1. 计算机系统

具有两台及其以上独立功能的计算机是组成计算机网络的第一个要素，计算机系统是计算机网络的重要组成部分，是计算机网络不可缺少的硬件元素。计算机网络连接的计算机可以是巨型机、大型机、小型机、工作站或微型机，以及笔记本式计算机或其他数据终端设备（如终端服务器）。

计算机系统是网络的基本模块，是被连接的对象。它的主要作用是负责数据信息的收集、处理、存储、传播和提供共享资源。在网络上可共享的资源包括硬件资源（如巨型计算机、高性能外围设备、大容量磁盘等）、软件资源（如各种软件系统、应用程序、数据库系统等）和信息资源。

2. 通信线路和通信设备

计算机网络的硬件部分除了计算机本身以外，还要有用于连接这些计算机的通信线路和通信设备，即数据通信系统。其中，通信线路指的是传输介质及其介质连接部件，包括光缆、同轴电缆、双绞线、无线电波等；通信设备指网络连接设备、网络互联设备，包括网卡、集线器（Hub）、中继器（Repeater）、交换机（Switch）、网桥（Bridge）、路由器（Router）以及调制解调器（Modem）等。计算机网络使用通信线路和通信设备将计算机互联起来，在计算机之间建立一条物理通道，以便数据传输。通信线路和通信设备负责控制数据的发出、传送、接收或转发，包括信号转换、路径选择、编码与解码、差错校验、通信控制管理等，以便完成信息交换。通信线路和通信设备是连接计算机系统的桥梁，是数据传输的通道。

3. 网络协议

协议是指通信双方必须共同遵守的约定和通信规则，它是通信双方关于通信如何进行所达成的共识。如 TCP/IP 协议、NetBEUI 协议、IPX/SPX 协议等。协议规定了用什么样的格式表达、组织和传输数据，如何校验和纠正信息传输中的错误，以及传输信息的时序组织与控制机制等。现代网络都是层次结构，协议还规定了分层原则、层次间的关系、执行信息传递过程的方向、分解与重组等约定。在网络上通信的双方必须遵守相同的协议，才能正确地交流信息，就像人们谈话要说同一种语言一样，如果谈话时使用不同的语言，就会造成无法理解的问题，将无法进行交流。因此，协议在计算机网络中是至关重要的。一般说来，协议的实现是由软件和硬件配合完成的，有的部分由联网设备来承担。

4. 网络软件

网络软件是一种在网络环境下使用和运行以及控制和管理网络工作的计算机软件。根据软件的功能，计算机网络软件可分为网络系统软件和网络应用软件两大类型。

1）网络系统软件

网络系统软件是控制和管理网络运行、提供网络通信、分配和管理共享资源的软件，它包括网络操作系统、网络协议软件、通信控制软件和管理软件等。网络操作系统（Network Operating System，NOS）是指能够对局域网范围内的资源进行统一调度和管理的程序，它是计算机网络软件的核心程序，是网络软件系统的基础。网络协议软件（如 TCP/IP 协议软件）是实现各种网络协议的软件，它是网络软件中最重要、最核心的部分，任何网络软件都要通过协议软件才能发生作用。

2）网络应用软件

网络应用软件是指为某一个应用目的而开发的网络软件（如远程教学软件、电子图书馆软件、Internet 信息服务软件等）。网络应用软件为用户提供访问网络的手段以及网络服务、资源共享和信息传输的方法。

2.1.3 计算机网络的分类

1. 按覆盖范围来分类

局域网（Local Area Network，LAN）是指在一个较小的范围（例如一栋大楼、一所学校）内的计算机、终端和外部设备通过高速通信线路相连接形成的计算机网络。最小的局域网可由两台计算机或终端构成。

城市区域网络，简称城域网（Metropolitan Area Network，MAN），覆盖范围约为几千米到几十千米，是介于局域网和广域网之间的一种高速网络，可由若干个相近的大型局域网构成。

广域网（Wide Area Network，WAN），其网络覆盖范围巨大，从几十千米到几千千米不等。广域网可以覆盖若干个国家和地区，甚至横跨几个洲。

2. 按传输方式来分类

广播式网络：网络中的计算机或设备共享一条通信信道。任一计算机发出的信息，其他计算机都能收到，根据报文中的目的地址来判断是接收还是丢弃该报文。因为任何时间内只允许一个节点使用信道，所以在广播式网络中需要为信道争用提供相应解决机制。

点到点式网络：以点对点的连接方式，把各节点连接起来。节点间发送数据，只有固定的目的节点能够收到，其他的节点收不到。这种传播方式主要用于广域网中，其中路由器之间的数据传输就是采用点到点的方式。

任务 2.2　开放系统互连模型——OSI 参考模型

知识目标

（1）掌握 OSI 参考模型的各层主要功能。

（2）熟悉 OSI 参考模型数据传输工作原理。

技能目标

（1）能够对比网络体系结构的层次关系。

（2）能够正确说出 OSI 参考模型层次以及各层功能。

素质目标

（1）增长学生知识。

（2）培养学生学习新技术、新知识的意识。

（3）增强学生的学习能力、信息处理能力和应变能力。

知识点学习

2.2.1　OSI 参考模型

为实现开放系统互连所建立的分层模型，简称 OSI（Open System Interconnection）参考模型。其目的是为异种计算机互连提供一个共同的基础和标准框架，并为保持相关标准的一致性和兼容性提供共同的参考。这里的所谓开放，是强调对 OSI 标准的遵从。开放并不是指特定的系统实现具体的互联技术或手段，而是对可使用的标准的共同认可。一个系统是开放的，是指它可以与世界上任何地方的遵守相同标准的其他任何系统通信。

OSI 参考模型是在博采众长的基础上形成的系统互联技术的产物。它不仅促进了数据通信的发展，而且还导致了整个计算机网络的发展。OSI 参考模型提供了概念性和功能性结构，该模型将开放系统的通信功能划分为七个层次，各层协议细节的研究是各自独立进行的，这样一旦导入新技术或提出新的业务要求时，就可以把由通信功能扩充、变更所带来的影响限制在直接有关的层内，而不必改动全部协议。

OSI 参考模型分层的原则是将相似的功能集中在同一层内，功能差别较大时则分层处理，每层只对相邻的上、下层定义接口。

OSI 参考模型是计算机网络体系结构发展的产物，它的基本内容是开放系统通信功能的分层结构。这个模型把开放系统通信功能划分为七层。从邻接物理媒体的层次开始，分别赋予一至七层的顺序编号，相应地称之为物理层、数据链路层、网络层、传输层、会话层、表示层和应用层。OSI 参考模型如图 2-2-1 所示。

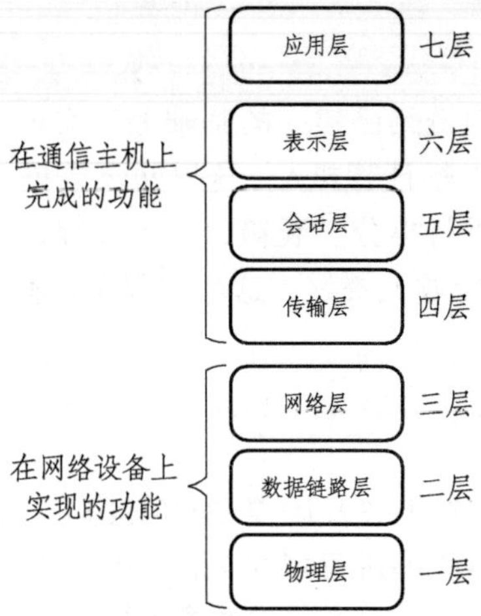

图 2-2-1　OSI 参考模型

2.2.2　OSI 参考模型的各层功能

国际标准化组织（OSI）把计算机通信分成了七层，从上到下依次为：应用层、表示层、会话层、传输层、网络层、数据链路层、物理层，如图 2-2-1 所示，也就是说要想实现计算机通信需要这七方面的工作。一至四层被认为是低层，这些层与数据传输密切相关；五至七层是高层，包含应用程序级的数据。每一层负责一项具体的工作，然后把数据传送到下一层。

1. 物理层

物理层定义了通信网络之间物理链路的电气或机械特性，规定了网络设备的接口标准、电压标准。要是不定义这些标准，各个厂家生产的网络设备就不能连接到一起，更不可能相互兼容。物理层也包括通信技术，研究人员会让物理线路（铜线或光纤）通过频分复用技术或时分复用技术、编码技术更快地传输数据。

2. 数据链路层

数据链路层负责物理层面上互连的、节点之间的通信传输，就是将数据包封装成能够在不同链路传输的帧。数据包在传递过程中要经过不同网络，比如集线器或交换机组建的网络——以太网，使用载波侦听多路访问协议（CSMA/CD），路由器和路由器之间的连接是点到点的链路，点到点链路可以使用 PPP 协议或帧中继（Frame Relay）协议。数据包要想在不同类型的链路传输需要封装成不同的帧格式。比如以太网的帧，要加上目标 MAC 地址和源 MAC 地址，而点到点链路上的帧就不用添加 MAC 地址。

3. 网络层

该层传输以“分组”为单位的数据，完成目标寻址、路由转发的功能。路由器就是专门负责在不同网络转发数据包的，为数据包选择转发路径，因此工作在网络层。

4. 传输层

该层在两个节点之间通信链路已建立的基础上，实现节点间端到端的传输。比如网页数据需要通过网络传输到目标计算机A，这里网页数据就相当于我们上一节讲到的要运输的家具，在传输之前要进行拆分、装箱，放入缓存，分段编号，再依次发送给计算机 A，计算机 A 将收到的分段放入缓存，这个过程由传输层完成。传输层能够实现可靠传输和流量控制。

5. 会话层

会话层管理和协调不同主机上各种进程之间的通信。比如计算机 A 的浏览器访问网站，需要浏览器和 Web 服务器上的进程建立会话，建立和维持会话的功能就属于会话层。它提供包括访问验证和会话管理在内的建立和维护应用之间通信的机制。

6. 表示层

表示层关心的是所传输的数据的表现方式，即语法和语义。比如网页中的文字和内容要进行传输，必须转换成数字信息，这就需要对要传输的文字进行编码，这是表示层要解决的问题。

7. 应用层

应用层发起数据通信请求，如计算机 A 打开浏览器输入网址访问网站的网页，网站的 Web 服务接收到客户端请求，把网页数据传送给计算机 A 的浏览器，这时 Web 服务和浏览器就工作在应用层。

2.2.3 OSI 参考模型的数据传输

数据封装（Data Encapsulation），就是把业务数据映射到某个封装协议的净荷中，然后填充对应协议的包头，形成封装协议的数据包，并完成速率适配。

如图 2-2-2 所示，在 OSI 参考模型（七层）中，当一台主机需要传送用户的数据（DATA）时，数据首先通过应用层的接口进入应用层。在应用层，用户的数据被加上应用层的报头（Application Header，AH），形成应用层协议数据单元（Protocol Data Unit，PDU），然后被递交到下一层表示层。表示层并不“关心”上层应用层的数据格式，而是把整个应用层递交的数据包看成是一个整体（应用层数据）进行封装，即加上表示层的报头（Presentation Header，PH）。然后，递交到下一层会话层。

同样，会话层、传输层、网络层（假设用 TCP 传输，则是 TCP 数据+IP 包头）、数据链路层[把上一层的 TCP 数据+IP 包头统一称为帧数据，帧头 + 帧数据 + 帧尾（CRC）]也都要分别给上一层递交下来的数据加上自己的报头。它们是：会话层报头（Session Header，SH）、传输层报头（Transport Header，TH）、网络层报头（Network Header，NH）

和数据链路层报头（Data link Header，DH）。其中，数据链路层还要给网络层递交的数据加上数据链路层报尾（Data link Termination，DT）形成最终的一帧数据。

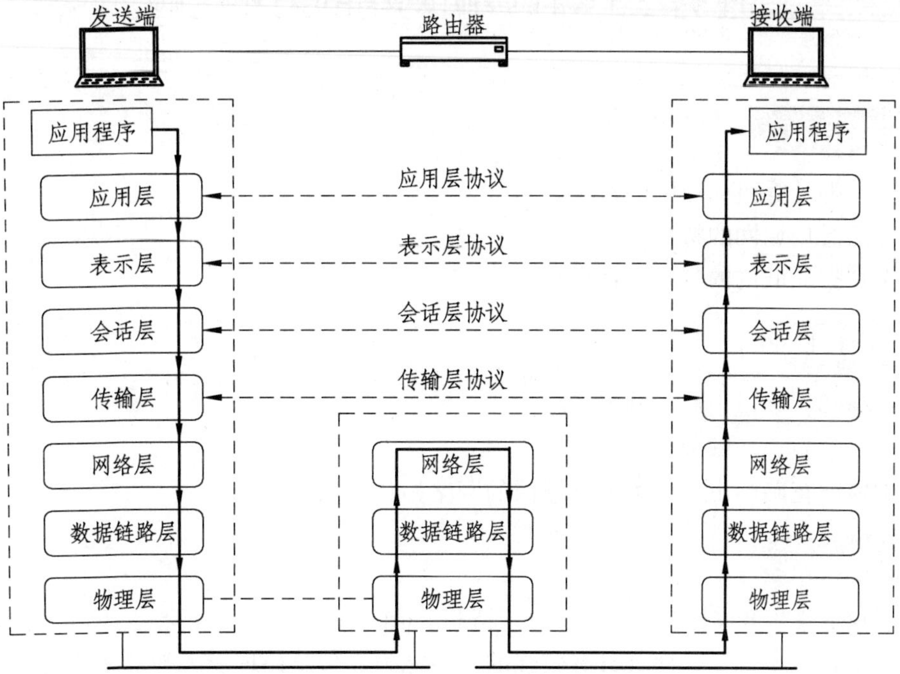

图 2-2-2　OSI 参考模型的数据传输

当一帧数据通过物理层传送到目标主机的物理层时（物理层将数据转换成比特流在介质中传递），该主机的物理层把它递交到上一层数据链路层。数据链路层负责去掉数据帧的帧头部 DH 和尾部 DT（同时还进行数据校验）。如果数据没有出错，则递交到上一层网络层。

同样，网络层、传输层、会话层、表示层、应用层也要做类似的工作。最终，原始数据被递交到目标主机的具体应用程序中。

任务 2.3 计算机网络的拓扑结构

知识目标

（1）掌握计算机局域网的概念。

（2）熟悉局域网的特性。

（3）掌握局域网的网络拓扑结构。

技能目标

（1）能够正确说出局域网的类型。

（2）能够叙述局域网的组成。

（3）能够正确画出不同类型局域网的网络拓扑结构。

素质目标

（1）培养学生爱岗敬业、认真负责、精益求精的态度和认真、细心、严谨的工作作风。

（2）增长学生知识，使其具有较强的学习能力、信息处理能力和应变能力。

（3）培养学生严谨认真、精益求精的态度，提升学生合作、应变与可持续性发展的能力。

知识点学习

2.3.1 计算机局域网

1. 局域网的定义

局域网又称为局部区域网（Local Area Network，LAN），是在一个较小的范围内，利用通信线路将众多计算机及外部设备连接起来，达到数据通信和资源共享目的的网络。从这个定义可引出局域网的 3 个属性。

（1）局域网是一种通信网络，它是将数据从网络中的一个设备传送到另一个设备。

（2）局域网中所连的数据通信设备是广义的，包括计算机、终端、数字化电话机、数字化电视接收机、传感器及传真机等。

（3）联网范围较小，通常局限于一个单位、一栋建筑物内，或者几千米范围的一个区域。

2. 局域网的特性

局域网是数据通信网的一种类型，因而具有数据通信网的共性，例如，有全网一致遵守的协议。但局域网具有自己的特点，主要表现在以下几个方面。

1）网络覆盖范围小

局域网中节点分布的地理范围较小，可以满足一个办公室、一个学校、一个公司或一个工厂等有限范围内的计算机及有关信息处理设备的联网需要，一般局限在几千米范围内。

2）数据传输速率高

由于局域网所用的通信线路较短，故可以选择使用高性能的传输介质作为通信线路，以提高通信速率，缩短延迟时间。一般局域网的传输速率为 1 ~ 100 Mb/s。

3）误码率低

由于局域网所用的通信线路较短，因而出现差错的机会少且局域网一般为专用，其他干扰少，因此信息传输中出现差错的概率小、可靠性高。一般局域网的误码率为 10^{-14} ~ 10^{-8}。

4）网络性能好

局域网通常由一个部门拥有，不受其他网络规定的约束，易于网络的维护、管理，以及技术更新和网络功能的扩充。此外，局域网还具有结构简单、易于实现、使用灵活、易于操作及介质适应性强等特点。

3. 局域网的分类

通常，人们从 3 种不同的角度来对局域网进行分类：一是按用途和速率进行分类；二是按拓扑结构进行分类；三是按传输的信号进行分类。

1）按用途和速率分类

根据用途和速率的不同，局域网可分为计算机局部区域网和高速局域网。计算机局部区域网，也叫作常规局域网，简称局域网，它的传输速率相对较低。高速局域网采用高速同轴电缆、双绞线或光纤，连接快速但是需要价格昂贵的主机、大容量存储器。

2）按拓扑结构分类

按拓扑结构的不同，局域网可分为星型网、总线型网、环型网和树型网等。

3）按传输的信号分类

按传输介质上传输的信号，可以把局域网分为基带网和宽带网。基带网传输数字基带信号，其传输距离一般不超过 1 km。为了克服数字基带信号直接传输的缺点，可以采用宽带传输。宽带传输就是将数字信号采用数字调制技术变换成模拟信号，并采用频分多路复用（FDMA）技术进行传输。这种传输方式通常采用频带很宽的传输介质，如同轴电缆等。宽带网的信号衰减较小，传输距离可达到 10 km 甚至更高。

4. 局域网的组成

局域网通常由网络连接设备、网络接口单元（Network Interface Unit，NIU）和传输介质三部分组成。

1）网络连接设备

网络连接设备通常是计算机或通信设备，一般将其称为工作站或站点。另外还有服务器，它可向各站提供用户通信和资源共享服务。

2）网络接口单元

网络接口单元通常又称为网卡，主要用于将网络连接设备连接到传输介质上，是局域网的关键部件。局域网上连接的设备种类非常多，但在局域网上传输的报文格式对于所有的网络用户必须一致，这就要求网络接口单元要将联网设备的输出格式转换成网络传输中所要求的格式，而在接收时要将网络中的传输格式转换成联网设备的输入格式。

3）传输介质

传输介质是通信双方用于彼此传输信息的物理通路。局域网内使用的典型的传输介质有双绞线、同轴电缆、光纤和电磁波等。大多数局域网是共享传输介质的，这样各站就需要一种介质访问的控制逻辑，以决定当有数据发送时何时占用介质，以及在接收时如何根据地址识别发向本站的报文。访问逻辑由硬件和软件组合而成。

除了网络硬件外，还必须有相应的网络协议和各种网络应用软件，以构成完整的网络系统。

2.3.2 局域网的网络拓扑结构

1. 总线型拓扑结构

总线型拓扑结构也是局域网中最重要的拓扑结构之一。如图 2-3-1 所示，总线型结构采用一条公共传输信道传输信息，所有节点均通过专门的连接器连到这个公共信道上，该信道称为总线。总线两端都会连接一个匹配电阻，用来消耗总线上多余的信号。

总线上传送的信息以“共享方式”进行传送，其传送方向是从发送信息的节点沿着传输介质向两端扩散传播，发送的消息可以被所有其他节点接收。因为总线型拓扑结构具有结构简单、接入灵活、扩展方便、可靠性高等特点，特别是可采用广播式多路访问方法，因而在局域网中被广泛应用，典型代表是以太网（Ethernet）。

但如果出现故障，受故障影响的设备范围大，如果总线电缆出现故障，则整个通信就无法进行，并且维护比较困难，在排除介质故障时，要将错误隔离到某个网段比较困难。

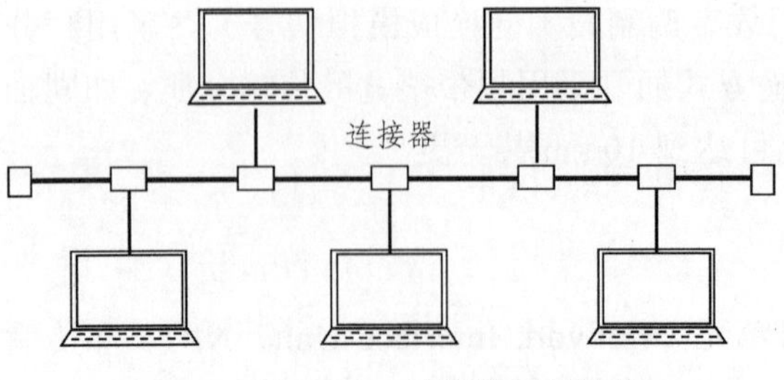

图 2-3-1 总线型拓扑结构

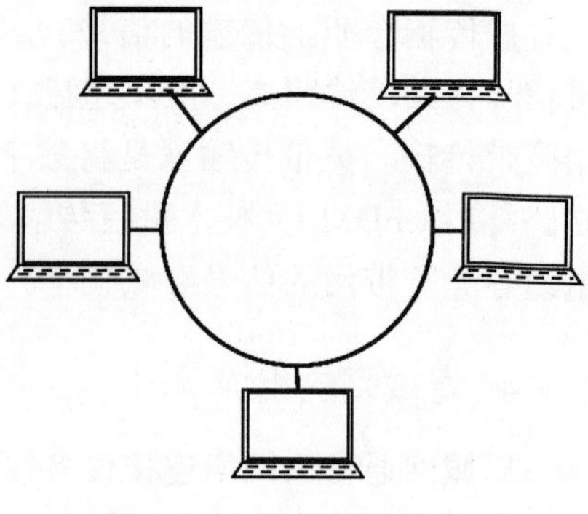

图 2-3-2 环型拓扑结构

2. 环型拓扑结构

在环型拓扑中，各节点和通信线路连接并形成一个闭合的环。环中的数据按照一个方向沿环逐个节点传输，或顺时针方向，或逆时针方向。环型拓扑结构是局域网中经常使用的拓扑结构之一，如图 2-3-2 所示。这种拓扑结构的网络中每个节点都与相邻的两个节点相连，节点之间采用点到点链路。这样，网络中的所有节点就构成了一个闭合的环，环中传输的数据沿着一个方向绕环逐点传送。

环型拓扑结构的网络中，所有节点以“共享方式”使用传输介质，在环上传输的任何数据都必须经过接在环上的每一个节点，因此一个节点故障就会使环路断开，导致整个通信终止，引起全网瘫痪。环型拓扑结构控制方便、传输速率高、结构对称性好，有较为广泛的应用。

3. 星型拓扑结构

星型拓扑结构如图 2-3-3 所示，网络中有一个中央节点，每个节点通过点到点链路与中央节点连接。中央节点执行集中式通信控制策略，任何两个站点的通信都要通过中央节点进行转换。星型拓扑结构采用中央站点集中控制，便于网络的故障检测和隔离。但是，由于依赖于中央节点，这就要求中央节点有较高的功能且可靠性要求很高。目前，星型拓扑结构的典型应用是交换局域网。

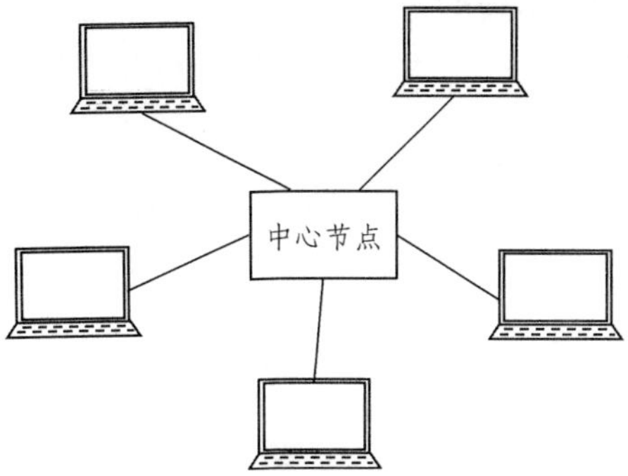

图 2-3-3　星型拓扑结构

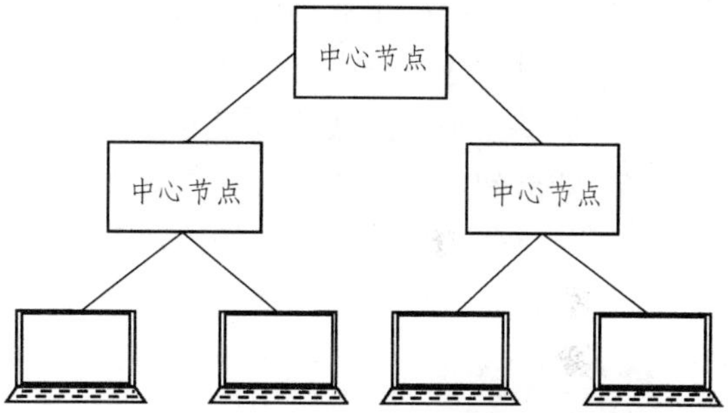

图 2-3-4　树型拓扑结构

4. 树型拓扑结构

树型拓扑是一种分层结构，可以看作是星型拓扑的一种扩展，适用于分级管理和控制的网络系统，如图 2-3-4 所示。树型拓扑结构在节点发送数据时，根节点接收该信号，然后再重新广播发送到全网。树型拓扑结构扩充性能好，寻址方便，适用于多监测点的实时控制和管理系统；缺点是节点较多，速度容易受到限制。

任务 2.4 数据通信系统简介

知识目标

（1）掌握数据通信系统的组成。

（2）理解数据编码的概念。

（3）掌握数据通信系统中常用的数据编码技术。

（4）掌握数据通信系统中常用的数据传输技术。

（5）理解并掌握多路复用技术。

技能目标

（1）能够对比不归零码和归零码、曼彻斯特编码和差分曼彻斯特编码的区别。

（2）能够正确画出数字信号中曼彻斯特编码和差分曼彻斯特编码。

（3）能够正确画出数字信号和模拟信号的波形。

（4）能够叙述数据通信的性能指标。

（5）能够正确叙述数据传输方式种类。

（6）能够叙述通信线路的工作方式。

（7）能够叙述通信信号中的传输方式。

（8）能够正确区分每种多路复用技术的含义。

素质目标

（1）培养学生学习新技术、新知识的意识。

（2）培养学生勇于创新、开拓进取的意识。

（3）培养学生严谨认真、精益求精的态度，提升学生合作、应变与可持续性发展的能力。

知识点学习

2.4.1 数据通信系统模型

通信的目的就是传递信息。通信中产生和发送信息的一端称作信源，接收信息的一端称作信宿。把信息从信源传递到信宿要经过发送设备、传输介质和接收设备。信息在传输过程中可能会受到外界的干扰，这种干扰称为噪声。不同的物理信道受到噪声的影响也各不相同，例如，如果在信道上传输电信号，就会受到外界的电磁干扰，而在光缆信道上传输的信号则基本不受外界电磁的干扰。基本数据通信系统模型如图 2-4-1 所示，各部分作用介绍如下。

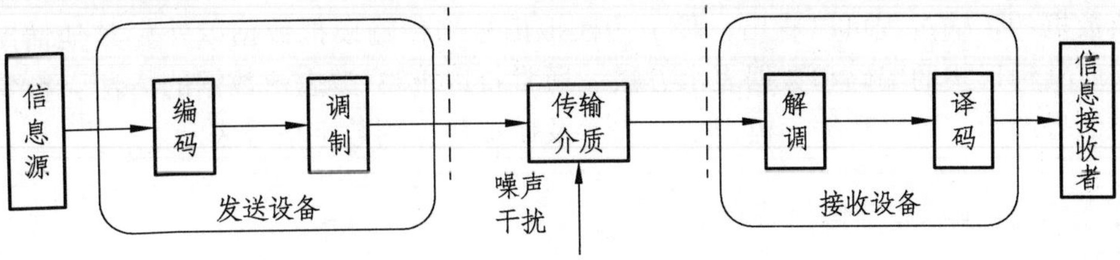

图 2-4-1　基本数据通信系统模型

1. 信源

信源是信息的发出者，其作用是把各种信息转换为原始的电信号。不同的信源输出信号的形式是不一样的，一般将其分为模拟信源和离散信源。模拟信源输出的信号在时间和幅度上都是连续的，如语音、图像以及模拟传感器输出的信号等；离散信源输出的信号是离散的或可数的，如符号、文字以及脉冲序列等。

2. 发送设备

发送设备的作用是将信源和传输介质连接起来，将信源输出的信号变换为适合于介质传输的信号形式。变换的方式很多，采用哪种变换则要根据信号类型、传输介质种类和质量要求等决定。

3. 传输介质

传输介质是用来传递发送设备和接收设备之间信号的物理通路。介质的固有特性及引入的干扰与噪声直接关系到通信的质量。

4. 噪声源

信息在传输过程中，会受到来自外界和通信系统本身的噪声干扰，这些噪声干扰会对传输的信息产生很大的影响。这些噪声是无法完全消除掉的，只能想办法减弱或抑制。

5. 接收设备

接收设备的作用是将接收的信号变换成与发送端信源发出的消息基本一样或完全一样的原始信号。从这一点出发，接收设备显然应该是发送设备的反变换。除此之外，它还要克服在传输过程中干扰所带来的影响。

6. 信宿

信宿是信息的接收者，其将经过各种变换和传输的信息还原成所需要的消息形式。一般情况下，信宿需要的消息应和信源发出的消息类型一样，不管中间经过何种变换和传输，都不应该发生改变。

2.4.2 数据编码技术

从数据的传输过程可以看出，除了用模拟信号来传输模拟数据以外，其他情况下都需要采取某种形式的编码和数据表示方法。通常有以下 3 类表示数据的方法：数字数据用数字信号表示、数字数据用模拟信号表示及模拟数据用数字信号表示。

1. 数字数据用数字信号表示

对于数字信号传输来说，最普遍且最容易的方法是用两个不同的电压极性或电平值来表示二进制数字的两个取值。常用的编码方案有不归零编码、曼彻斯特编码和差分曼彻斯特编码等。常用的 3 种编码方案如图 2-4-2 所示。

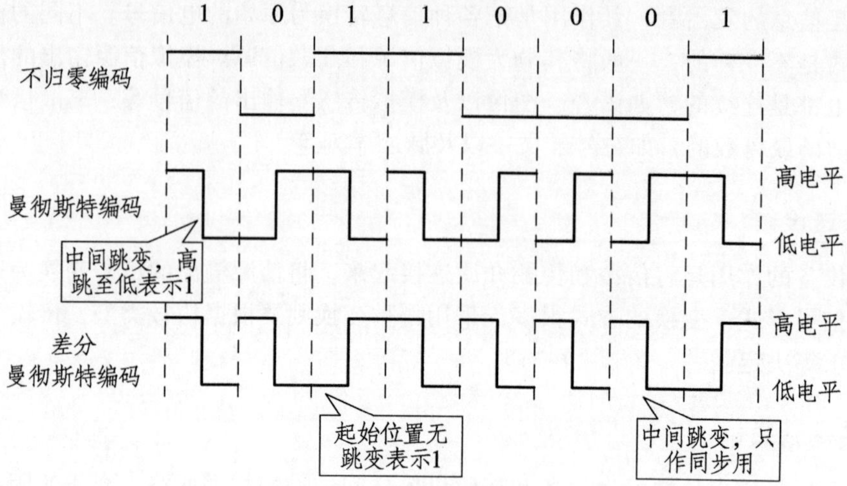

图 2-4-2 3 种编码方案

1）不归零编码

不归零编码（Non-Return-to-Zero，NRZ）是一种简单的编码方式，它用高电平表示逻辑“1”，用低电平表示逻辑“0”，每个数据位占用全部码元的宽度，如图 2-4-3 所示。不归零编码的缺点是编码中不包含同步信息，接收方不能准确地区分每一个数据位，当有连续的多个“0”或“1”到来时，接收方将难以区分。不归零编码用电平表示信号，当有连续的多个同样电平到来时，就会有直流分量的存在，可能造成通信设备的安全隐患。因此，数据传输时，一般不直接采用 NRZ 编码方式。

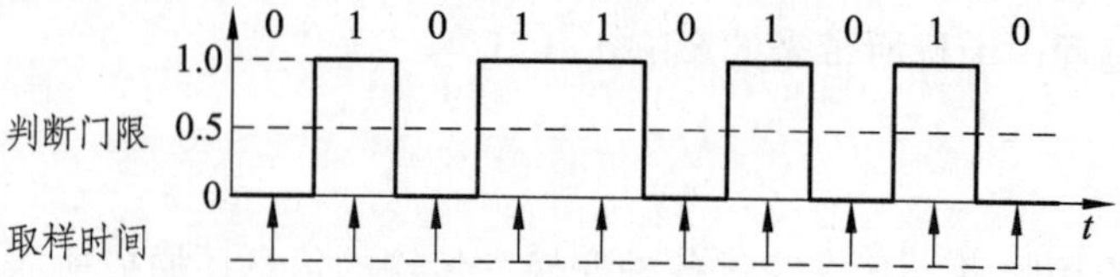

（a）单极性不归零码

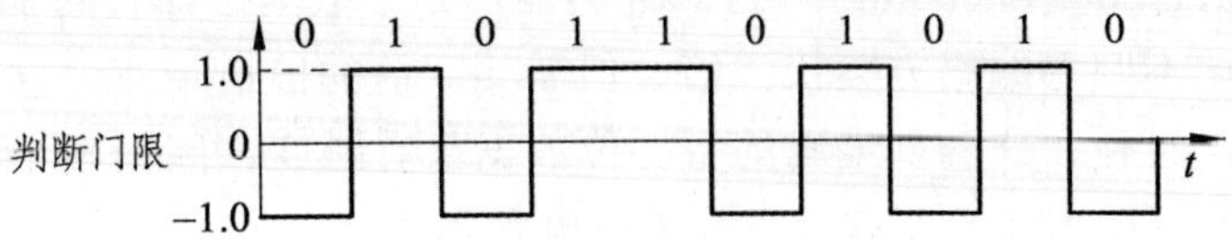

（b）双极性不归零码

图 2-4-3 不归零编码

2）归零码

归零码是指编码在发送“0”或“1”时，在一码元的时间内会返回初始状态（零），如图 2-4-4 所示。归零码可分为单极性归零码和双极性归零码。

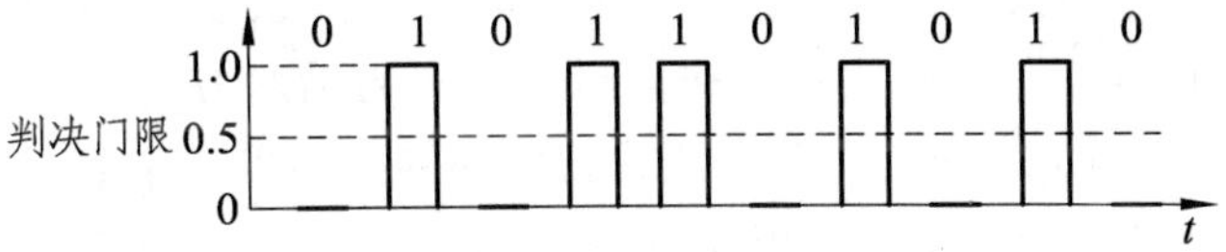

（a）单极性归零码

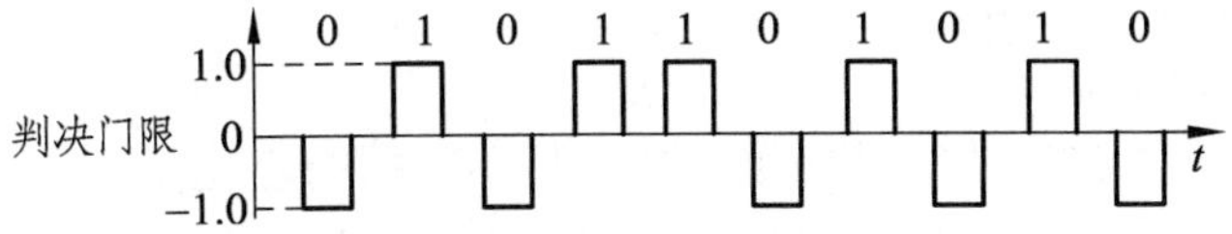

（b）双极性归零码

图 2-4-4 归零码

3）曼彻斯特编码

曼彻斯特编码（Manchester Encoding）又称为相位编码，它的特点是每位中间有一个跳变，位中间的跳变既作为时钟，又代表数字信号的取值。曼彻斯特编码的实现方法非常简单，用时钟信号对发送的数据信息进行“异或”操作就可以实现，发送时钟可用正时钟或负时钟。因此，信息编码的结果就有两种情况：可以用由低电平跳变至高电平代表“1”，由高电平跳变至低电平代表“0”；也可以用相反的跳变，即由低电平跳变至高电平代表“0”，由高电平跳变至低电平代表“1”。

4）差分曼彻斯特编码

差分曼彻斯特编码（Differential Manchester Encoding）是曼彻斯特编码的一种变形，它与曼彻斯特编码的差别在于：差分曼彻斯特编码是以每个数据位的开始是否有跳变来表示数据的逻辑值的，无跳变表示“1”，有跳变表示“0”。也可以用当前数据位的前半个周期的电平和前一个数据位的后半个周期的电平有无电平转换来判断，电平一致为“1”，电平发生转换为“0”。

曼彻斯特编码和差分曼彻斯特编码都带有数据位的同步信息，即在每个时间间隔的中间发生跳变，这种跳变使得接收设备和发送设备的时钟保持一致，因此又称为自同步编码（Self-synchronizing Encoding）。这两种编码每一个数据位都有两个不同的电平，因此数据传输速率比不归零编码方案快一倍，但需要双倍的信道带宽，这就对信道带宽提出了更高的要求。另外，这两种编码的每一位数据都有跳变，因而整个脉冲序列无直流分量，比较均衡，可以用变压器耦合方式进行电路隔离。

2. 数字数据用模拟信号表示

数字数据用模拟信号表示即是用数字数据的变化分别对一定频率正弦载波信号的幅度、频率或相位进行控制，从而达到数字数据的编码目的。将数字信号加载在载波信号上，利用模拟信道进行数据传输的技术，称作调制解调技术。调制即是在发送端将数字信号加载在载波信号上，并在信道上传输；解调则是在接收端将数字信号从载波信号上提取出来，将模拟信号转换成为数字信号。实现调制技术的设备称为调制器，实现解调技术的设备称为解调器。计算机在双工通信时，需要通信双方同时具有调制和解调功能的设备，如调制解调器（Modem）。用模拟载波信号的不同参数来表示数字信号，对应的 3 种基本调制方式分别为调幅、调相和调频，通常又称为幅度键控（Amplitude Shift Keying，ASK）、相移键控（Phase Shift Keying，PSK）和频移键控（Frequency Shift Keying，FSK）。三种基本调制方式如图 2-4-5 所示。

1）幅度键控（ASK）

按照这种调制方式，载波信号的幅度随着数字数据的变化而变化。例如，对应二进制“0”，无载波输出；对应二进制“1”，有载波输出。调幅技术实现起来简单，但抗干扰性能差。

2）相移键控（PSK）

相移键控就是用数字数据的值调制载波信号的相位，例如，用 180°相移表示“0”；用 0°相移表示“1”。这种调制方式抗干扰性能最好，而且相位的变化也可以作为定时信息来同步发送端和接收端的时钟，使得发送方和接收方保持同步。

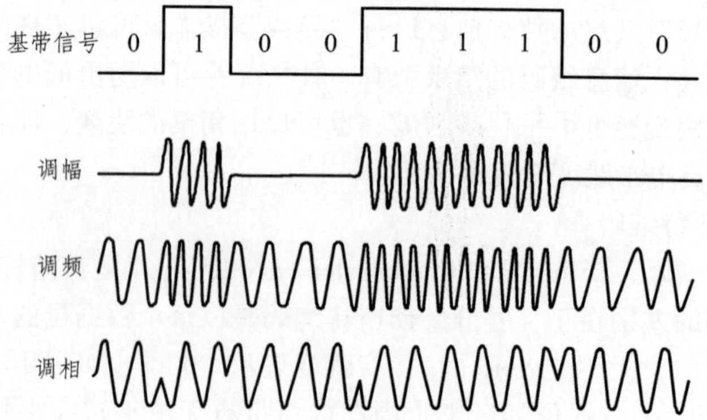

图 2-4-5　三种基本调制方式

3）频移键控（FSK）

这种调制方式是利用数字数据调制载波信号的频率。例如，对应二进制“0”的载波

频率为 A，而对应二进制“1”的载波频率为 $A/2$。这种调制技术抗干扰性能好，但占用带宽较大。

数字调制的结果是使模拟信号的某个参量（幅度、频率或相位）取离散值，这些值与传输的数字数据是对应的。这正是数字调制与传统的模拟调制不同的地方。

以上 3 种基本的调制技术可以组合起来使用，以取得更好的性能。通常为了达到更高的数据传输速率，必须采用技术上更为复杂的多元制的振幅相位混合调制方法，例如正交振幅调制（Quadrature Amplitude Modulation，QAM）。

3. 模拟数据用数字信号表示

由于数字信号传输时具有失真小、误码率低、费用低、传输率高等一系列优点，所以为保证传输质量，需要将模拟数据以数字信号的形式传输。可通过编码器将模拟数据进行数字化后送入数字信道传输，然后在接收端经译码再恢复为模拟数据。对模拟数据进行数字化编码的最常见的方法是脉冲编码调制（Pulse Code Modulation，PCM），它常用于声音信号的编码。

PCM 是以采样定理为基础的。采样定理指出：如果在等间隔的时间内，以两倍于最高有效频率的速率对信号 $f(t)$进行采样，那么采样值包含了原信号 $f(t)$的全部信息，用低通滤波器可从采样值中重新构造原信号 $f(t)$。例如，某种声音信号，带宽频率在 4 000 Hz 以下，若采样 8 000 次/s，则其采样值完全可以代表声音信号特征。模拟数据的数字化编码过程包括采样、量化和编码 3 个步骤，模拟信号的 PCM 输出的位串为“010 101 101 011”，脉冲编码调制如图 2-4-6 所示。

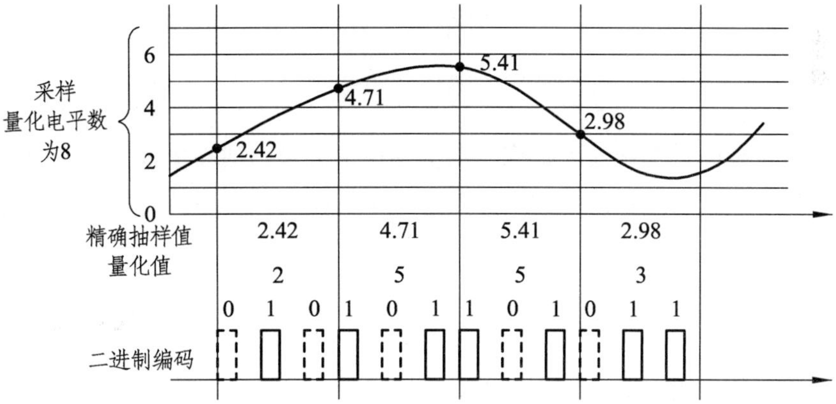

图 2-4-6　脉冲编码调制

2.4.3　数据通信的性能指标

在设计和评价通信系统时，必然要涉及通信系统的性能指标，人们根据这些指标来衡量通信系统性能的优劣。通信系统的性能指标也称为质量指标，主要包括通信系统的有效性指标、频带利用率指标、可靠性指标、抗干扰能力指标及信道容量等。

1. 码元传输速率

码元传输速率又叫作调制速率。它表示信号调制过程中单位时间内调制信号波（即码元）的变换次数，即单位时间内传输码元的个数（信号波的个数）。码元传输速率的单位为波特（Baud），因而又称为波特率。若一个码元所需要的时间为 T，则波特率 B 为

$$B = \frac{1}{T}\text{（Baud）}$$

2. 数据传输速率

数据传输速率表示单位时间内在信道上传输的二进制位的个数。数据传输速率的单位为比特/秒（b/s），因而又称为比特率。

比特率和波特率是两个不同的概念，仅当在二进制码元的传输中，每个码元代表一个比特的信息量，这时波特率和比特率才相等。在一定的波特率下提高数据传输速率的途径是用一个码元表示更多的比特数。如在 M 进制中，每个码元脉冲代表 $\log_2 M$ 个比特的信息量，则比特率 S 和波特率 B 的关系为

$$S = B\log_2 M\text{（b/s）}$$

3. 误码率

误码率是指通信过程中系统传错码元的数目与所传输的总码元的数目之比，也就是码元差错率，即

$$P_e = \frac{\text{传错码元的个数}}{\text{传输码元的总数}}$$

4. 信噪比

数据通信系统的抗干扰能力指标使用信噪比来表示。信噪比越高，说明通信系统的抗干扰能力越强，反之越弱。信噪比是指信号平均功率与噪声的平均功率之比，用 S/N 表示，即

$$S/N = \frac{P_s}{P_n}$$

式中，P_s 为信号的平均功率；P_n 为噪声的平均功率。

为了使用方便，通常采用分贝（dB）为单位来表示信噪比，转换公式为

$$(S/N)_{\text{dB}} = 10\times\lg\left(\frac{P_s}{P_n}\right)$$

5. 信道容量

信道容量是指信道在单位时间内所能传送的最大信息量，信道容量的单位符号是 b/s，

即信道的最大传信速率。

1）实际信道容量

模拟信道的信道容量可以根据香农（Shannon）定理进行计算。香农定理指出：在信号平均功率受限的高斯白噪声信道中，信道的极限信息传输速率（信道容量）为

$$C = B \times \log_2(1 + S / N)$$

式中，S 为信号的平均功率；N 为噪声平均功率；B 为信道带宽；C 为信道容量。

在香农定理中，最高数据传输速率与码元的状态数 M 无关，也就是说无论用什么方式调制，只要给定了信噪比，则单位时间内最大的信息传输量就确定了。自从香农定理发表后，各种信号的处理和调制方法不断推出，目的都是为了尽可能地接近香农定理给出的最高数据传输速率。实际上，信道所能够达到的信息传输速度要比香农定理的最高数据传输速率低得多。

2）极限信道容量

数字信道是一种离散信道，它只能传送离散取值的数字信号。假设数字信道无噪声，此时数据传输速率的限制仅受到带宽的影响。根据奈奎斯特（Nyquist）准则，如果数字信道的带宽为 B，则信道容量 C 可表示为

$$C = 2B \times \log_2 M (\mathrm{b/s})$$

式中，M 为码元符号所能取的离散值的个数。

2.4.4 数据传输方式

数据传输方式是指数据在信道上传送时所采取的方式。按照数据代码传输的顺序，可分为并行传输和串行传输；按照数据传输的同步方式，可分为同步传输和异步传输；按照数据是否采用调制，分为基带传输和宽带传输。

1. 并行传输和串行传输

按照数据代码传输的顺序，数据传输方式可分为并行传输和串行传输。

1）并行传输

并行传输是指在传输中有多个数据位同时在通信设备之间的多条通道上进行的传输，每个数据位都有自己的传输通道。例如，用 8 位二进制数表示 1 个字符，采用并行传输，传送这个字符编码就需要 8 个传输信道。计算机内部的数据通信通常都以并行传输方式进行，如并行传送 8 位数据就叫作 8 位总线，并行传送 16 位数据就叫作 16 位总线。并行传输适合于短距离通信，在进行长距离数据传输时，使用这种方法就显得太不经济了。因此，长距离数据传输一般均采用串行传输方式。

2）串行传输

串行传输指的是在传输过程中，同一个字节的各个不同的位按顺序先后发送，在同一个信道上传输，接收端则一位一位的接收数据。这种方式下，一个并行的数据被转换成了一个二进制数据流。例如，在具有 8 位总线的计算机内，发送设备将 8 位数据同时

送给并-串转换硬件，数据以串行方式逐位到达接收站的设备中。发送端的并-串转换硬件将并行方式转为串行方式，而接收端的串-并转换硬件则把串行方式转为并行方式。在这种传输模式下，串行传输速率明显低于并行传输，但它节省了大量的数据通道，降低了信道成本，而且利于远程传输。我们现在所用的网络都采用的是串行传输。

2. 同步传输和异步传输

在通信过程中，发送端和接收端必须在时间上保持同步，才能准确地传输信息。同步就是指接收端要按照发送端所发出的每个码元的起止时间和重复频率来接收数据，即收发双方在时间上必须取得一致。除此之外，在传输由多个码元组成的字符及由许多字符组成的数据块时，通信双方也要在起止时间和持续时间上取得一致。按照数据传输的同步方式，数据通信可分为异步传输和同步传输两种方式。

1）异步传输

异步传输（Asynchronous Transmission）方式又称为起止式同步方式，其以字符为单位进行传输。异步通信方式不要求通信双方采用同一个时钟，通信双方可以使用各自的工作时钟来控制接收与发送。在异步数据传送中，通信双方必须使用相同数据的传送速率和数据格式。

在传输过程中，各个字符分开独立传输，字符之间插入同步信息。在字符（有 5 ~ 8 位）前加 1 位起始位，每个字符后加 1 位校验位和 1 ~ 2 位停止位，异步传输如图 2-4-7 所示。起始位的值为“0”，停止位的值为“1”。起始位是同步参考信号，接收端用其产生与数据位同步的时钟脉冲。接收端时钟置位后只要在 8 ~ 11 位的传输时间内是准确的，就能保证正确接收该字符。停止位用来告诉接收端字符传输结束，接收端收到该位表示该字符传输结束，后面就是后续字符的起始位了。

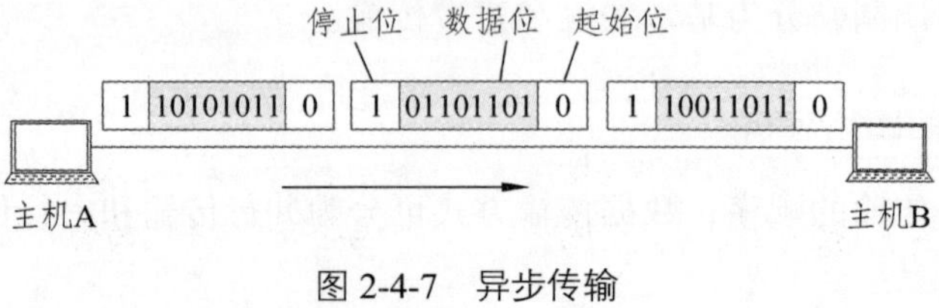

图 2-4-7　异步传输

异步传输方式下的数据传送是靠附加信息（起始位、停止位和空闲位）来减少双方时钟的累加误差，从而达到准确传送数据的目的。由于在数据传送中的附加信息占有一定的比例，所以它的编码效率比较低，每个字符都要增加 2 ~ 3 位的额外开销，因此，传输的速率不会很高，但是异步传输的可靠性还是比较高的。

2）同步传输

同步传输（Synchronous Transmission）是指通信双方使用同一个时钟信号控制数据的发送和接收。因此发送端在发送数据的同时，还要将同步时钟信号以某种方式同时发送出去，接收端用此时钟信号来控制数据的同步接收。同步时钟的发送方式可以采取单独的信号线来发送时钟，也可以采取在数据编码中带有时钟信号的方式，将时钟与数据同时发送到接收端，由接收端再将数据与时钟分离。

同步传输不同于异步传输，它不是独立地发送每一个字符，而是把一串字符组合起来一起发送，通常把这种字符组合称作数据帧。帧的开始是一串同步（SYN）字符，接收端只要检测 SYN 字符到来（同步字段）就可以确认已进入同步状态，准备接收信息。随后是地址字段和控制字段，然后传输的是数据字段，数据的长度是可变的，数据传输完毕后加入数据校验字段，最后是结束标志。同步传输如图 2-4-8 所示。

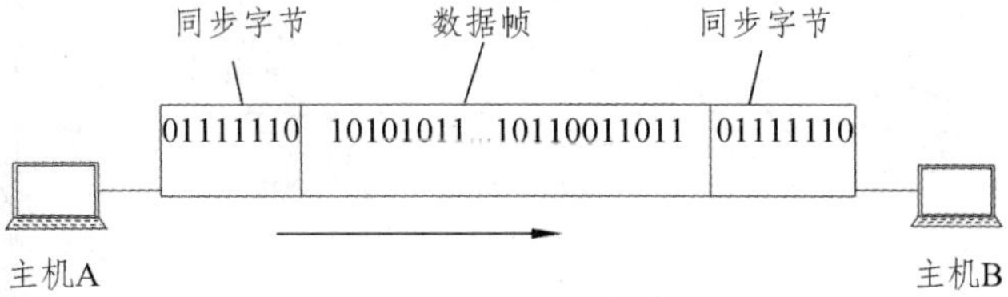

图 2-4-8　同步传输

同步传输方式仅在数据块的前后加入同步字段作为同步信息，所以比异步传输速度快，效率更高，但对同步信号的要求严格，设备相对复杂。采用单独信号线传送时钟的同步通信方式，其通信距离也受到限制。在短距离的连续数据高速传输中，多采用同步传输方式。

3. 基带传输、频带传输和宽带传输

1）基带传输

计算机是利用“0”或“1”的脉冲序列来表示数据的。这种未经调制的数字信号称作基带信号，这个原始的电信号所占用的频率范围几乎要占用整个频带，称作基本频带（Baseband），简称基带。在信道中直接传输基带信号的方式称作基带传输，如从计算机到监视器、打印机等外设的信号就是基带传输的。大多数局域网使用基带传输，如以太网、令牌环网等。

2）频带传输

频带传输是指先将基带信号转换（调制）成便于在模拟信道中传输的、具有较高频率范围的模拟信号（称作频带信号），再将这种频带信号在模拟信道中传输的方式。当采用模拟信号传输数据时，往往只占用有限的频带，对应基带传输将其称为频带传输。

3）宽带传输

由于每一路基带信号的频谱被转移到不同的频段，通过借助频带传输，可以将链路容量分解成两个或更多的信道，每个信道可以携带不同的信号而不会互相干扰，这就是宽带传输。宽带传输中的所有信道都可以同时发送信号，如有线电视系统（Community Antenna Television，CATV）、综合业务数字网（Integrated Service Digital Network，ISDN）等。

2.4.5　通信方式

按照数据在线路上传输的方向，数据通信可分为单工通信（Simplex Transmission）、半双工通信（Half-duplex Transmission）和全双工通信（Full-duplex Transmission）。数据

通信方式如图 2-4-9 所示。

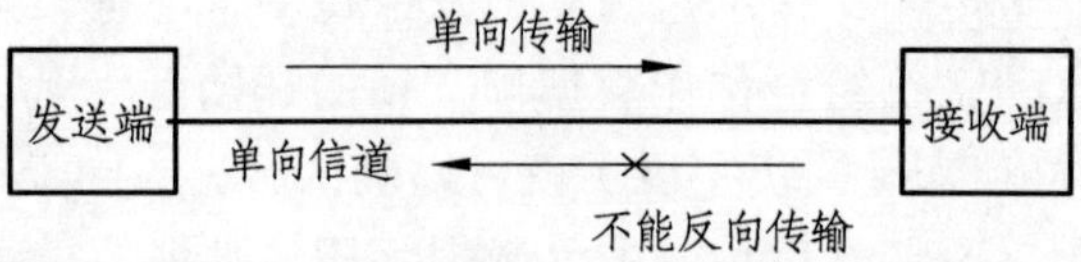

（a）单工通信

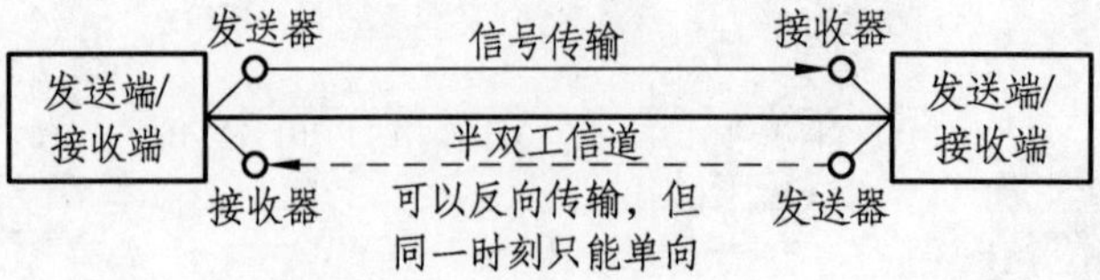

（b）半双工通信

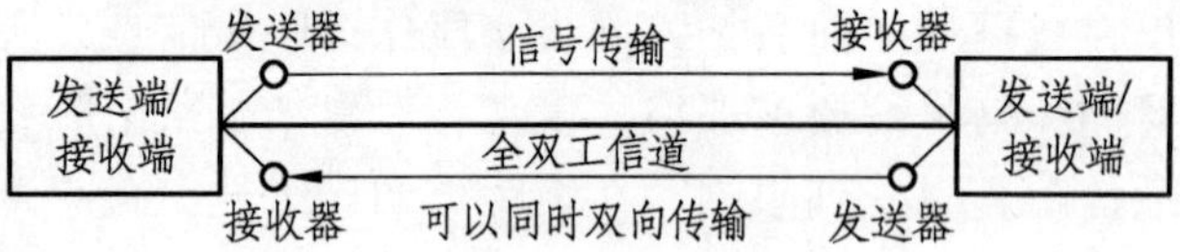

（c）全双工通信

图 2-4-9 数据通信方式

1. 单工通信

单工通信是一种数据传送方向单一且固定的传输模式，如图 2-4-9（a）所示。在单工信道上信息只能沿着信道在一个方向上传输，发送端不能接收，接收端也不能发送，信道的全部带宽都用于由发送端到接收端的数据传输。例如，无线电广播和电视广播都是单工通信。

2. 半双工通信

半双工通信允许通信的双方在通信信道上交替发送和接收信息，但不能在同一时刻发送和接收，在一段时间内，信道的全部带宽用于一个方向上传输信息，即每个站点的状态是变化的，可以是接收端也可以是发送端，图 2-4-9（b）中用开关表示这种状态的交替。半双工通信方式要求通信双方不仅都要有发送和接收的能力，而且还要有双向传输信息的能力，其设备比单工通信设备昂贵。虽然转换传输方向会带来额外的开销，但在要求不是很高的场合多采用这种通信方式。例如，航空和航海无线电台及对讲机等都是以这种方式通信的。

3. 全双工通信

全双工通信是一种可以同时进行双向信息传输的通信方式，如图 2-4-9（c）所示。一种实现方法是采用两套单工通信设备来完成双工通信。但目前更为普遍的方法是采用频分多路复用技术，这要求通信双方都是具有发送和接收功能的设备，并且信道能够提供双向传输的双倍带宽，所以全双工通信设备昂贵。例如，现代的电话通信就是全双工的。

2.4.6 多路复用技术

为了有效地利用传输系统，人们希望通过同时携带多个信号来高效率地使用传输介质，这就是所谓的多路复用。多路复用技术在发送端使用多路复用器（Multiplexer）按照某种规则将多路信号复合到一起，并发送到一条物理信道中传输，在接收端再由多路分配器（Demultiplexer）将各路信号分解出来。多路复用技术如图 2-4-10 所示。多路复用器和多路分配器统称为多路复用器（MUX）。

图 2-4-10 多路复用技术

多路复用技术有多种形式，通常可分为频分多路复用（Frequency Division Multiplexing Access，FDMA）、时分多路复用（Time Division Multiplexing Access，TDMA）、波分多路复用（Wavelength Division Multiplexing Access，WDMA）及码分多路复用（Code Division Multiplexing Access，CDMA）。

1. 频分多路复用

频分多路复用是将具有一定带宽的信道分割成若干个占有较小带宽的子信道，让每个子信道传输一路信号。要传输的每一路信号都以不同频率的载波被调制到不同的子通道（频段）上，调制的方式可以是 ASK、FSK 和 PSK 中的任意一种或它们之间的组合。每两个相邻的子通道之间都有一定宽度的隔离频带，以防止发生串扰。频分多路复用如图 2-4-11 所示。

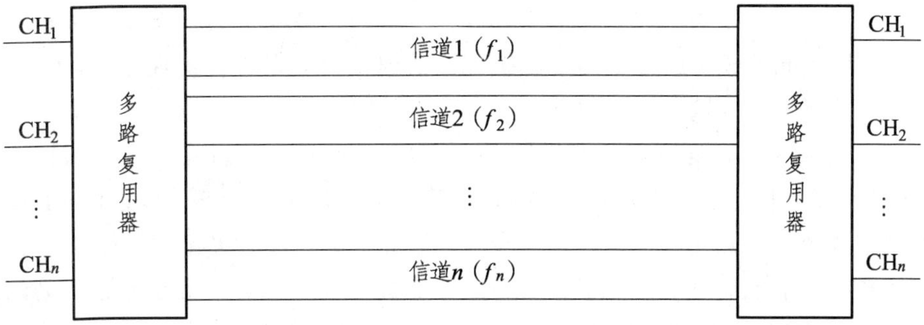

图 2-4-11 频分多路复用

频分多路复用技术运用于传输模拟信号，并已很早被使用在无线广播系统中，在有线电视系统（CATV）中也使用了频分多路复用技术。1 根 CATV 电缆的带宽大约是 500 MHz，可以传输 80 个频道的电视节目，传输每个频道的子通道需要占用 6 MHz 的带宽，其中包括声音子通道、视频子通道及彩色子通道。

2. 时分多路复用（TDMA）

时分多路复用物理信道按时间分成若干个等长的时间片，轮流、交替地分配给多路信源。每个用户分得一个时间片，在其占有的时间内，每一路信号只能在自己的时间片内独占信道进行传输，如图 2-4-12 所示。工作原理：首先，将各路传输信号按时间进行分割，就是将每个单位传输时间都划分为相同数量的时间片（即时隙）；其次，每路信号使用其中之一进行传输，将多个时隙组成的帧称为“时分复用帧”。这样，就可以使多路输入信号在不同的时隙内轮流、交替地使用物理信道进行传输。

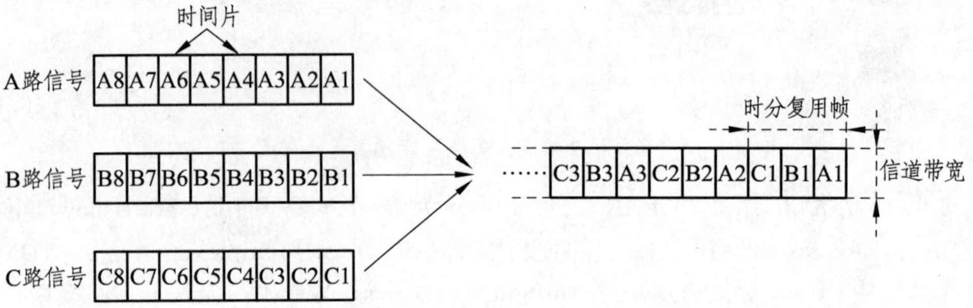

图 2-4-12　时分多路复用

3. 波分多路复用（WDMA）

目前 10 Gb/s 的光纤传输线路已实用化，按一个话路 64 kb/s 计算，在一条光缆上能同时传输 156 250 个话路。在光纤通信系统中，可以采用光的频分复用方法来提高系统的传输容量。由于光载波的频率很高，习惯上不是用频率而是用波长来表示所使用的光载波，因而这样的复用方法称为波分多路复用技术。在波分多路复用中，为了在同一时刻能进行多路传输，需要将信道的带宽划分为多个波段。在同一根光纤中同时传输具有不同波长的多路信号，相当于将光纤信道分成了若干可以传输不同波长信号的子通道。不同的信源使用不同波长（频率）的光波来传输数据，通过光的合波器将各路信号合成一个光束在光纤干道上传输，在接收端利用光的分波器再将各路信号分开，波分多路复用如图 2-4-13 所示。实现波分复用的光学装置可以采用棱柱和衍射装置。

在概念上，WDMA 和 FDMA 是相同的，FDMA 是对电信号的处理，而 WDMA 则把复用方式从电域转移到光域，是对光信号的合成和分离。波分多路复用将频分多路复用应用于全光纤网组成的通信系统中，是今后计算机网络的主要通信传输复用技术之一。目前，光纤的带宽能够达到 2.5 Gb/s，可以使用一根光纤同时传输多个频率很接近的光载波信号。随着光传输技术的发展，不断提高在一根光纤上复用光载波信号的路数。现在，可以在一根光纤上复用 80 路以上的载波信号，这又称为密集波分复用。对传输过程中光信号的衰减，现在可以使用掺铒光纤放大器（Erbium Doped Fiber Amplifier，EDFA），该装置直接对光信号进行放大，不需要进行光电转换。两个光纤放大器之间的光缆长度为 120 km，在光合波器和光分波器之间可以接入 4 个光纤放大器，使得无光电转换的传输距离可以达到 600 km。

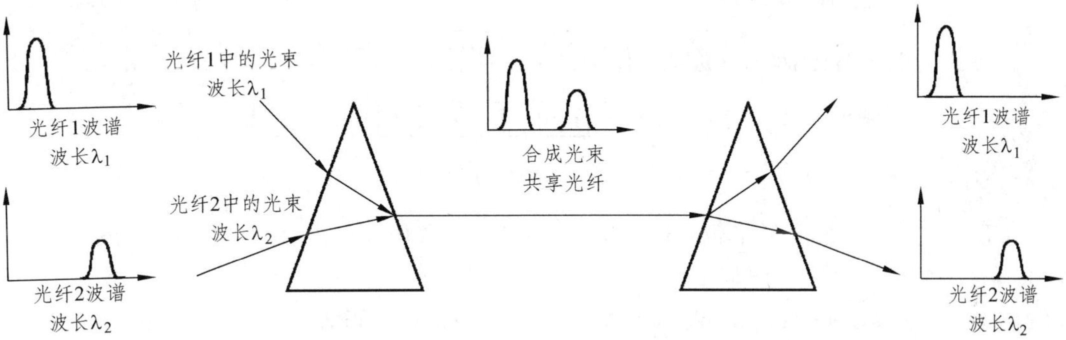

图 2-4-13　波分多路复用

4. 码分多路复用

码分多路复用是另一种共享信道的方式，它与 FDMA 和 TDMA 划分频率和时间不同，为每一路信号分配不同的编码，允许多路信号同时传输，在各路信号的接收端能够正确接收对应的信号编码。在 CDMA 中，每一个比特时间被划分为 *m* 个短的间隔，称为码片（Chip），*m* 的值通常为 64 位或 128 位。每一路信号用一个唯一的 *m* 位码片序列，并且各路信号被分配的 *m* 位码片序列是相互正交的，在实用的系统中通常使用的是伪随机码序列。因此，CDMA 码片具有如下特点：

（1）任何一个码片向量和该码片向量自己的规格化内积值都是 1。

（2）任何一个码片向量和该码片反码的向量的规格化内积值都是-1。

（3）任意两个不同站的码片序列向量的规格化内积值都是 0。

图 2-4-14 所示为 CDMA 的工作原理。若 S 站要发送的数据是“110”3 个码元，设 CDMA 将每个码元扩展为 8 个码片，S 站选择的码片序列为（−1，−1，−1，+1，+1，−1，+1，+1），S 站发送的扩频信号为 S_x；T 站选择的码片序列为（−1，−1，+1，−1，+1，+1，+1，−1），T 站也发送“110”3 个码元，T 站发送的扩频信号为 T_x。由于所有的站都使用相同的频率，因此每一个站都能够收到所有的站发送的扩频信号。在图 2-4-14 中，所有的站收到的都是叠加的信号 S_x+T_x。

当某一接收站需要接收 S 站发送的信号时，就用 S 站的码片序列与接收到的信号求规格化内积 $S\cdot(S_x+T_x)$，这相当于分别计算 $S\cdot S_x$ 和 $S\cdot T_x$。显然，$S\cdot S_x$ 就是 S 站发送的数据码元，$S\cdot T_x$ 一定为 0。

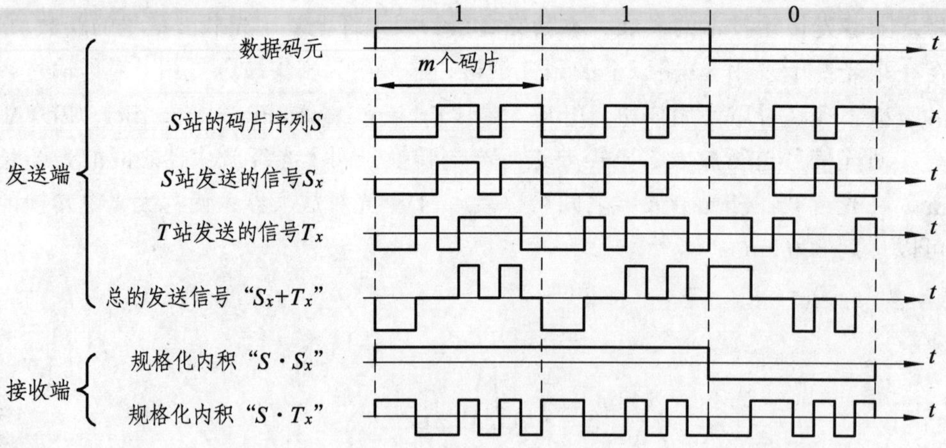

图 2-4-14 CDMA 的工作原理

CDMA 多用在无线多路访问信道中。CDMA 定义在 3G 移动通信服务下的通用移动电信系统标准中，是一种移动通信系统的新技术。笔记本式计算机、个人数字助理（Personal Digital Assistant，PDA）及手提计算机（Handheld Personal Computer，HPC）等移动计算机的联网通信将会大量用到这种技术。CDMA 的另一个重要应用是全球定位系统（Global Positioning System，GPS）。

任务 2.5　网络传输介质及通用网络设备

知识目标

（1）掌握传输介质的种类。
（2）熟悉双绞线的特点与应用。
（3）熟悉同轴电缆的结构与应用。
（4）熟悉光纤的特点与应用。
（5）掌握通用网络设备的种类。

技能目标

（1）能够对比有线传输介质特性。
（2）能够叙述每种有线传输介质的工作原理。
（3）能够制作每种有线传输介质的线缆。
（4）能够正确说出无线传输种类。

素质目标

（1）加强学生品德修养，培养学生良好的职业道德。
（2）培养学生严谨认真、精益求精的态度，提升学生合作、应变与可持续性发展的能力。
（3）增强学生综合素质，使其具有发现问题、分析问题和归纳总结问题的能力。

知识点学习

2.5.1　网络传输介质

传输介质是指数据传输的物理路径，它是传输数据的物理基础。传输介质分为有线和无线两大类。有线传输介质包括双绞线、同轴电缆和光缆；无线传输介质是指利用大气和外层空间作为传播电磁波的媒介。无线传输的电磁波可分为短波、长波、微波等。现在比较流行的使用方式为：局域网用双绞线连接到桌面，光缆用作通信干线，卫星微波用于跨国界传输。

1. 双绞线

双绞线由相互绝缘的两根铜线螺旋形地绞在一起组成，常用的每根铜线直径大约为1 mm。多对双绞线放在一个电缆套管中可做成双绞线电缆。计算机局域网中经常使用的双绞线分为两类。

（1）屏蔽双绞线（Shielded Twisted Pair，STP），在外皮和绞线之间夹一层铜网或金属网的屏蔽层。这种双绞线抗干扰性好、性能高，但成本也较高，所以一直没有被广泛使用。屏蔽双绞线用于远程中继线时，最大距离可以达到十几千米。

（2）非屏蔽双绞线（Unshielded Twisted Pair，UTP），这种双绞线由于结构简单没有金属屏蔽层，抗干扰能力差，但它有较好的性能价格比，目前被广泛使用。非屏蔽双绞线的传输距离一般为 100 m。

屏蔽双绞线与非屏蔽双绞线的结构如图 2-5-1 所示。其中，图 2-5-1（a）给出了屏蔽双绞线的结构，图 2-5-1（b）给出了非屏蔽双绞线的结构。

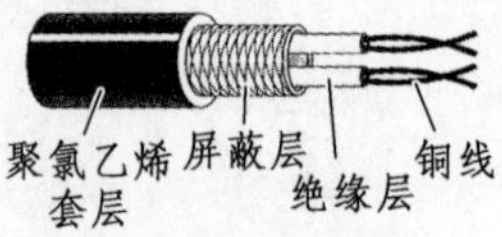

（a）屏蔽双绞线

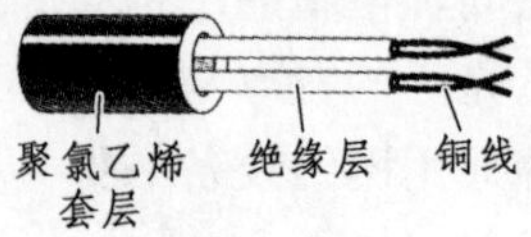

（b）非屏蔽双绞线

图 2-5-1　两种屏蔽双绞线

1991 年，美国电子工业协会 EIA 和电信工业协会 TIA 联合发布的“商用建筑物电信布线标准”EIA/TIA 568 将双绞线详细分为 5 类（目前又出现了 6 类、7 类），并且具体规定了它们的相应标准。其中第 1 类包括两个电线对，适用于语音通信，主要应用于电话系统中；第 2 类包括 4 个电线对（第 3、4、5、6 类也一样），数据传输速率不高，很少应用于现代计算机网络中；与第 2 类相比，第 3 类数据传输速率相对较高，可以用于 10 Mb/s 的以太网和 4 M/s 的令牌环网；第 4 类能够提供更宽的带宽，可以用于 10 Mb/s 的以太网和 16 Mb/s 的令牌环网，并能提供更多的保护防止串扰；第 5 类与第 3 类相比增加了单位长度的缠绕密度，从而提高了导线的传输性能，可以支持 100 Mb/s 数据传输速率和支持 ATM 等的快速联网技术；超 5 类使用了更高质量的铜线，是第 5 类的高级版本，能够支持 200 Mb/s 的数据传输速率，信道容量提高到普通 5 类线的 2 倍，并且具有更强的抗串扰能力。EIA/TIA 568B 线序为：橙白，橙，绿白，蓝，蓝白，绿，棕白，棕。

2. 同轴电缆

同轴电缆由 4 部分组成，中心是一根铜线，铜线的外面是绝缘层，绝缘层外面是网状的金属层，最外面加塑料保护层保护，如图 2-5-2 所示。所以同轴电缆实际上和双绞线一样，也是包括两根导体的通信导线。同轴电缆可以用于传输模拟或数字信号。在做长距离传输时，对模拟传输每隔几千米需要加放大器，对数字传输每隔一千米需要加中继器。

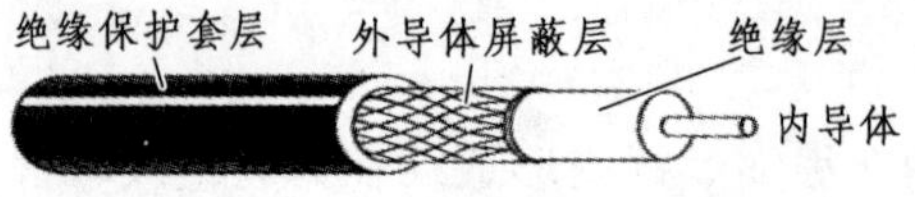

图 2-5-2　同轴电缆结构示意图

同轴电缆又分为基带同轴电缆和宽带同轴电缆两类。

（1）基带同轴电缆，也叫作 50 Ω 电缆，用于传输数字信号，最高数据传输率可达 10 Mb/s，它广泛应用于计算机局域网，用来组成总线型局域网。基带同轴电缆又分为粗缆和细缆，粗缆多用于局域网主干，支持 2 500 m 的传输距离，价格较高；细缆多用于与用户桌面连接，一般传输距离不超过 180 m。

（2）宽带同轴电缆，也叫作 75 Ω 电缆，既可用于传输模拟信号，又可用于传输数字信号。传输模拟信号时频率可达 300 ~ 500 MHz，传输数字信号时数据传输率可达 20 Mb/s，传输距离可达数千米。宽带同轴电缆还支持多路复用，在传输电视信号的同时还可传输调制过的数据信号。

同轴电缆曾广泛用于总线型以太网计算机之间的专用连线，以及电话系统的远距离传输线，但由于价格贵、质量大，不如双绞线架线方便，目前几乎已被双绞线以太网取代，而长距离主干线路几乎已被光纤取代。现在宽带同轴电缆主要用于有线电视网。

3. 光纤

如图 2-5-3 所示，光纤通常由非常透明的石英玻璃拉成细丝，主要由纤芯和包层构成双层通信圆柱体。纤芯是极细的超高纯度的二氧化硅；包层通常是玻璃或塑料，包层的光学性质与光纤不同；最外面是由塑料或其他材料组成的套管，套管防水、防腐蚀、防挤压，用于保护光纤。光纤是利用光的全反射原理实现数据通信的。

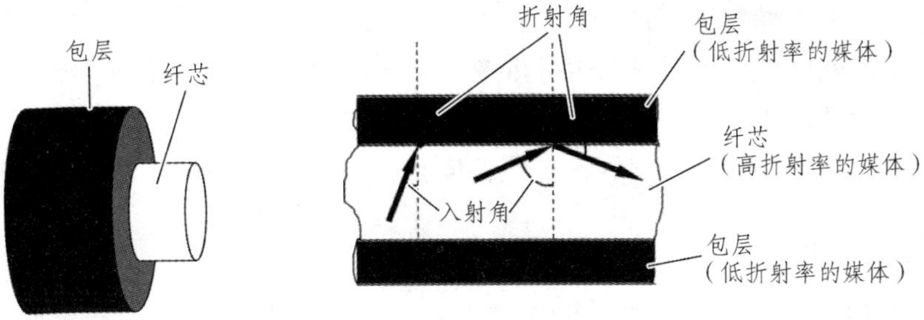

图 2-5-3　光纤结构示意图

4. 无线传输

在通信系统中，由于一些特定环境的影响以及特殊的需求，无法使用有线传输介质进行通信，必须通过无线传输介质传送信息。对于无线传输，发送和接收都是通过天线实现的。在发送时，天线将电磁波能量发射到空间中，而在接收时，天线从空间中获取电磁波能量。无线传输介质的频段很宽，目前有两种主要的实现方式：地面微波通信和卫星通信。

1）地面微波通信

微波是指用频率在 100 MHz 到 10 GHz 范围内的无线电波信号。微波通信的特点是只能进行可视范围的通信，大气对微波信号的吸收与散射影响会较大。因此，微波通信主要用于数千米范围之内，不适合铺设有线传输介质的场合。要实现微波通信必须设置一些中继站进行微波接力，微波中继站的主要功能如下：

（1）信号放大。信号经过长距离的传播后，强度衰减，通过中继站来放大信号的强度。

（2）信号恢复。信号在传播过程中，受到外界的各种干扰，出现差错，通过中继站进行信号的恢复或再生，恢复到满意的信号。

（3）信号转发。将微波信号从一个中继站转发到下一个中继站，直到目的节点。地面微波通信系统可以传送电话、数据、图形和图像信号。

地面微波通信的特点是通信容量大、传输质量高，但数据保密性差。

2）卫星通信

卫星通信是利用人造卫星进行信号中转的通信方式。卫星通信系统由地面站和卫星构成，地面站负责信息的发送和接收，卫星负责信息的接收、放大、恢复、转发。实质上，卫星就是一个空间中继站。卫星通信的最大特点就是通信距离远，且通信费用与通信距离无关。在空间设置三颗同步卫星，就可基本实现全球范围内的通信。和地面微波通信相比，卫星通信的频带更宽，通信容量更大，信号受到的干扰也较小，通信比较稳定。卫星通信的缺点是传播延时较大，费用相对较高。

2.5.2 通用网络设备

1. 集线器/中继器

中继器负责在两个节点的物理层上按比特传递信息，完成信号的整形、放大和复制功能，以此来延长网络的长度。

集线器组建的以太网中计算机共享带宽，计算机数量越多，平分下来的带宽越低。如果在网络中的计算机上安装抓包工具，该网卡就工作在混杂模式，只要收到数据帧，不管目标 MAC 地址是否是自己的，都能够捕获，因此该以太网具有安全隐患。

2. 交换机/网桥

网桥和交换机能够实现一对一的转发方式，它们是局域网的重要组网设备。网桥（Bridge）是早期的两端口二层网络设备，用来连接不同网段。网桥的两个端口分别有一条独立的交换信道，不是共享一条背板总线，可隔离冲突域。因此网桥比集线器（Hub）性能更好，集线器上各端口都是共享同一条背板总线的。后来，网桥被具有更多端口、同时也可隔离冲突域的交换机（Switch）所取代。

网桥像一个更智能的中继器。中继器从一个网络电缆里接收信号并放大，将其送入下一个电缆。相比较而言，网桥对从关卡上传下来的信息更敏锐一些，是一种对帧进行转发的技术，根据 MAC 分区块，可隔离碰撞。网桥将网络的多个网段在数据链路层连接起来。

3. 路由器/三层交换机

路由器/三层交换机主要用于不同网络间的通信，或者是广域网的通信，根据 IP 地址选择数据转发的链路。路由器负责在不同网段转发数据，广播数据包不能跨路由器，所以说路由器隔绝广播。

4. 无线路由器

无线路由器是用于用户上网、带有无线覆盖功能的路由器，如图 2-5-4 所示。对于拨号上网所用的无线路由器，通常容易搞不明白其到底是路由器还是交换机，其实该设备是路由器和交换机以及无线接入点（AP）三合一的设备。

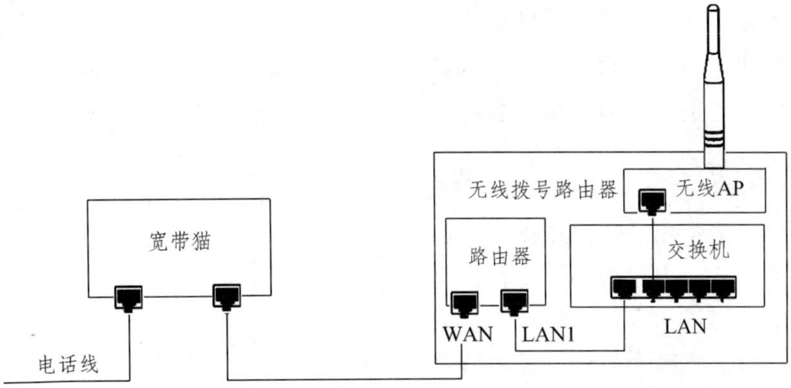

图 2-5-4　无线路由器结构

任务 2.6　介质访问控制方式

知识目标

（1）理解介质访问控制方式的意义。

（2）掌握介质访问控制方式的类型。

（3）掌握 CSMA/CD 的工作原理。

技能目标

（1）能够正确说出 CSMA/CD 的工作原理。

（2）能够正确说出令牌环的工作原理。

（3）能够正确说出令牌总线的工作原理。

（4）能够对比三种介质访问控制方式的优缺点。

素质目标

（1）培养学生勇于创新、开拓进取的意识。

（2）培养学生严谨认真、精益求精的态度，提升学生合作、应变与可持续性发展的能力。

（3）能客观、公正地进行学习效果的自我评价。

知识点学习

所谓介质访问控制方式，就是研究如何有效地利用信道的问题，目的是如何适应数据传输的突发性特点，采用适当的复用策略，提高信道的利用率，减少数据传输中的时延，提高网络的吞吐率。一个好的介质访问控制协议要同时具备三个条件：自身简单；能够使传输通道获得最有效的利用率；公平对待网络中的各节点用户。大多数局域网是共享传输介质的，所有节点通过共享介质发送和接收数据，但不允许两个或两个以上的站点同一时刻同时发送数据。如果出现两个或两个以上的站点同时发送数据的现象，那么在传输介质上的信息就会发生重叠等现象而相互干扰，使得接收站点收到错误的信息，这样的问题称为“冲突”。在共享式局域网的实现过程中，可以采用不同的方式对其共享介质进行控制，避免“冲突”的发生，并采用相应的控制机制解决“冲突”发生时的问题。

介质访问控制方式主要有固定分配、按需分配、自适应分配、探询分配和随机分配等。在局域网中，通常采用的介质访问控制方式有载波监听多路访问/冲突检测（Carrier Sense Multiple Access/Collision Detection，CSMA/CD）方式、令牌环（Token Ring）方式和令牌总线（Token Bus）方式。

2.6.1 CSMA/CD 介质访问控制方式

在图 2-3-1 所示的总线型局域网中，所有站点共享一条公用的传输链路（总线），任何一个站点发送的信号都可以沿着介质传输。各站点以数据帧的形式发送数据，帧的首部带有目的站点的地址和源站点的地址。数据帧通过总线进行广播式传输，所有连接在总线上的设备都能够检测到该数据帧。当其目的站点检测到数据帧中的目的地址与自己的地址相符时，就接收该数据帧并读取其中的数据信息。

采用这种操作方式，要避免“冲突”，因而每次只能允许一个站点发送数据帧。当多个站点要发送信息时，谁先发送呢？这就存在着一个“竞争”发送权的问题，应该让具有信息发送权的站点发送信息。要实现有序竞争，就需要采用相应的介质访问控制方式。CSMA/CD 就是适用于总线型局域网的介质访问控制方式。

1. CSMA/CD 发送工作过程

CSMA/CD 方式是一种采用随机访问技术的竞争型（有“冲突”的）访问控制方式。发送时的工作主要有两个部分：载波监听多路访问和总线冲突检测。

1）载波监听多路访问（CSMA）

（1）一个站点要发送数据，首先需要监听总线，即检测总线是否空闲，以决定介质上是否有其他站的发送信号存在。

（2）如果总线空闲，即没有检测到总线上有信息在传输，则本站可以启动发送。

（3）如果总线是忙的，即检测到总线上有信息正在传输，则该节点不能发送信息，以免破坏正在传输的信息，等待一定间隔后重试。

当监听总线状态后，可采用以下三种 CSMA 坚持退避算法，如图 2-6-1 所示。

（1）不坚持 CSMA 算法。

①假如传输介质是空闲的，则发送。

②假如传输介质是忙的，等待一段随机时间，重复第一步。

（2）1-坚持 CSMA 算法。

①假如传输介质是空闲的，则发送。

②假如传输介质是忙的，继续监听，直到介质空闲，立即发送。

③假如“冲突”发生，则等待一段随机时间，重复第一步。

（3）P-坚持 CSMA 算法。

①假如传输介质是空闲的，则以 P 的概率发送，而以 $1-P$ 的概率延迟一个时间单位（时间单位等于最大的传播延迟）。

②假如传输介质是忙的，继续监听直到传输介质空闲，重复第一步。

③假如发送被延迟一个时间单位，则重复第一步。

不坚持 CSMA 算法利用随机的重传时间来减少“冲突”的概率，这种算法的缺点是，即使有几个站有数据要发送，传输介质仍然可能处于空闲状态，传输介质的利用率较低。

为了避免这种传输介质利用率的损失，可采用 1-坚持 CSMA 算法。当站点要发送时，只要传输介质空闲，就立即发送。这种算法的缺点是，假如有两个或两个以上的站点有数据要发送，“冲突”就不可避免。*P*-坚持 CSMA 算法是一种折中的算法，一方面它试图降低 1-坚持 CSMA 算法的冲突概率，另一方面又减少像不坚持 CSMA 算法中的传输介质浪费。问题在于如何有效地选择 *P* 值，考虑的主要因素是要避免在重负载下系统处于不稳定状态。

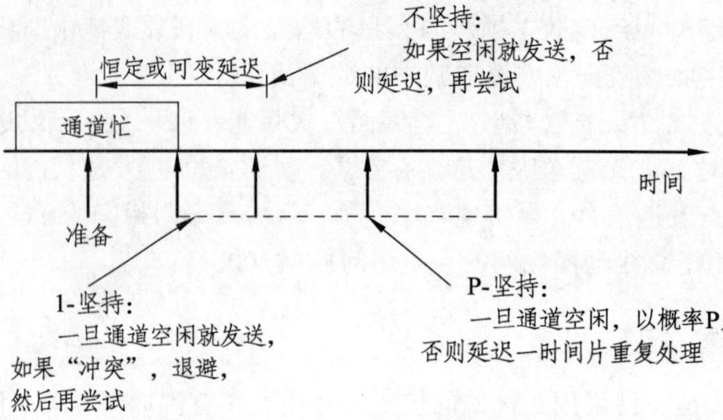

图 2-6-1　CSMA 坚持退避算法

2）总线冲突检测（CD）

各站点均按上述方法检测、发送，即“先听后发”，形成多站共同访问总线的通信形式。但是，由于通道的传播延迟，采用 CSMA 算法可能出现多个站点同时检测到总线空闲，而同一时刻启动发送的情况，一旦出现这种情况，就会产生“冲突”。因此，在发送过程中，需要一直监测信道的状态。CD 表示冲突检测，各站点在发送信息的同时，需要继续监听总线，即“边发边听”，当监听到有“冲突”发生时，便立即停止发送信息。

（1）站点在发送信息的同时，继续监听总线。

（2）当监听到有“冲突”发生时，立即停止发送，并发出报警信号。

（3）发出报警信号，经过一个随机时间后，重新开始。

（4）若发送完成后尚未检测到“冲突”，则发送成功。

2. CSMA/CD 接收工作过程

在接收过程中，各站点同样需要检测信号的状态。若有信息传输，则接收信息。在检测接收过程中，如果发现信号畸变，说明网络中有多个站点同时发送数据，已有“冲突”发生。这时必须立即停止接收，并将已接收到的数据废弃。若在整个接收过程中没有发生“冲突”，接收数据的站点即可分析数据帧中的接收地址。如果接收地址为本站地址，则复制接收数据帧；否则，丢弃数据帧。

CSMA/CD 方式的优点：网络所有站点具有相同的优先级，地位平等地竞争传输介质；算法实现简单；网络组建、维护方便，扩充、删除节点容易；当站点较少或需要发送的信息较少时，执行发送操作效率较高。此方式的缺点：当站点较多或需要发送的信息量较大时，容易出现“冲突”，影响传输效率；不确定的等待时间和延迟在应用于过程控制中会产生严重问题。

IEEE 802.3 标准协议规定了 CSMA/CD 访问控制方式和物理层技术规范。采用 IEEE 802.3 标准协议的典型局域网是以太网。

2.6.2 令牌环介质访问控制方式

在图 2-3-2 所示的令牌环型局域网中，信息沿着点到点的闭合环型链路单向逐点传输。网络中的每个站点都具有地址识别能力，当发现闭合的环型链路上所传输的数据帧的目的地址与本站相同时，便接收此数据帧；否则，继续向下一个站点转发。令牌环方式是环型局域网所使用的介质访问控制方式，采用一种称为“令牌”的特殊帧来控制各个站点对介质的访问。令牌环的工作过程如下。

1. 数据帧的发送

当网络中没有站点要发送数据帧时，令牌帧以“空”令牌形式沿着环网单向循环，依次通过各个站点。当某一个站点要求发送数据时，必须等待“空”令牌经过本站，并将其获取，然后改令牌为“忙”形式，作为数据帧的首部和数据一起发送到环上。

2. 数据帧的接收和转发

当数据帧通过各个站点时，这些站点都要比较数据帧的目的地址是否与本站点地址相匹配。如果地址匹配，说明该帧是发送给本站点的，则将数据帧复制到本站点的接收缓冲区中，同时在数据帧中设置接收标志，再将其转发给下一个站点，使之继续沿着环路传输。如果地址不匹配，则只需要将数据帧转发给下一个站点。

3. 数据帧的撤销

数据帧在环上循环一周后回到发送站点，由发送站点检测该帧是否已被接收。若已被目的站点接收，则将数据帧从环上取下，释放“空”令牌到环上，向下一个站点发送；否则，应重发该数据帧。

令牌环网的工作原理如图 2-6-2 所示，其中图 2-6-2（a）表示令牌 T 在环路中移动，A 站点获得令牌 T；图 2-6-2（b）表示 A 站点发送数据帧给 C 站点，C 站点接收数据帧并转发；图 2-6-2（c）表示 A 站点收回所发数据帧；图 2-6-2（d）表示 A 站点收回数据帧后，释放令牌 T 并将其传送给下一站点。

令牌环网的每个站点都有一个令牌持有计时器。当站点发送数据帧后，令牌持有计时器开始计时。当数据帧在环上环行一周返回到发送节点后，如果令牌持有计时器未超时，则该站点可以继续发送数据；如果超时，即使该站点还有数据需要发送，也必须先释放令牌给下一站点，等待再次获得令牌后才能再发送数据。有了令牌持有计时器就可以控制各个站点占有传输介质的时间长度，同时各个站点也可以通过令牌持有计时器知道自己需要等待多长时间才能获得令牌而占用传输介质发送数据。由于只有一个令牌，当有站点在发送数据帧时，其他要发送数据的站点就必须等待。这样既解决了对传输介质的竞争，同时也不会产生任何“冲突”。

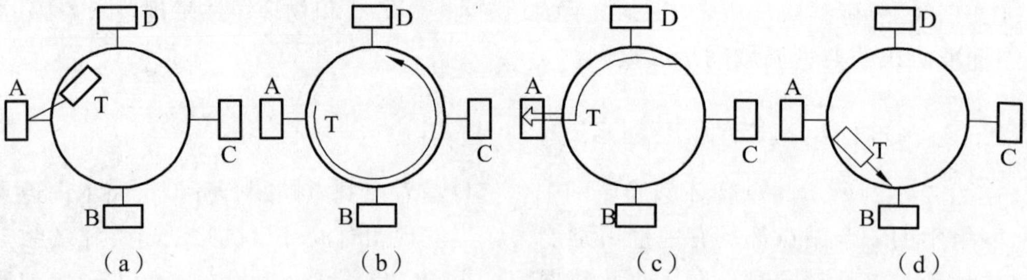

图 2-6-2 令牌环网的工作原理

令牌环介质控制访问方式的优点：可以保证需要发送数据的站点在一个确定的时间间隔访问传输介质；可以采用多种方法建立访问优先级。此方式的缺点：令牌维护复杂；令牌的丢失会降低环网的利用率；令牌的重复会破坏环网的正常运行。

2.6.3 令牌总线介质访问控制方式

CSMA/CD 介质访问控制方式采用总线竞争方法，具有结构简单、在轻负载下延迟小等优点。但当网络负载增加时，“冲突”概率增加，性能就会明显下降。再有，每个站点的发送和响应时间的不确定性，使其不能满足实时控制系统的要求。令牌环介质访问控制方式不出现“冲突”，在重负载下利用率高，能够公平访问，但网络结构复杂，管理与控制复杂性较高，并存在检错和可靠性等问题。令牌总线介质访问控制方式是综合了上述两种介质访问控制方式的优点，并在其基础上形成的一种新的介质访问控制方式。

令牌总线介质访问控制方式就是在物理总线上建立一个逻辑环，其工作原理如图 2-6-3 所示。从物理结构上看，这是一种拓扑结构为总线形的局域网，总线即是各站点共享的传输介质；而从逻辑结构上看，则是一种环型结构的局域网，连接在网络中的各站点组成一个逻辑环。逻辑环中，各个站点按其地址的递减（或递增）顺序排列，与其物理位置并无固定关系。

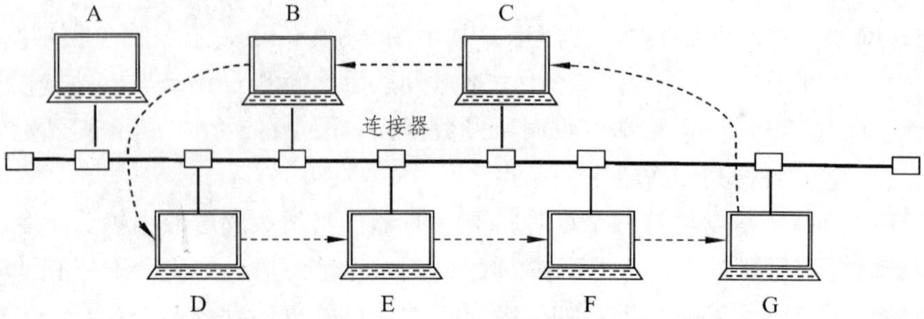

图 2-6-3 令牌总线工作原理

令牌总线介质访问控制方式在使用共享信道发送数据的控制上，采用的是令牌环方式，即在网络中设置一个令牌，通过令牌控制站点对总线的访问。网络中的各站点只有获得令牌后，才可以向总线发送数据信息，而未获得令牌的其余站点，只能监听总线或从总线上接收数据信息。由于网络只设置一个令牌，任何时候都只有一个站点访问总线，因而不会发生访问冲突。

在令牌总线网中，逻辑环建立后，令牌沿着逻辑环不断循环，各个站点依次得到发送数据的机会，公平共享总线。当某一个站点收到令牌后，若有数据需要发送，则可立即向网上发送数据帧，数据发送完毕后，将令牌传递给下一个站点；若没有数据需要发送，就立即将令牌传递给下一个站点。

令牌在逻辑环中不断地轮转，环中每个站点将依次获得发送权。当网上的每个站点都有信息发送时，总线将轮流地为它们传送数据帧和令牌。如果网中没有任何一个站点要求发送信息，则令牌将不断地由一个站点传送到另一个站点。

令牌总线介质访问控制方式与令牌环介质访问控制方式相比较，前者传输数据不必绕环路进行，可在总线上直接传送，因而延迟时间短。令牌总线介质访问控制方式与CSMA/CD 介质访问控制方式相比较，前者按令牌传递介质访问权，不需要竞争，也不会发生“冲突”。可以引入优先级策略，实现数据的优先传输，同时，由于各站点获得令牌的时间是确定的，响应时间和访问时间都具有确定性。所以，令牌总线网具有良好的实时性。

IEEE802.4 标准协议规定了令牌总线访问控制方式和物理层技术规范。令牌总线采用令牌总线介质访问控制方式，适用于总线型局域网，故将这样的局域网称为令牌总线网。令牌总线网的典型代表是美国 Data Point 公司研制的 ARCNET（Attached Resource Computer Network，附加资源计算机网络）。

任务 2.7　差错控制技术

知识目标

（1）掌握差错控制的四种基本方式。

（2）掌握差错控制的编码原理。

（3）掌握数据链路控制规程 HDLC 协议的工作原理。

技能目标

（1）能够正确叙述常用差错控制编码方法种类。

（2）能够计算垂直奇偶校验、水平奇偶校验、水平垂直奇偶校验、循环冗余校验码。

（3）能够对比差错控制编码方法的区别。

（4）能够正确说出高级数据链路控制规程数据传输过程。

素质目标

（1）增长学生知识见识，使其具有较强的学习能力、信息处理能力和应变能力。

（2）培养学生严谨认真、精益求精的态度，提升学生合作、应变与可持续性发展的能力。

（3）增强学生综合素质，具有发现问题、分析问题和归纳总结问题的能力。

知识点学习

数据通信系统的基本任务是高效而无差错地传输和处理数据信息。然而，由于种种原因，数据在传输过程中可能出错。为了提高通信系统的传输质量和数据的可靠程度，应该对通信中的错误传输进行检测和校正。该过程也被称为差错控制。除采用差错控制外，通信的双方还要为数据传输增加一些附加的控制，在数据转发前约定收、发两端之间连接的通信线路，数据转发期间保持同步，传输结束拆除链路等，这些包括差错控制在内的控制都称为传输控制。为实现传输控制所制定的一些规格和顺序称为数据传输控制规程。

2.7.1　差错控制方式

数据在通信线路上传输时，由于传输线路上的噪声或其他干扰信号的影响，往往使发送端发送的数据不能被接收端正确接收，这就产生了差错，差错可以用误码率来衡量。为了减少错误，即提高通信质量，除选用高质量的通信线路、改善通信设备、尽量避免周围噪声的影响等措施，使误码率达到要求以外，更常用的方法是采用差错控制方法，即容忍差错的存在，但能够发现差错，并设法加以纠正。

差错控制方式基本上有两类：一类是接收端检测到传输的码字有错后，接收端译码器自动纠正错误；另一类是接收端检测出错误后通过反馈信道发送一个表示错误的应答信号，要求发送端重发，直到正确接收为止，从而达到纠正错误的目的。在数据通信系统中，利用差错控制编码进行系统传输差错控制的基本工作方式可分为自动请求重发（Automatic Repeat Request，ARQ）、前向纠错（Forward Error Correction，FEC）、混合纠错（Hybrid Error Correction，HEC）和信息反馈（Information Repeat Request，IRQ）4 种类型。

1. 自动请求重发（ARQ）

数据通信系统在发送端对数据序列进行分组编码，加入一定的冗余码元使之具有一定的检错能力，成为能够发现错误的码组。接收端收到码组后按一定的规则进行有无差错的判决，并把判决结果通过反向信道送到发送端。如果没有发现差错，接收端回送肯定确认信号，发送端收到肯定确认信号后，确认接收端已经正确接收；如果发现差错，接收端回送否定确认信号，发送端接收到否定确认信号后，把前面发出的数据信息重新传送一次，直到接收端正确接收为止。这种差错控制方式称为自动请求重发工作方式，如图 2-7-1 所示。

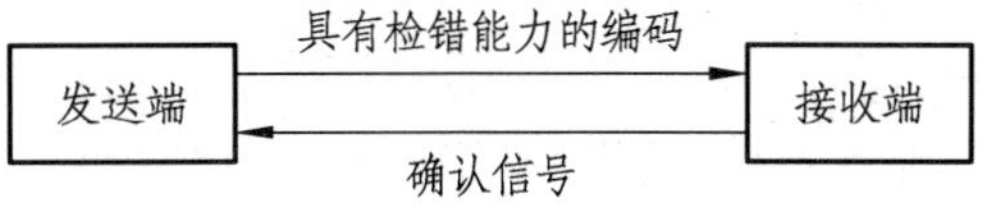

图 2-7-1　ARQ 工作方式

ARQ 工作方式分为停止等待式 ARQ 和连续式 ARQ。对于停止等待式 ARQ 工作方式，发送端每发完一个数据帧，就停下来等待接收端的确认信息，同时启动超时定时器。若发送端收到接收端发来的肯定确认帧，则接着发送下一个数据帧；若收到一个否认确认帧或定时器到时仍未收到接收端的确认信息，则重发数据帧。对于停止等待式 ARQ，由于发送端每发送一个信息帧都要停下来等待接收端的确认信息，所以信道的利用率很低。为了提高传输效率，通常采用连续式 ARQ 工作方式。连续式 ARQ 是指在发送完一帧数据后，不需停下来等待确认帧，而是可以连续再发送若干个数据帧。如果这时收到了接收端发来的确认帧信号，那么还可以接着发送数据帧；发送端收到包含出错帧序号的否定确认帧信号，则进行数据重发。根据出错后重发机制的不同，连续式 ARQ 又分为回退 N 帧 ARQ 方式和选择性 ARQ 方式。如果发送端重发的是该帧及其后的各数据帧，即为回退 N 帧 ARQ 方式；如果发送端仅仅是根据帧序号从重发表中选出相应帧的备份插入到发送队列前面予以重发，则为选择性 ARQ 方式。

ARQ 工作方式只需少量的冗余码元就能获得较低的传输误码率，但是，ARQ 工作方式要求有反馈回路，不能用于单向传输系统和同步系统，控制规程和过程比较复杂，通信效率较低。此外，由于反馈重传的随机性，用户接收的信息也是随机到达的，因此 ARQ

不适合于实时传输系统。

2. 前向纠错（FEC）

在前向纠错系统中，发送端的信道编码器将输入数据序列变换成能够纠正错误的码组，接收端的译码器根据编码规律准确地检测出差错的位置并自动纠正。FEC 工作方式如图 2-7-2 所示。

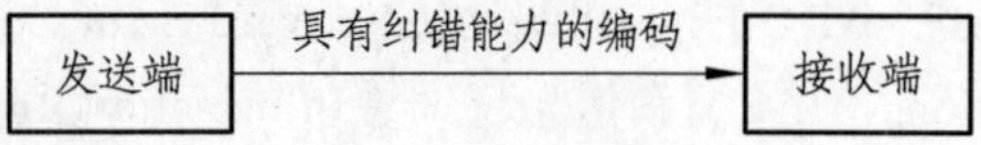

图 2-7-2　FEC 工作方式

FEC 工作方式不需要反馈信道，特别适合于只能提供单向信道的场合。由于能自动纠错，因而延时小，实时性好，其缺点是对信道的适应性差，所选择的纠错码必须与信道特性密切配合，否则很难达到降低误码率的要求。为了纠正较多的错码，译码设备相对复杂，所要求附加的监督码元也较多，传输效率低。因此，过去单独使用这种控制方式的场合不多，但随着编码理论和微电子技术的发展，译码设备成本下降，加之这种方式具有能实现单向通信和控制规程简单的优点，因而在实际应用中日益增多。

3. 混合纠错（HEC）

混合纠错方式是 ARQ 方式和 FEC 方式的结合。在这种系统中，发送端发送具有自动纠错同时又具有检错能力的码组。接收端收到码组后，检查错误情况，如果错误在码组的纠错能力范围以内，则自动纠正；如果干扰严重，错误很多，超过了码组的纠错能力，但能检测出来，则通过反馈信道给发送端发送一个反馈信息，请求重发出错的编码。HEC 工作方式如图 2-7-3 所示。

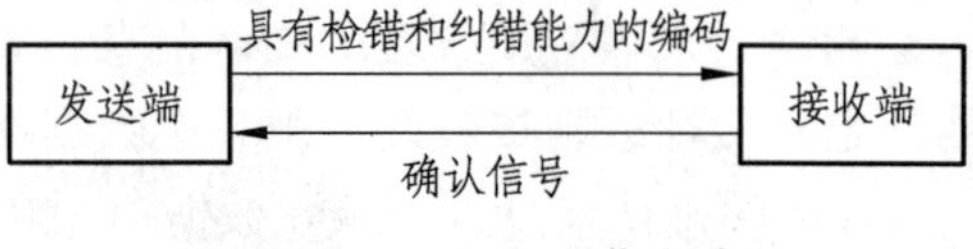

图 2-7-3　HEC 工作方式

HEC 工作方式在实时性和译码复杂性方面是前向纠错和自动请求重发的折中方式，既可以降低 FEC 的复杂程度，又可以改善 ARQ 的信息连贯性差、通信效率低的缺点，可以达到较低的误码率。因此，近年来在实际中特别是在卫星通信中得到比较广泛的应用。

4. 信息反馈（IRQ）

信息反馈方式又称为回程校验。发送端不对信息进行差错编码，而是直接将用户信息发送给接收端。接收端把收到的信息原封不动地通过反馈通道送回发送端，发送端把它与原来的发送码组进行比较，从而发现传输中是否有差错。若没有差错，则发送下一帧；若有差错，则发送端进行重发，直到没有发现差错为止。IRQ 工作方式如图 2-7-4 所示。

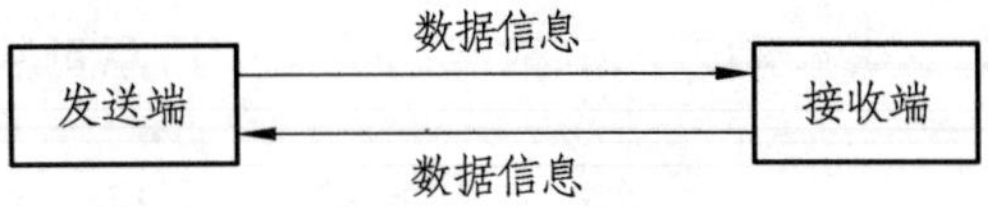

图 2-7-4 IRQ 工作方式

IRQ 工作方式在发送端检测错误，不需要使用纠错、检错编码器和译码器，传输设备和控制规程均比较简单。缺点是需要和前向信道相同的反馈通道，而且数据在前向通道中本来没有差错，而在反馈通道中传输时可能产生差错，这样就导致发送端误判而进行重传。此外，发送端还需要一定容量的存储器以存储发送信息以备检错。可见，IRQ 工作方式仅适用于传输速率较低、数据信道差错率较低、具有双向传输线路及控制简单的系统中。

2.7.2 差错控制编码

在上述 4 种基本差错控制方式中，除 IRQ 工作方式外，其余 3 种工作方式都要求发送端所发送的码元序列具有检错或纠错能力。可见，差错控制的核心是差错控制编码，其基本思想是对所传输的数据进行抗干扰编码，即在发送端被传送的信息码元序列的基础上，按照一定的规则加入若干监督码元后，再进行传输，这些加入的码元与原来的信息码元序列之间存在着某种确定的约束关系。在接收数据时，检验信息码元与监督码元之间有既定约束关系，若该关系遭到破坏，则在接收端可以发现传输中的错误，乃至纠正错误。能够发现错误的编码称为检错码，发现错误并能纠正错误的编码称为纠错码。目前通信系统中大量使用的以检错码居多，因为这类码制实现容易，代价小。采用差错控制编码，往往可以使误码率减少几个数量级，但是由于监督码元的引入影响了传输效率，因此，这是以牺牲传输的有效性作为代价的。

下面介绍一些简单的、实际中经常应用的差错控制编码。这些编码虽然比较简单，但具有一定的检错或纠错能力，又易于实现，因此实际上应用较多。

1. 奇偶校验

奇偶校验是最为简单的一种检错码，在计算机数据传输中得到广泛应用。它的编码规则是将要传送的信息分组，各组信息后面附加一位校验位，校验位的取值使得该组码字（包含校验位）中 1 的个数为奇数或为偶数。如果所形成的码字中 1 的个数为奇数则称为奇校验；若码字中 1 的个数为偶数则称为偶校验。按照校验方式的不同，奇偶校验可分为垂直奇偶校验、水平奇偶校验和水平垂直奇偶校验三种。

1）垂直奇偶校验

这种校验以字符为单位，若 1 个字符由 7 位比特码元 $B_0 \sim B_6$ 组成，外加 1 位校验位 B_7，则整个校验码组为 8 位。以 ASCII 码为例，表 2-7-1 给出了字符 A ~ H 的校验码组。例如，字符 A 的比特码元是“1000001”，若采用偶校验，附加的冗余校验位为 0，形成的码组为“01000001”，它的 1 的个数为偶数；若采用奇校验，附加的冗余校验位为 1，形成的码组为“11000001”，它的 1 的个数为奇数。

在接收端按同样的规律检查，若发现不符就说明产生了差错，但是不能确定差错的具体位置，即不能纠错。这种校验方法能检测出传输中任意奇数个错误，但不能检测出偶数个错误。

表 2-7-1 垂直奇偶校验

比特位		字符							
		A	B	C	D	E	F	G	H
B_0		1	0	1	0	1	0	1	0
B_1		0	1	1	0	0	1	1	0
B_2		0	0	0	1	1	1	1	0
B_3		0	0	0	0	0	0	0	1
B_4		0	0	0	0	0	0	0	0
B_5		0	0	0	0	0	0	0	0
B_6		1	1	1	1	1	1	1	1
奇校验位	B_7	1	1	0	1	0	0	1	1
偶校验位	B_7	0	0	1	0	1	1	0	0

2）水平奇偶校验

水平奇偶校验把数据以适当长度分组，通常用若干个字符组成一个码组，一个字符包含若干位，当对一组内各个字符的每一相同位进行奇偶校验时，称它为水平奇偶校验，如表 2-7-2 所示。将字符的比特位为一列，按次序一列列地排起来，然后对各列（同一位）分别进行奇偶校验，从而形成一列校验符。传送时按列次序传送，第一个字符为第一纵列，即是“1000001”，校验符为最后纵列，即奇校验为“1110111”，偶校验为“0001000”。

水平奇偶校验不但可以检测组内各个字符同一位上的奇数个错误，而且可以检测出突发长度小于每列长度的突发错误。因此，它的检错能力比垂直奇偶校验强，但实现电路比较复杂。

表 2-7-2 水平奇偶校验

比特位	字符									
	A	B	C	D	E	F	G	H	奇校验位	偶校验位
B_0	1	0	1	0	1	0	1	0	1	0
B_1	0	1	1	0	0	1	1	0	1	0
B_2	0	0	0	1	1	1	1	0	1	0
B_3	0	0	0	0	0	0	0	1	0	1
B_4	0	0	0	0	0	0	0	0	1	0
B_5	0	0	0	0	0	0	0	0	1	0
B_6	1	1	1	1	1	1	1	1	1	0

3）水平垂直奇偶校验

垂直奇偶校验和水平奇偶校验都只能检测出奇数个错误，不能检测出偶数个错误，但是如果把垂直校验和水平校验结合起来，不仅能发现奇数个错误，也能发现偶数个错误。水平垂直奇偶校验方法就是水平方向和垂直方向奇偶校验法的联合应用，它又称为纵向冗余校验（Longitudinal Redundancy Check，LRC）或方阵校验，水平垂直奇偶校验如表 2-7-3 所示。

表 2-7-3 水平垂直奇偶校验

比特位	字符								
	A	B	C	D	E	F	G	H	水平校验偶校验位
B_0	1	0	1	0	1	0	1	0	0
B_1	0	1	1	0	0	1	1	0	0
B_2	0	0	0	1	1	1	1	0	0
B_3	0	0	0	0	0	0	0	1	1
B_4	0	0	0	0	0	0	0	0	0
B_5	0	0	0	0	0	0	0	0	0
B_6	1	1	1	1	1	1	1	1	0
垂直校验奇校验位	1	1	0	1	0	0	1	1	1

方阵校验具有较强的检错能力，能检查出某行某列的所有奇数个错误及大部分偶数个错误，但不能检测同一行或列中同时出现的偶数个错误，另外还能发现小于字符长度的突发性错误。方阵校验不仅可以检错，还可以用来纠正部分差错。例如，数据块中仅存在 1 位错误时，便能确定错码的位置就在某行和某列的交叉处，从而可以纠正它。这种方式的编码可使误码率降至原误码率的 1/100 ~ 1/10 000。

2. 循环冗余校验

循环冗余校验码（Cyclic Redundancy Check，CRC）是一种高效能的检错码，其基本思想 是发送端和接收端约定一个除数，发送端通过模 2 除法运算，计算出余数作为校验码，放在发送数据后面发给接收端；而接收端接收到数据后，同样使用约定的除数进行模 2 除法运算，若计算出余数为 0，则收到的数据是正确的，否则收到的数据是错误的。

CRC 校验基本工作原理如图 2-7-5 所示，其工作过程为：

（1）假设发送数据为 M，发送端与接收端共同约定除数 P，则根据除数 P 的位数，可以推出余数（校验码）位数比除数 P 少一位，则在 M 后加上余数位个 0，即除数 P 的位数-1 个 0，则得到被除数 N。

（2）模 2 除法运算中间主要是模 2 减法运算。模 2 运算法则为：加法不进位，减法不借位。根据这个规则，我们可以进行运算，求得余数 R。

（3）将余数 R 作为校验码放在发送数据 M 后，发给接收端。

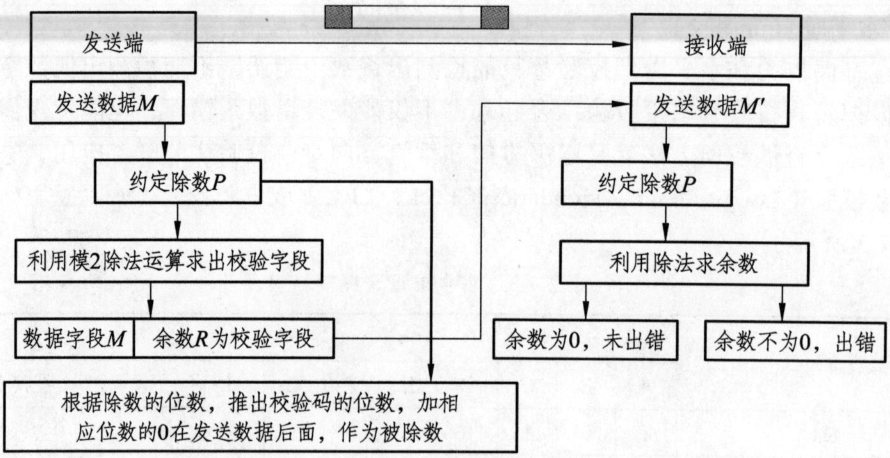

图 2-7-5　CRC 校验基本工作原理

（4）接收端接收到数据 M'，利用模 2 除法计算，若计算出余数为 0，则收到的数据是正确的，否则收到的数据是错误的。

例如，假设要发送的信息帧数据比特序列为 100111，双方约定的除数为 11001。计算最终发送的数据比特序列是多少？

（1）发送端计算过程如图 2-7-6 所示。

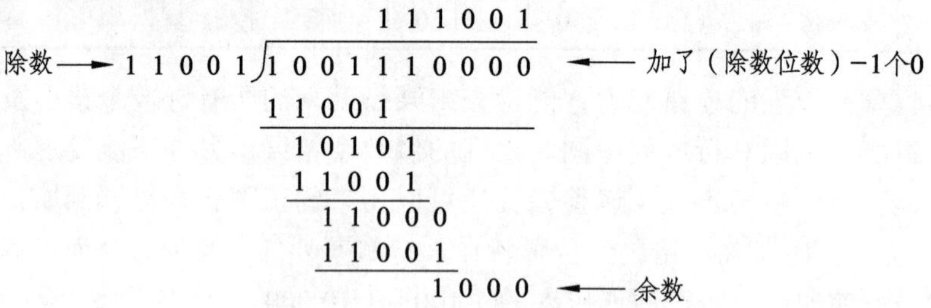

图 2-7-6　发送端计算过程

通过计算可知余数为 1000，也就是校验码，将校验码加在信息帧的后面即发送数据为 1001111000。

（2）接收端接收数据计算方法。

如果在数据的传输过程中没有发生错误，那么接收端收到的带有 CRC 校验码的数据比特序列一定能被相同的生成多项式整除，如图 2-7-7 所示。

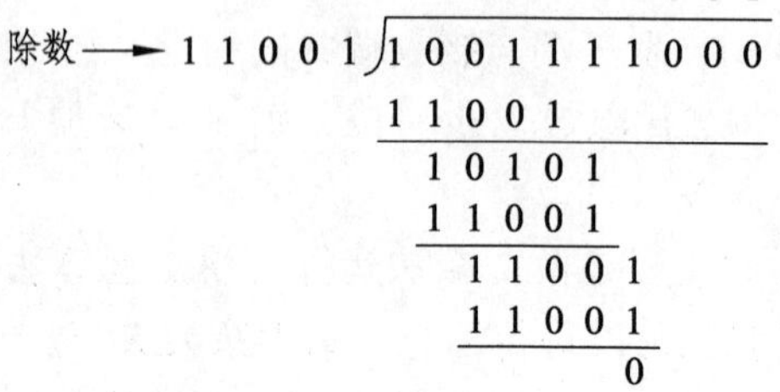

图 2-7-7　接收端接收数据计算方法

当然这并不是说数据在传输过程中发生了错误，余数就总是不为 0。但是如果生成多项式选取得当，这种情况发生的机会就很少。生成多项式的结构及检错效果是要经过严格的数学分析与实验后确定的。目前已有多种除数列入国际标准中，现在广泛使用的有以下几种：

CRC-12：1 1000 0000 1111

CRC-16：1 1000 0000 0000 0101

CRC-CCITT：1 0001 0000 0010 0001

CRC-32：1 0000 0100 1100 0001 0001 1101 1011 0111

IEC60870-5 FT2：1110 0101

循环冗余校验码由于检错能力强，而且编码和译码电路简单、容易，因而在计算机数据通信中得到了广泛的应用。在实际应用中，CRC 校验码生成与校验过程可以用软件或硬件方法实现。目前很多大规模集成电路芯片内部就可以非常方便地实现标准 CRC 校验码的生成与校验功能。

2.7.3 高级数据链路控制规程

高级数据链路控制（High-level Data Link Control，HDLC）是面向比特的数据链路控制协议，适用于点到点链路和多点链路。它不仅是一种用于同步传输的协议，也是其他许多重要的数据链路层控制协议的基础。HDLC 协议具有较高的数据传输的可靠性和有效性及使用上的灵活性，得到了广泛的使用。

1. HDLC 协议的基本特征

为了满足广泛的应用需求，HDLC 定义了 3 种类型的站点、3 种链路结构及 3 种数据传输模式。

3 种类型的站分别是：主站，负责控制链路的操作，其发出的帧称为“命令”；从站，在主站的控制下进行操作，由它发出的帧称为“响应”，主站与链路上的每个从站都分别维持一个逻辑链路；复合站，具有主站和从站的特性，既可发送命令，又可发送响应。

HDLC 的链路结构如图 2-7-8 所示。第一种是非平衡结构，由一个主站和一个或多个从站组成，支持全双工和半双工传输，分别如图 2-7-8（a）和图 2-7-8（b）所示；第二种是平衡结构，由两个复合站组成，支持全双工和半双工传输，如图 2-7-8（c）所示；第三种是对称结构，两边分别是主、从站和从、主站组成，支持全双工和半双工传输，如图 2-7-8（d）所示。

3 种数据传输模式是：正常响应模式（Normal Response Mode，NRM），用于非平衡结构，由主站发送命令对从站的数据传送进行初始化，从站发送数据作为对该命令的响应；异步平衡模式（Asynchronous Balanced Mode，ABM），用于平衡结构，任何一个复合站都可以开始传输而不必得到另一个复合站的允许；异步响应模式（Asynchronous Response Mode，ARM），用于非平衡结构，从站不必得到主站的允许即可进行初始化传输，但主站仍然负责链路的初始化、纠错和断开逻辑链路等。

NRM 用于多点链路，例如许多终端连到一台主机上，主机通过查询每个终端控制向其输入数据，也可用于点-点链路。三种传输模式中最常用的是 ABM，它可以提高全双工点到点链路的效率，因为不需要查询的开销。ARM 用得最少，用于需要从站进行初始传输的场合。

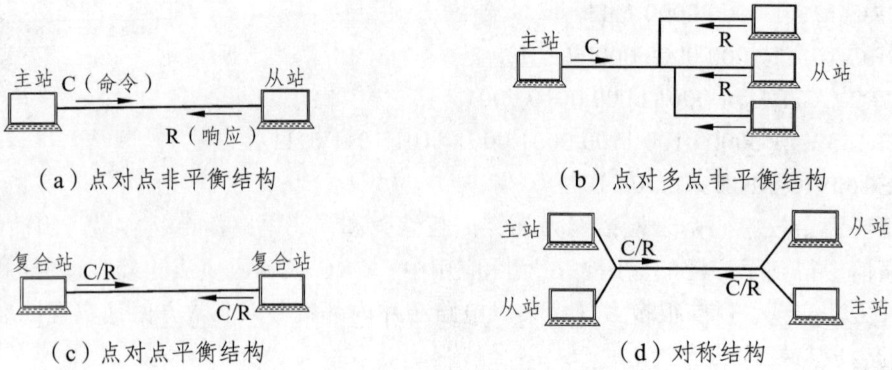

图 2-7-8　HDLC 的链路结构

2. HDLC 的帧结构

HDLC 采用同步传输方式，所有的传输都以帧为基本单位，而所有的数据和控制信息的交换也都用一种帧的格式。HDLC 的帧结构如图 2-7-9 所示。在信息域之前的标识域、地址域和控制域称为报头，在信息域之后的 FCS 和标识域称为极尾。

标识域F	地址域A	控制域C	信息域I	FCS	标识域F
8位	8位（可扩展）	8位或16位	可变	16或32	8位

图 2-7-9　HDLC 的帧结构

1）标识域

标识域以唯一的标识“01111110”在帧的两端起定界作用。同一标识既可作为前面一帧的结束标志，也可作为下一帧的起始标志。在用户网络接口两侧，接收器一直在搜索标识序列，以确定帧的界限，达到与帧的同步。如果在帧的中间出现“01111110”，则会造成混乱。为了避免出现上述情况，通常采用零比特填充法，即发送器发送信息数据时，在连续 5 个 1 的后面插入一个 0。接收器接收到起始标识后，连续监视位流，并检查连续出现 5 个 1 后面的那一位，如果这一位是 0，则把它删除；如果这一位是 1，再后面的一位是 0，则接收到的是标志；如果再后面的一位也是 1，表示是错误序列，接收器指示异常拒绝接收此帧。

采用零比特填充法就可以传送任意组合的比特流，或者说，就可以实现数据链路层的透明传输。

2）地址域

在使用非平衡结构传送数据时，地址域总是表示从站的地址；在使用平衡结构传送数据时，地址域表示响应站的地址。地址域一般是 8 位，可寻址 256 个地址。每个字节的最低位可以设置为 1 或 0，1 表示该字节是地址域的最后一个字节，其余的 7 位组成地址。单字节地址“11111111”是广播地址，用于主站向所有从站广播帧。

3）控制域

HDLC 定义了 3 种帧，它们具有不同的控制域格式。信息帧（简称为 I 帧）携带发送给用户的数据，此外，流量控制和差错控制数据可以由信息帧捎带。监督帧（简称为 S 帧）实施 ARQ 机制，用于没有采用捎带的情况。无编号帧（简称为 U 帧）提供补充的链路控制功能。表 2-7-4 所示为 8 位控制域的字段及比特定义，控制域的第 1 或 2 位表示帧的类型，其他位则组成不同的子域。其中，N(S)为发送顺序号；N(R)为接收顺序号为监督功能位；$M_1 \sim M_5$ 为无编号功能位；P/F 为轮询/终止位。

表 2-7-4　位控制域的字段及比特定义

控制字段位	1	2	3	4	5	6	7	8
I 帧	0	N(S)			P/F	N(R)		
S 帧	1	0	S_1	S_2	P/F	N(R)		
U 帧	1	1	M_1	M_2	P/F	M_3	M_4	M_5

4）信息域

I 帧和某些 U 帧中才有信息域。域中可以包含任何位流，但必须是字节的整数倍。信息域的最大信息长度不超过 256 个字节。

5）FCS 域

FCS 用于检测差错。HDLC 差错校验是对整个帧的内容做循环冗余校验（CRC），但计算时不包含帧标识和按零比特填充法插入的所有“0”在内。CRC 生成多项式常用 16 位 CRC-CCITT 或 CRC-32。

3. HDLC 帧类型和功能

HDLC 有信息帧（I 帧）、监控帧（S 帧）和无编号帧（U 帧）3 种不同类型的帧，各类帧中控制字段的格式及比特定义如表 2-7-4 所示。

1）信息帧

信息帧用于传送有效信息或数据，以控制字段第 1 位为“0”来标志。信息帧控制字段中的 N(S)表示本站当前发送的帧序号，发送方可以不必等待确认而连续发送多帧。N(R)表示本站期望接收到对方站的下一个帧的序号，如 N(R)为 5 即表示本站下一帧要接收 5 号帧，换言之，5 号帧前的各帧都已正确接收到。N(S)和 N(R)均为 3 位二进制编码，可取值 0 ~ 7。

控制字段中第 5 位是 P/F 位，即轮询/终止（Poll/Final）位。当 P/F 位用于命令帧（由主站发出）时起轮询的作用，即当该位为“1”时要求被轮询的从站给出响应，所以此时 P/F 位可称为轮询位（或 P 位）；当 P/F 位用于响应帧（由从站发出）时称为终止位（或

F 位），即当其为“1”时表示接收方确认的结束。*P*/*F* 位的具体功能如下：

（1）轮询位 *P* 的功能。

在 *N*RM 方式下，带有 *P*=1 的命令帧表示请求从站响应。例如主站可以通过 *P*=1 的 I 帧或 S 帧来请求从站传送 I 帧。从站不能异步自发地传送 I 帧。

在 ARM 方式下，从站可以异步传送 I 帧，主站利用 *P*=1 的命令帧请求从站尽快发出带有 *F*=1 的响应帧，即强迫从站做出应答。

（2）终止位 *F* 的功能。

在 *N*RM 方式下，从站必须将最后一个响应帧的 *F* 位置“1”，然后从站停止发送，直到从站再次收到主站发送来的 *P*=1 的命令帧时开始下一次的发送。

在 ARM 方式下，从站仅在响应 *P*=1 的命令帧的应答帧时将 *F* 位置“1”，但从站并不停止发送。也就是说，别的响应帧可跟在 *F*=1 的响应帧之后进传送，*F* 位置“1”的响应帧并不表示从站传送结束。

（3）*P*/*F* 位的成对性。

P=1 的命令帧和 *F*=1 的响应帧总是成对出现的，即有一个 *P*=1 的命令帧必然有一个 *F*=1 的响应帧与之对应。一条链路上，在给定的时间内只可能有一个 *P*=1 的命令帧是未确认的。利用 *P*/*F* 位的成对性，*N*(R)可较早地检出 I 帧的顺序是否出错。

2）监控帧

监控帧用于差错控制和流量控制，通常简称为 S 帧。S 帧以控制字段的第 1、2 位为“10”来标志。它不带信息字段，所以没有发送序号 *N*(S)，但是有一个接收序号 *N*(R)用来对从发送站收到的信息帧进行确认。S 帧控制字段的第 3、4 位表示 S 帧的类型，S 帧类型编码的名称和功能如表 2-7-5 所示。

表 2-7-5 S 帧类型编码的名称和功能

控制字段中 S 帧比特位编码								名 称	功 能
1	2	3	4	5	6	7	8		
1	0	S_1	S_2	*P*/*F*	*N*(R)				
1	0	0	0	0/1	*N*(R)			RR（Receive Ready）接收准备	准备接收下一帧，确认序号为 *N*(R)−1 及以前的各帧
1	0	1	0	0/1	*N*(R)			RNR（Receive Not Ready）接收未就绪	暂停接收下一帧，确认序号为 *N*(R)−1 及以前的各帧
1	0	0	1	0/1	*N*(R)			REJ（Reject）拒绝	从 *N*(R)起的所有帧都被否认，确认序号为 *N*(R)−1 及以前的各帧
1	0	1	1	0/1	*N*(R)			SREJ（Selective Reject）选择拒绝	只否认序号为 *N*(R)帧，确认序号为 *N*(R)−1 及以前的各帧

（1）接收准备（RR）。

主站可以使用 RR 型 S 帧来轮询从站，即希望从站传输编号为 $N(R)$的 I 帧，若存在这样的帧便可进行传输；从站也可用 RR 型 S 帧来做响应，表示从站期望接收的下一帧的编号是 $N(R)$。如果一个站原先用 RNR 表示处于忙状态，那么它可以用 RR 命令表示本站现在已经可以接收数据了。RR 型 S 帧可用于所有类型的链路。

（2）接收未就绪（RNR）。

表示编号小于 $N(R)$的 I 帧已经被正确接收，但目前正处于忙状态，尚未准备接收编号为 $N(R)$的 I 帧，这可用来对链路流量进行控制。RNR 型 S 帧可用于所有类型的链路。

（3）拒绝接收（REJ）。

主站或从站发送 REJ 型 S 帧，用以要求发送方对从编号为 $N(R)$开始的帧及其以后所有的帧进行否认，同时说明 $N(R)$以前的 I 帧已被正确接收。REJ 型 S 帧仅可用于全双工通信。

（4）选择拒绝（SREJ）。

接收端检测出编号为 $N(R)$的帧出现差错，要求发送方发送编号为 $N(R)$的单个 I 帧，并说明其他编号的 I 帧已全部确认。SREJ 型 S 帧仅可用于全双工通信。

3）无编号帧

无编号帧主要起数据链路控制作用，它可以在需要时发出，而不影响信息帧的交换顺序。无编号帧不带发送数据帧的序号 $N(R)$和接收帧的序号 $N(S)$。无编号帧类型由 M 表示，占 5 位，目前已定义了 15 种无编号帧。

典型的无编号帧有：置为正常响应模式帧 SNRM、置为异步响应模式帧 SARM、置为异步平衡模式帧 SABM、断开连接帧 DISC、无编号轮询 UP、无编号确认 UA、帧拒绝 FRMR。

4. HDLC 操作规程

数据链路层的服务用户是网络层，它为网络层提供服务，同时它又使用物理层所提供的服务。下面以图 2-7-10 中主站 A 与从站 B 在正常响应模式下链路的通信过程为例，简述其工作过程。

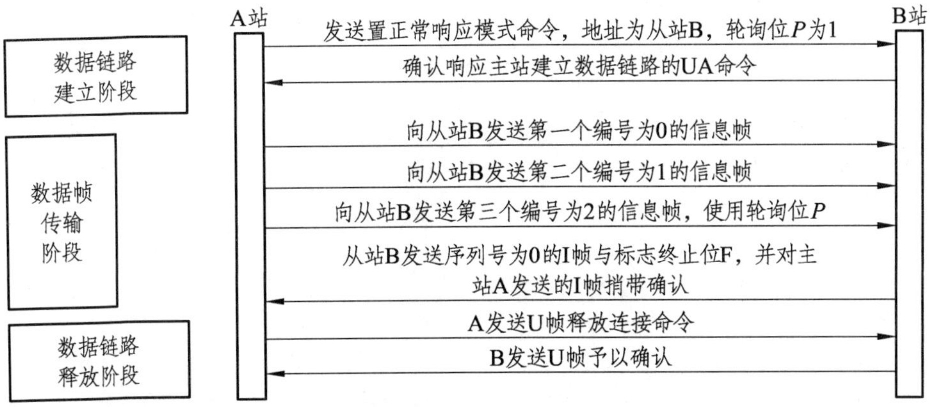

图 2-7-10　正常响应模式下数据链路工作过程示意图

HDLC 协议在执行数据链路层的协议动作时，数据链路层对等实体间的通信，一般要经过数据链路建立、数据帧传输与数据链路释放 3 个阶段，如图 2-7-10 所示。

（1）数据链路建立阶段。在数据链路建立阶段，主站 A 使用无编号帧的置正常响应模式 SNAM 命令，地址字段填入 B，表示选择 B 站为从站，轮询位 *P* 为 1。从站 B 接到 SNAM 命令后，用 U 帧的无编号确认 UA 命令，作为响应主站建立数据链路的确认。UA 命令中地址字段为 B，表示从站 B 对主站 A 的响应，终止位 F 用作对主站 A 轮询 *P* 的应答。在 HDLC 中，轮询位 *P* 与终止位 *F* 总是成对出现。

（2）数据帧传输阶段。在数据链路建立之后，进入数据帧传输阶段。主站 A 向从站 B 发送第一个编号为 0 的信息帧，因此 *N*(S)=0；由于未接到从站帧，因而 *N*(R)=0；此时 I 帧中发送号 *N*(S)=0，接收号 *N*(R)=0。主站 A 连续发送的第二、三个信息帧分别记为 *N*(S)=1，*N*(R)=0；*N*(S)=2，*N*(R)=0。在正常响应模式中，从站要在主站轮询后才可以发送信息帧。如果主站 A 在发送第三个信息帧时使用轮询位 *P*，那么从站 B 如果有信息帧发送时，可以发送 *N*(S)=0，*N*(R)=2 的 I 帧。这里的 *N*(S)=0 表示从站 B 发送序号为 0 的 I 帧，*N*(R)=2 表示已正确接收序号为 2 及它以前的 I 帧，下一次主站 A 应发送序号为 3 的 I 帧。这里 *N*(R)可以起到对主站 A 发送 I 帧捎带确认作用。如果从站 B 只有一帧信息发送，应标志终止位 *F*。这样，从站 B 发送的 I 帧应记为 *N*(S)=0，*N*(R)=2，并发标志终止位 *F*。

（3）数据链路释放阶段。当主站 A 与从站 B 都没有信息帧发送时，应释放此次数据链路连接。主站 A 可以使用 U 帧释放连接 DISC 命令，从站 B 可以使用 U 帧的 UA 予以确认。至此，一次完整的数据链路中帧传输的过程结束了。

应该指出的是，物理连接与数据链路连接是有区别的。数据链路连接是建立在物理连接之上的，一个物理连接生存期间允许有多个数据链路生存期。数据链路连接释放时，物理连接不一定要释放。

在物理层完成物理连接并提供数据传输能力的基础上，数据链路层使用物理层的服务来传输数据链路层协议数据单元——帧，实现数据链路的建立、数据帧传输与数据链路释放，以及信息帧发送过程中的流量控制与差错控制功能，保证信息帧在数据链路上的正确传输，从而完成 OSI 参考模型规定数据链路层的基本功能的实现，为网络层提供可靠的节点-节点间帧传输服务。

Part Ⅲ

项目三
列车通信网络标准

【项目描述】

1998 年 11 月，IEC 第九技术委员会（TC9）的年会在中国湖南株洲召开，此次会议上，经过投票正式通过了列车通信网络的协议标准。1999 年 6 月列车通信网络标准草案正式颁布，成为国际电工技术委员会的标准——IEC61375-1—1999。列车通信网络标准的产生对推动铁路和城市轨道交通的技术进步具有重要意义。列车通信网络为各种列车上的应用提供了一个标准的通信平台，由于应用不需要考虑从哪里得到数据或怎样将数据发送出去，因而使得系统的信息交换更容易实现。标准确定的列车通信平台使得新设备和新服务的增加更为便捷，提高了列车控制的及时水平，增强了轨道交通列车的竞争力。本项目是对列车通信网络标准的整体认知，在了解列车通信网络功能基础上，熟悉列车通信网络结构，理解串行通信接口技术和高级数据链路控制规程，重点学习掌握 TCN 通信网络、多功能车辆总线和绞线式列车工作网络结构和工作原理，了解 ARCNET 通信网络工作方式，为学习和谐型机车网络控制技术和网络系统的操作与维护打下基础。

任务 3.1　列车通信网络传输的数据与功能

知识目标

（1）掌握列车通信网络传输的信息种类。

（2）掌握列车通信网络的功能。

技能目标

（1）能够正确说出列车通信中传输的各种变量数据。

（2）能够对比变量数据和消息数据的区别。

（3）能够叙述列车通信过程中时间同步的含义。

（4）能够叙述列车通信网络如何为列车故障诊断提供支持。

素质目标

（1）培养学生学习新技术、新知识的意识。

（2）培养学生勇于创新、开拓进取的意识。

（3）能客观、公正地进行学习效果的自我评价。

知识点学习

列车通信网络本质上是一种工业控制网络，是一种应用于分散控制系统的通信网络。列车通信网络的基本功能是传送信息，或者说是传输数据，即实现列车控制系统的信息交换和信息共享。列车通信网络不同于一般的信息网络，是一种用于列车控制系统的通信网络，因此网络的功能不仅仅限于信息交换和信息共享，它还具有作为分散控制系统或分布式控制系统所要求的一些功能。

3.1.1　列车通信网络传输的数据

列车通信网络中传输的信息主要有以下 6 种：

（1）列车运行的控制信息。

（2）运行中车辆（包括有动力装置的动车和无动力装置的车厢）的状态信息。

（3）列车各部分的故障诊断所需的信息及诊断结果信息。

（4）显示单元需要显示的信息和警示信息。

（5）通信网络的管理信息。

（6）与列车运行、列车安全及服务有关，并需要在列车上传输的其他信息。

所有在列车通信网中流通的信息均称为数据。根据数据的性质和数据对实时性的要求不同，我们可以而且需要将这些数据进行分类，以便采取不同的方法来传送这些数据。根据数据的性质和对传输的要求不同，列车控制系统主要传送的数据可以分为两类：一类称为变量数据，另一类称为消息数据。

1. 变量数据

变量（Variable）是一类在列车控制中运用的物理量。变量的赋值则为变量数据，是一类随着列车运行和运行状态变化其数值也随之改变的物理量值。列车的运行参数，即时间、速度、里程等，列车运行中的控制命令如牵引级位、制动级位、前进、后退、停车等，以及列车中各类设备的参量如电压、电流、压力、温度等都是变量。由于这些变量都是列车控制的基本参数，需要不断地提供给控制系统以便列车控制系统能够做出正确的运行决策，因此，变量的传送是周期性的，而且这个周期是需要具有一个确定的时间上限的，也就是说变量数据的传输是具有实时性的。由此可知，列车通信网络需要具有实时传输的调度策略，使变量数据能够实时地进行传输。

变量数据的表示方式比较简单，可以采用无符号的整数（表示预定极限值的百分比）、带符号的正负数、二进制的逻辑值等。数据的长度也是固定和有限的，如采用单字节、双字节、1 位/2 位布尔变量及 4 位 BCD 码等数据表示方式。

列车通信网络传送的信息中，其运行的控制信息、车辆的状态信息、诊断信息和某些显示的信息均需要采用变量数据传输的方法。通信网络本身的管理信息中有一些也需要采用变量数据传输的方法，如网络的状态等。

2. 消息数据

消息（Message）表示的是事件，消息数据就是描述事件的数值。消息数据需要对事件进行描述，如什么事件、发生的时间、地点、事件的状况等，因此消息数据的数据长度比较长，并且因事件不同而变化，不是固定的。当然，传输的事件必须是能够被识别的，即在通信网络的应用层是已经定义了的。事件的发生是随机和不可预知的，因此这类数据的传输具有突发性。列车通信网络也需要具备处理突发性数据传输的能力，使这些突发性事件能够并尽可能地及时传送。消息数据的传输虽然不要求具有实时性，但其表示比较复杂，数据长度比较大，一般由应用层协议给予定义。

我们把故障诊断（过程与结果）的信息、服务功能方面的信息和某些显示的信息归为消息数据，另外，还有列车运行中的突发性紧急事件，如警示事件也可以归为消息数据。

3.1.2 列车通信网络的功能

列车通信网络的功能是指建立在数据传输基础上实现的功能，也可以说是利用数据传输从而可以实现的，并且是控制系统需要和必需的功能。

1. 控制系统的同步功能

列车通信网络为列车控制的同步问题提供了技术手段。列车控制系统是一个多处理机的分散控制系统，它是这样一种系统：由多个处理资源组成，能够在系统控制范围内对某一个问题进行合作，且对集中的过程、数据或硬件有最小的依赖。列车控制系统的主要目标是实现列车的安全、准点运行，为了这个目标需要列车所有的控制单元合作，并协调一致地合作。协调就是步调一致，是指需要在多方面同步进行工作，而列车各控制单元分布在各节车辆，以及每节车辆不同的物理位置，因此，这种协调和同步工作只有依靠网络的连接和作用才能完成。

列车的参数中有两个应该是全列车统一的，即速度（Velocity）和时间（Time）。由于各处理器时钟（Clock）的独立性，时间（年、月、日、时、分、秒）会产生差异。同样，不同的速度传感器所得出的速度值也是不完全相同的。速度和时间的差异给控制系统的协调工作带来的问题是显而易见的。在控制单元处于地域分散的情况下，只有列车通信网络才能给速度和时间的协调工作提供技术手段，从而能够完成时间的同步和速度的统一。

时间的同步有两重含义：其一是绝对时间的校正；其二是时间先后的确认。绝对时间的校正也就是时间对表，即当系统具有多个控制机时需要将所有控制机的时间统一；时间先后的确认是需要将列车控制系统中发生的各种事件进行排序，在时间上分出先后，这对于列车的故障诊断是特别重要和有意义的。

时间的同步一直是分散控制系统的一个重要研究课题，原因在于通信网络传输的时延。目前列车控制系统都有各自行之有效的、相对合理的时间同步方法和技术处理手段，并且也获得了相对满意的结果。速度的统一相对简单，因为列车运行中的巨大惯量使网络传输的延时对速度差异的影响可以忽略。

除了时间同步之外，各功能单元处理机的进程间同步也是网络通信系统可以充分发挥功能的一个方面。随着计算机并行计算概念和分布式计算（控制）概念在列车控制系统中的运用，以及各处理机控制程序间进程同步问题的逐步完善，列车控制系统就能真正成为一个分布式控制系统。

2. 实现控制系统的资源共享

列车通信网络的运用可以使列车控制系统的硬件资源和软件资源实现共享，即对硬件资源的依赖性最小。例如，列车控制系统可以设置共享数据库，每个控制单元的数据都可以在这个数据库里保存自己的数据资料或调用所需要的数据；控制系统配置公共的显示设备，技术人员可以在这些显示设备上调阅各控制单元的参数和工况。这样就避免了设备的重复配置，提高了设备的利用率，有利于车内设备的布局、车辆减重和降低成本。

3. 为列车的故障诊断提供信息

列车通信网络为列车级控制的故障诊断和故障记录提供了条件和可能。列车级的故障诊断中，最重要的是能够确定列车当前的状态和决定列车运行的策略。具体来说，就是决定是保持列车的运行工况还是改变工况；是保持当前的速度还是减速或停车。列车状态的确定和策略的决定需要整个列车的状态数据，列车通信网络可以提供这样的状态数据。通信网络的运用可以在规定的时刻记录各个分散的部件或单元的状态，为故障的分析提供了条件。

4. 实现控制系统的透明性功能

列车通信网络使列车控制系统具有了透明性。透明性是指控制系统对于操作者的透明性，即操作者对系统进行控制操作时不需要知道其操作的对象在于何处，也不需要知道操作的是什么对象。操作者只需要发布功能性命令，命令由什么设备来执行，这个设备在什么位置，都由控制系统和通信网络来完成，对于操作者是透明的。系统的透明性简化了使用者的操作手续，降低了对操作者的能力要求。

列车通信网络是透明性功能实现的最主要的技术手段。系统的透明性亦是分布式控制系统的主要特征之一。

5. 实现控制系统的故障隔离功能

列车通信网络的运用使一个控制单元的故障不会影响整个系统的工作。分散控制系统的结构是模块化的，每个控制单元是一个独立体，是通过通信网络才把它们连成一个整体的。因此，通信网络在控制单元中间形成了一个电气“隔离带”，单元的故障不可能对其他单元造成影响。另外，通信网络的运用也有利于控制系统容错技术的实施和控制单元冗余技术的运用。

总的来说，传输数据是通信网络的基本功能，其他一切功能都是在这个基本功能的基础上实现的，而上述功能是在列车控制系统这个特定条件下和根据列车控制的需求，通信网络可以而且能够实现的功能。

任务 3.2　列车通信网络结构

知识目标

（1）掌握列车通信网络的基本结构。

（2）掌握列车通信网络的分层结构的含义及功能。

（3）熟悉列车通信网络的拓扑结构含义及特点。

技能目标

（1）能够正确画出列车通信网络的基本结构图。

（2）能够叙述列车层网络、功能层网络和设备层网络的功能。

（3）能够画出各种列车通信网络的拓扑结构。

素质目标

（1）培养学生学习新技术、新知识的意识。

（2）培养学生勇于创新、开拓进取的意识。

（3）能客观、公正地进行学习效果的自我评价。

知识点学习

3.2.1　列车通信网络的基本结构

列车通信网络的基本结构如图 3-2-1 所示。这个结构中最重要的部件单元是网络接口单元，控制机的通信实际上是网络接口单元之间的通信。

控制机通过网络接口单元（Network Interface Unit ，NIU）连接信道介质（物理信道），称之为网络上的一个节点（Node）。NIU 本质上是一个网络通信控制处理机（Communication Control Processor，CCP），主要作用是负责网络的数据传输。CCP 有多种表现形式，NIU 是列车通信网络中 CCP 的一种主要形式，另外还有中继器［也称为重复器（Repeater）］、网关（Gateway）等形式。NIU 的另一个作用是可以将通信控制机与网络隔离，以利于节点故障的隔离。图 3-2-1 中各个节点中的控制机是网络通信的上位机，通信只是它的功能之一。

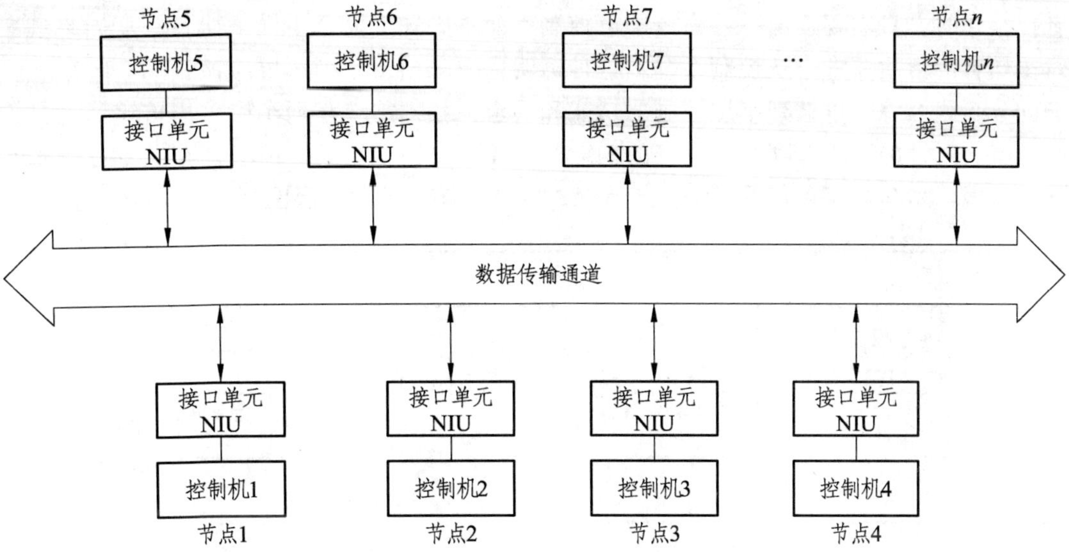

图 3-2-1 列车通信网络的基本结构

3.2.2 列车通信网络的分层结构

列车通信网络是列车控制系统的一个组成部分，因此通信网络的总体结构形式服从于列车控制系统的结构形式。列车控制系统随着强有力的微处理器的出现和控制网络的广泛应用，已经呈现出一个新的列车控制系统的结构模型，这个模型是一个由控制单元（控制机）和控制网络有机地结合在一起的层次模型。该结构模型包括 3 层：列车控制层、功能控制层和设备控制层，因此，列车通信网络也是一个分层的结构，具有列车层网络、功能层网络和设备层网络。列车控制系统网络分层结构如图 3-2-2 所示。

1. 列车层网络

列车层网络连接列车的各个车厢、地铁列车的各个单元或者动车组的各个单元，贯通全列车。列车层网络服务于列车层控制。

列车层控制的主要作用是决策。列车控制系统的最根本目标是控制列车运行的速度，但运行速度是由当前时刻的多方面因素决定的，要受到列车运行图、区间状况、线路状况、列车上各功能设备的状态、舒适度、安全性等多项条件的约束。列车层的任务就是根据这些约束条件进行综合处理并形成最终的结果：列车应该以何种方式或何种速度运行，并将这个决策贯彻到整个列车控制系统的每一个控制单元上去。为了迅速地做出切实可行的决策，尽可能多且快地传送信息是必须的。因此，信息的共享和信息的处理是列车层控制的主要特征。

列车控制层还是一个信息的接口层，是列车和周围信息环境的接口。列车控制层通过无线方式与地面联网，从而满足大系统调控的要求和旅客信息服务的要求。列车层需要提供一个良好的人机接口，使操作者（司机）能随时了解整个列车的运行状态和各主要单元部件的工作状态，以便其在必要的时刻进行人工干预。由于列车层的存在，操作者在操作时，只需要发出一些命令即可控制，而不必知道命令由谁来执行，从而降低了对操作者的素质要求。从控制系统的这种透明性要求出发，列车层应该是一个本质意义上的分布式系统。根据列车层控制的功能和要求，我们需要在列车层采用传输信息量大又具有实时性的网络，列车层网络的响应时间要求是毫秒级的。由于列车（主要是干线列车和国际列车）存在有重新编组的情况，因此，还要求列车层网络具有重构性能。

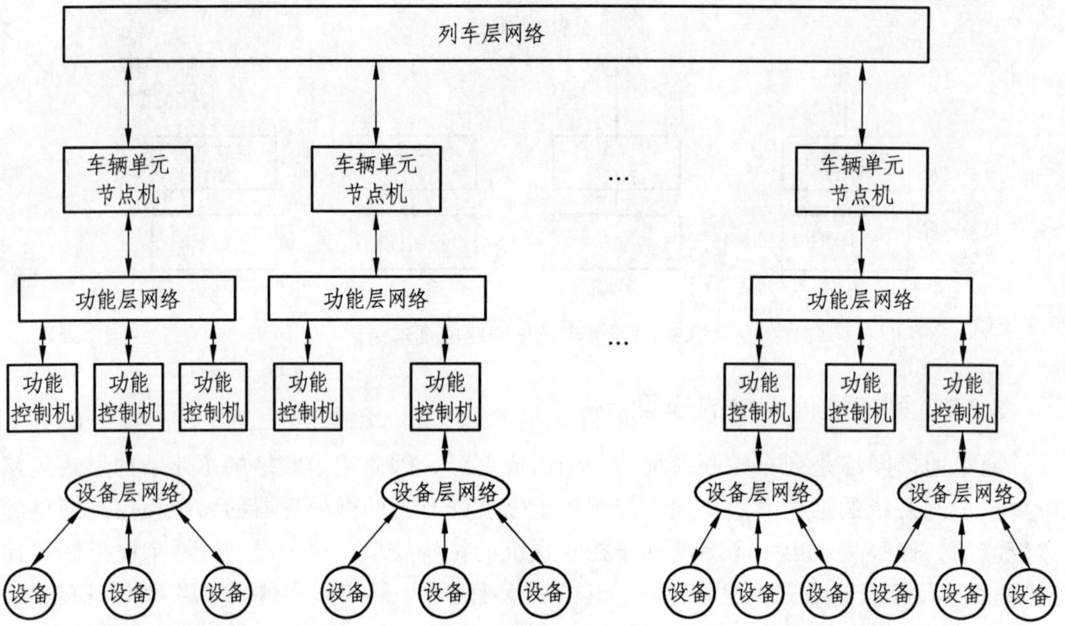

图 3-2-2 列车控制系统网络分层结构

2. 功能层网络

功能层网络连接车厢或动车组（地铁）单元中的各个功能子系统，为车厢、地铁列车或动车组中的单元提供通信服务。

功能层的主要任务是根据列车层给出的命令对各功能子系统进行调控，在各个功能级上（如牵引控制、制动控制等）保证运行要求的实现。功能层上的主要特征是控制，即控制策略和控制手段的实现。数学模型化的控制方法和传统的 PID（比例、积分、微分）调节在机车控制中已经获得了重要的成果，但是由于控制参数的多变性和离散性，系统的非线形以及子系统结构的可变性，加大了 PID 调节的复杂和困难。因此，基于人工智能原理的各种控制方法值得进一步研究应用，特别是在网络环境下的控制方法和算法更需要进一步探索和创新。功能层需要的是实时控制，因此每一个功能控制的子系统都要求是一个强实时控制系统。

功能层是处在列车层和设备层之间的中间层次，因此，其网络必须起到传输各类数据的作用，包括变量数据和消息数据的传输。但是，功能层网络上的信息量相对列车层来说要小得多，因此，其考虑的主要出发点应该是网络的可连接性和实时响应性。功能层网络的响应时间必须小于列车层网络的响应时间。

3. 设备层网络

设备层的设备是指那些直接面向现场完成输入/输出（I/O）处理，并能实现直接数字控制的智能化装置。设备层的主要功能是将现场的各种过程变量实现数字化转换，并将这些变量送往功能层的相应的控制子系统。在某些场合下，设备也能完成一些局部的单一的自动控制（如单回路调节等）。设备联网是近年来提出的一个较新的概念，这是由于现场总线（Field Bus）技术的发展和广泛应用的结果。

由于设备的多样性，较强的开放性就成为设备层网络的主要特征之一。设备层传送的数据量在三层结构中是最小的，因此实时性就是它的另一个主要特征。设备层网络的响应时间由功能层中各功能子系统的采样周期来决定。

3.2.3 列车通信网络的拓扑结构

通信网络的拓扑结构与网络的性能、可靠性及成本关系密切。网络拓扑结构设计和选择的主要任务是根据节点的数量和位置分布，使拓扑结构能够达到系统要求的响应时间、吞吐量、流量分配和可靠性，并使网络结构合理、便于维护、易于扩展和成本降低。常用的通信网络拓扑结构主要有：星型、总线型、环型、树型和网型，其中树型结构可以看作是一种分层结构，网形结构适合于复杂的通信网络。因此，列车通信网络的基本拓扑结构就只有星型、总线型和环型 3 种结构形式。3 种网络拓扑结构如图 3-2-3 所示。

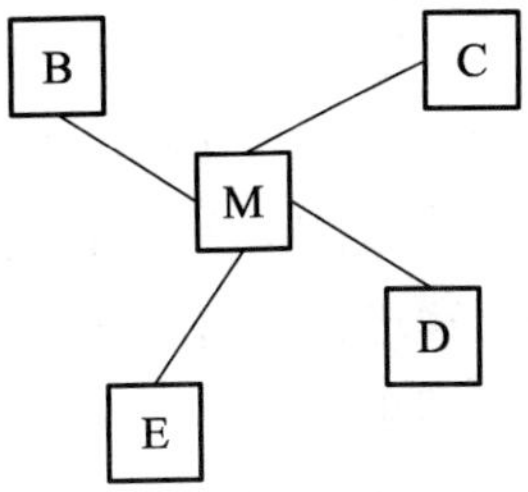

（a）星型拓扑结构

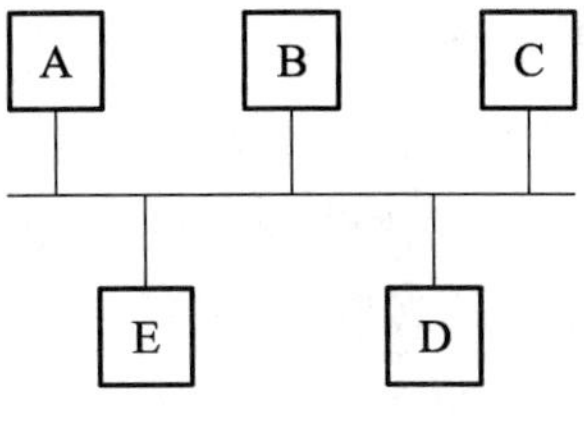

（b）总线型拓扑结构

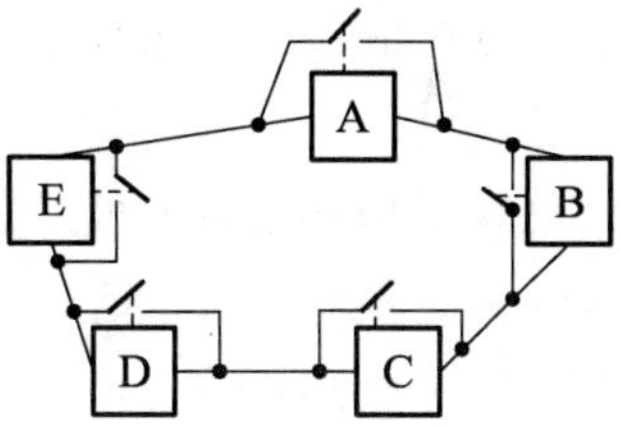

（c）环型拓扑结构

图 3-2-3　3 种网络拓扑结构型

1. 星型拓扑结构

星型拓扑结构如图 3-2-3（a）所示，其是由中央节点 M 和其他节点 B、C、D 和 E 组成，中央节点与其他节点之间是点到点的通信连接。中央节点是网络的中枢，控制网络的通信，其可以与任何一个其他节点通信，任意两个非中央节点之间不能直接通信，必须经过中央节点来实现。

星型拓扑结构的优点是控制和管理简单，点到点之间可以采用全双工通信。中央节点实施网络的统一控制和管理，对非中央节点的增加或删除，只要条件允许，就可以非常方便地实施。中央节点能够分别对各个节点进行故障诊断和定位，节点发生故障时中央节点可以对其实施隔离措施，对其他节点不会产生影响，保证网络可以正常运行。星型拓扑结构对信道介质没有要求，双绞线、同轴电缆和光纤电缆等都可以使用。星型拓扑结构的主要缺陷是中央节点的风险因素很高，其故障将导致整个网络的瘫痪。因此，该结构对中央节点的可靠性和可用性要求非常高。另外，整个网络节点的负荷不均衡，中央节点控制机的负荷率明显高于其他节点处理机的负荷，网络的效率受制于中央节点处理机。

在星型拓扑结构下，网络的物理介质使用量明显要比其他拓扑结构形式的多得多，特别是在列车长编组的条件下，这种结构形式是难以接受的。因此，在列车通信网络中，星型拓扑结构形式只在一节车辆内，甚至只在某个局部范围内得到运用。但如果网络某一部分信道的物理介质采用光纤或电缆，则这部分的拓扑结构只能采用星型拓扑形式。

2. 总线型拓扑结构

总线型拓扑结构的一个特点是结构中有一个公共的信道介质，称之为总线（Bus），所有的节点都通过 NIU 中的介质模块（MM）连接到这个总线上。总线是一个为所有节点使用的公共信道。总线型拓扑结构如图 3-2-3（b）所示。

在总线型拓扑结构下，总线上的任何一个节点都可以在总线上发送和接收数据。发送的数据帧通常带有目的地址，由目的节点识别地址，以判断是否为本节点的地址，若是则复制数据帧的数据，其他非该地址的节点则丢弃该数据帧。由于总线是所有节点共享的公共信道，因此需要建立一种管理调度机制，以保证在每个特定的时刻总线上只有一个节点在信道上发送数据，这是介质存取控制 MAC 子层协议的功能。

总线型拓扑结构的优点是结构简单、可靠性高、易于扩充节点和网络负荷均匀，另外，总线型拓扑结构所使用的电缆数量比较少，成本费用低。总线型拓扑结构的缺点是总线的长度相对较长，信号的衰减会比较明显，特别是在列车通信网络长编组的条件下，总线需要采取必要的技术手段（如添加重复器、中继器）来保证信号的强度。

总线型拓扑结构适合使用双绞线电缆和同轴电缆，而且是列车通信网络运用最多、最普遍的一种拓扑结构。

3. 环型拓扑结构

在环型拓扑结构的网络中，每个节点都必须具有两个独立的输入和输出端口，节点间通过信道介质首尾相连，组成一个闭合的环路。环型拓扑结构如图 3-2-3（c）所示。环路上的数据帧均带有目的地址和源地址，数据流方向固定。每个节点从输入端口接收信道上传来的数据，然后以同样的速率从输出端口发送到环路上。节点的数据接收与发送基于以下两种方法。

1）方法一

环路上传递的是一个数据包（Package），包内为每个节点留有固定位置的数据帧区域，放置节点发送的数据帧。数据包在环路上传递，当节点接收到数据包时，首先将其他节点发送给自己的数据帧复制下来，然后将要发送的数据帧填入确定的区域，再将数据包发送到网络的信道上，使数据包继续流动。在这种原理下，环路上始终有数据包在流动。对任何一个节点来说，数据包到达的时间间隔是可预期的。

2）方法二

该方法中每个节点数据的发送由一定的控制策略决定。在给定的时段上根据控制策略，某个节点向环路发送数据帧，并由目的地址的节点取下该数据帧，填入应答信息，非目的地址的节点则仅转发数据帧。数据帧回到发送的节点后，发送节点就知道数据已经发送成功。这样，一次数据传送结束，根据控制策略由下一个节点向环路发送数据帧。在这种原理下，环路上只传递一个数据帧。根据控制策略，节点发送数据的周期，即节点对环路的占用是可以预测的，消息的响应时间也是确定的。

环型拓扑结构的优点是结构简单，网络的实时性好，节点的通信负荷均匀，网络使用的电缆数量相对小。若在环型拓扑结构中采用光纤电缆构成环路，则网络可以达到非常高的可靠性。但环型拓扑结构的缺点也非常突出，任何一个节点的故障将造成整个网络的瘫痪，因此，在环型拓扑结构中节点的故障隔离措施非常重要，不可缺少。图 3-2-3（c）中每个节点都并联有短路开关，在节点故障情况下可以将节点短路。另外，环型拓扑结构对网络的扩展比较麻烦，新节点接入时需要断开原来的电缆连接，重新连接新节点。因此，对于需要进行列车编组的列车通信网络来说，环型拓扑结构是不适合的。

环型拓扑结构可以使用双绞线、同轴电缆和光纤电缆，其在列车通信网络中有一定的运用。日本列车的通信网络主要采用环型拓扑结构。

任务 3.3 串行通信接口技术

知识目标

（1）掌握物理层的功能与特性。

（2）掌握 RS-232 接口标准。

（3）掌握 RS-485/RS-422 接口标准。

（4）熟悉 20 mA 电流环接口标准。

技能目标

（1）能够正确画出 DB-25 型连接器结构图。

（2）能够正确画出 DB-9 型连接器结构图。

（3）能够正确画出 RS-485 型连接电路。

（4）能够制作 RS-232 连接器及电缆。

素质目标

（1）培养学生学习新技术、新知识的意识。

（2）培养学生勇于创新、开拓进取的意识。

（3）能客观、公正地进行学习效果的自我评价。

知识点学习

3.3.1 物理层的功能与特性

物理层协议是网络中最低层协议。它被用来连接两个物理设备，为链路层提供透明位流传输所必须遵循的规则，有时也被称为物理接口。接口两边的设备，在 ISO 术语中被叫作 DTE（数据终端设备）和 DCE（数据通信设备），物理层协议主要提供 DTE 和 DCE 之间的接口。

物理层要在 DTE 与 DCE 之间完成物理连接和传送通路的建立、维持和释放等操作，它为在物理上连接的两个数据链路实体之间提供透明的位流传送。物理连接可能是永久性的，也可能是动态的。物理连接允许进行全双工或半双工的位流传送，在传送过程中，它能对传送通路的工作情况进行监督，一旦出现故障立即通知 DTE 和 DCE。

物理层有 4 个重要特性：

（1）机械特性：规定了物理连接时所使用的可接插连接器的形状尺寸、连接器中引脚的数量与排列情况等。

（2）电气特性：规定了在物理连接器上传输二进制比特流时线路上信号电平的高低、阻抗及阻抗匹配、传输速率与距离限制。早期的标准定义了物理连接边界点上的电气特性，而较新的标准定义了发送器和接收器的电气特性，同时给出互连电缆的有关规定。新的标准更利于发送和接收电路的集成化工作。

（3）功能特性：规定了物理接口上各条信号线的功能分配和确切定义。物理接口信号线一般分为数据线、控制线、定时线和地线等几类。

（4）规程特性：定义了利用信号线进行二进制比特流传输的一组操作过程，包括各信号线的工作规则和时序。

3.3.2 RS-232 接口标准

不同物理接口标准在以上 4 个重要特性上都不尽相同。下面将以实际网络中比较广泛使用的物理接口标准 EIA-232-D 为例介绍其特性。EIA-232-1D 是美国电子工业协会（Electronic Industries Association，EIA）制定的物理接口标准，也是目前数据通信与网络中应用最广泛的一种标准。它的前身是 EIA 在 1969 年制定的 RS-232-C 标准。RS（Recommended Standard）为推荐标准词头的缩写，232 是标准号。RS-232-C 标准是 RS-232 标准的第三版。

RS-232-C 是一种应用十分广泛的物理接口标准。经 1987 年 1 月修改后，定名为 ETA-232-D。由于两者相差不大，因此 EIA-232-D 与 EIARS-232-C 在物理接口标准中基本成为等同的标准，人们经常简称它们为“RS-232 标准”，以下统称为 RS-232 标准。

RS-232 主要用来定义计算机系统的一些数据终端设备（DTE）和数据通信设备（DCE）之间接口的电气特性。如 CRT、打印机与 CPU 的通信大都采用 RS-232 总线。因此，在大多数微型机系统都带有 RS-232 接口。

1. RS-232 的机械特性

在机械特性方面，RS-232 规定使用一个 25 针（DB-25）的标准连接器，其结构及信号名称如图 3-3-1 所示。

此外，PC 机常使用一个 9 针（DB-9）的连接器，其结构及信号名称如图 3-3-2 所示。

2. RS-232 的电气特性

RS-232 的电气线路采用非平衡信号线路，每个非平衡型信号用一根导线，所有信号回路公用一根地线。信号速率限于 20 kb/s 之内，电缆长度限于 15 m 之内。由于是单线，线间干扰较大。其电性能用±12 V 标准脉冲，值得注意的是 RS-232 采用负逻辑。

在数据线上：mark（传号·）= −15 ~ −5 V，逻辑“1”电平；space（空号）= +5 ~ +15 V. 逻辑“0”电平。

在控制线上：On（通）=+5 ~ +15 V，逻辑“0”电平；Off（断）=−15 ~ −5 V，逻辑“1”电平。

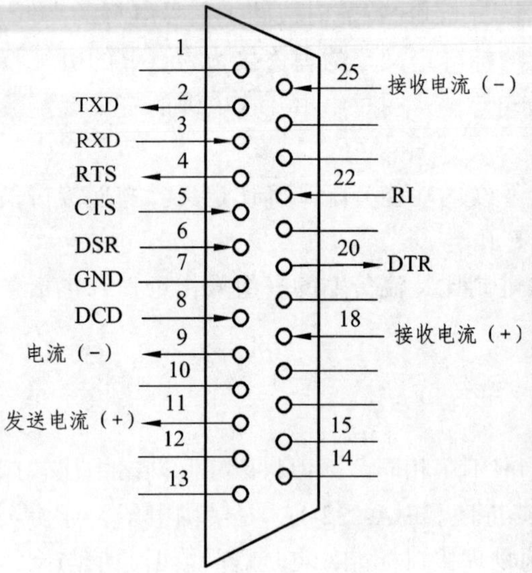

引脚序号	名称	信号方向	功能说明
2	TXD	DTE——►DCE	发送数据
3	RXD	DTE◄——DCE	接收数据
4	RTS	DTE——►DCE	请求发送
5	CTS	DTE◄——DCE	清除发送
6	DSR	DTE◄——DCE	数据设备就绪
7	GND		信号地
8	DCD	DTE◄——DCE	载波检测
9		DTE——►DCE	发送电流（-）
11		DTE——►DCE	发送电流（+）
18		DTE◄——DCE	接收电流（+）
20	DTR	DTE——►DCE	数据终端就绪
22	RI	DTE◄——DCE	振铃指示
25		DTE◄——DCE	接收电流（-）

图 3-3-1　DB-25 型连接器及信号说明

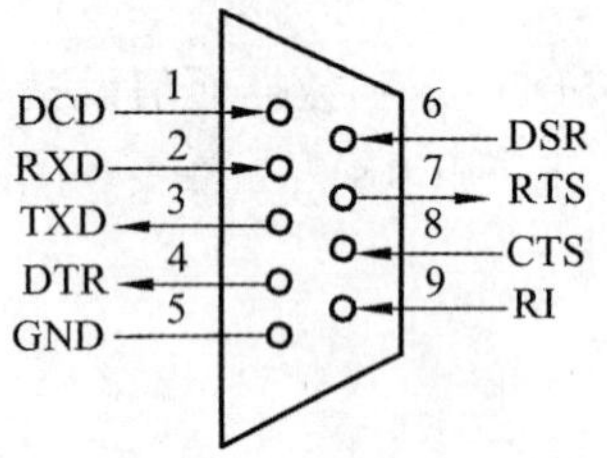

引脚序号	名称	信号方向	功能说明
1	DCD	DTE◄——DCE	载波检测
2	RXD	DTE◄——DCE	接收数据
3	TXD	DTE——►DCE	发送数据
4	DTR	DTE——►DCE	数据终端就绪
5	GND		信号地
6	DSR	DTE◄——DCE	数据设备就绪
7	RTS	DTE——►DCE	请求就绪
8	CTS	DTE◄——DCE	清除发送
9	RI	DTE◄——DCE	振铃指示

图 3-3-2　DB-9 型连接器及信号说明

由于 RS-232 是在 TTL 电路出现之前研制的，所以它的电平是对称的，它规定高电平为+3～+15 V，低电平为-15～-3 V。特别指出，RS-232 数据线 TXD、RXD 使用负逻辑，其低电平表示逻辑“1”，高电平表示逻辑“0”，其他控制线均为正逻辑，最高能承受±30 V 的信号电平。因此，RS-232 不能直接与 TTL 电平连接使用，必须加上适当的电平转换接口电路，否则将使 TTL 电路烧毁，这一点要特别注意。现在已经研制出专门的集成电路，以便进行电平转换。现有成品组件 SN75188 驱动器和 SN75189 接收器即是 RS-232 通用的集成电路转换器件。电路电容不大于 2 500 pF，接收器输入阻抗约为 3～7 kΩ。

3. RS-232 的功能特性

RS-232 连接器信号功能分配如图 3-3-1 及图 3-3-2 所示。这些信号分为两类：一类是

DTE 与 DCE 交换的信息：TXD 和 RXD；另一类是为了正确无误地传输上述信息而设计的联络信号。下边分别介绍这两类信号。

1）传送信息信号

发送数据 TXD（Transmitting Data）：由发送终端（DTE）向接收端（DCE）发送的信息，按串行数据格式及先低位后高位的顺序发出。正信号是一个空号（space，二进制 0），负信号是一个传号（mark，二进制 1）。当没有数据发送时，DTE 应将此线路置为传号状态，包括字符或文字之间的间隔也是这样。

接收数据 RXD（Receive Data）：用来接收 DTE 发送端（或调制解调器）输出的数据。

2）联络信号。

这类信号共有 6 个：

请求传送信号 RTS（Request To Send）：这是 DCE 向 DTE 发出的联络信号。当 RTS = 1 时，DTE 请求向 DCE 发送数据。

清除发送 CTS（Clear To Send）：这是 DCE 向 DTE 发出的联络信号。当 CTS = 1 时，本地 DCE 响应 DTE 向 DCE 发出的 RTS 信号，且本地 DCE 准备向远程 DCE 发送数据。

数据准备就绪 DSR（Data Set Ready）：这是 DCE 向 DTE 发出的联络信号。DSR 将指出本地 DCE 的工作状态。当 DSR=1 时，DCE 没有处于测试通话状态，这时 DCE 可以与 DCE 建立通道。

数据终端就绪信号 DTR（Data Terminal Ready）：这是 DTE 向 DCE 发送的联络信号，DTR=1 时，DTE 处于就绪状态，本地 DCE 和远程 DCE 之间建立通信通道，而 DTR = 0 时，将迫使 DCE 终止通信工作。

数据载波检测信号 DCD（Data Carrier Detect）：这是 DCE 向 DTE 发出的状态信息，当 DCD=1 时，本地 DCE 接到远程 DCE 发来的载波信号。

振铃指示信号 RI（Ring Indication）：这是 DCE 向 DTE 发出的状态信息。RI = 1 时，本地 DCE 收到远程 DCE 振铃信号。

4. RS-232 的规程特性

RS-232 的规程特性规定 DTE 与 DCE 之间控制信号与数据信号的发送时序、应答关系与操作过程。图 3-3-3 所示给出了典型的 DTE 与 DCE（Modem）之间按照 RS-232 规程进行数据交换的流程图、信号时序与操作过程。

如果两台计算机通过 Modem 由电话线互连，当它们采用 RS-232 协议时，那么根据 RS-232 规程特性的规定，作为 DTE 的计算机与作为 DCE 的 Modem 通过 RS-232 接口，按以下规则与时序进行工作。

1）物理连接建立

如果主机 A 发起一次物理连接，它首先通过 RS-232 的第 20 号连接线（以下简称 20 线）向 DCE 发送数据终端准备好 DTR 信号，拨号呼叫对方主机 B，建立物理连接。

主机 A 连接的 Modem 在拨号之后，执行 Modem 内部协议。双方通过 Modem 发送检测通信线路状态和通信质量的载波检测信号。在确定通信线路接通并可以正常工作后，Modem A 通过 6 号线向主机 A 发送设备准备好 DSR 信号。

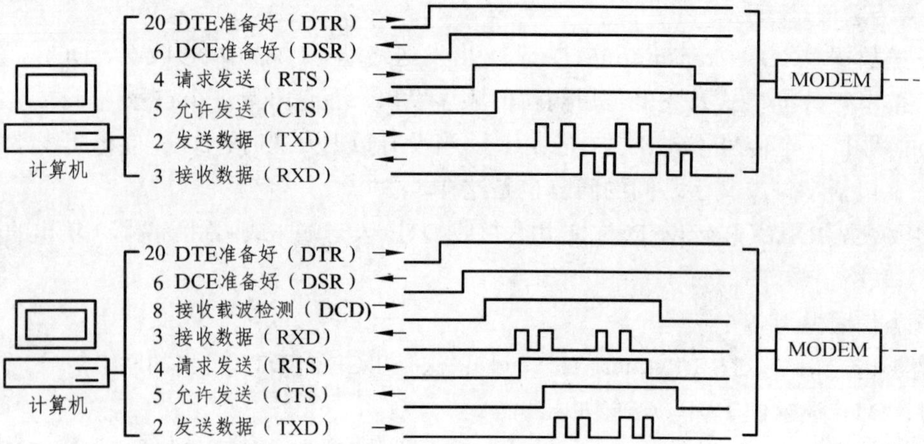

图 3-3-3　RS-232 典型规程

主机 B 在接到主机 A 拨号请求建立物理连接指示后，如同意建立物理连接，应向与其连接的 Modem 发送 DTR 信号。主机 A 在接收到主机 B 的 Modem 的 DSR 信号后，进入数据传输准备状态。

至此，双方 DTE 通过 DCE 与通信线路建立起物理连接，完成数据传输准备工作。

2）数据传输

如果主机 A 准备发送比特流，它将通过 4 号线向其 Modem 传送请求发送信号 RTS；Modem A 在接收到 RTS 信号后，做好发送准备，通过 5 号线向主机 A 发出允许发送信号 CTS。

主机 A 通过 2 号线向 Modem A 传送准备发送数据的信号 TXD；Modem A 将数字数据信号调制后，变成模拟数据信号，经通信线路传送到对方 Modem B；Modem B 经过解调后，还原成数字数据信号，通过 3 号线向主机 B 传送接收数据 RXD。

如果主机 B 也要向主机 A 发送数据，应采用与主机 A 相同的 RTS、CTS 控制信号进行交互。

3）物理连接释放

当主机 A 一次通信结束，通过释放 DTR 信号来通知 Modem A，通过 Modem 的内部协议，结束一次物理连接。

5. RS-232 的应用

RS-232 接口中包括两个信道：主信道和次信道。次信道比较少用，而在一般的串行通信接口中，即使是主信道，也不是所有的线都一定要用，最常用的也就是其中的几条最基本的信号线。根据具体的应用场合不同，有下面几种连接方式：

1）使用 Modem 连接

计算机通过 Modem 或其他数据通信设备（DCB）使用一条电话线进行通信，如图

3-3-4 所示。

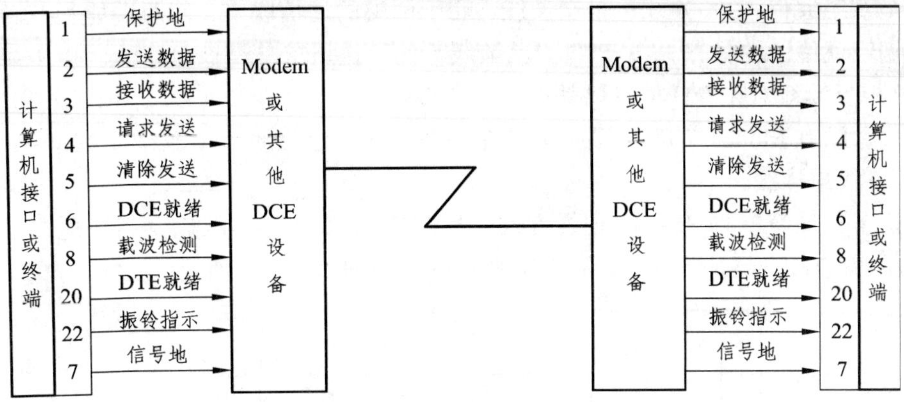

图 3-3-4 使用 Modem 时 RS-232 引脚的连线

在图 3-3-4 中，计算机终端（DTE）向远程终端（DTE）发送数据的过程如下：首先 DTE 向本地 DCE（Modem）发出 DTR=1 和 RTS=1 的信号，表示 DTE 请求发送数据，同时为本地和远程 DCE 之间建立通道开了绿灯，一旦通道建立好了，DCE 发回应答信号 DSR=1。当 DCE 做好发送数据准备后，又向 DTE 发回信号 CTS = 1。只有当 DTE 收到从本地 DCE 发回肯定的 DSR 和 CTS 信号后，DTE 才能由 TXD 线向 DCE 发送数据。因此，RTS、DTR、DSR 和 CTS 4 个信号同时为 1 是 TXD 发送数据的先决条件。

当接收数据时，DTE 先向本地 DCE 发出 DTR=1 信号，表示本地和远程 DCE 之间可以建立通道。一旦通道建立好了，DCE 向 DTE 发出 DSR=1 信号。这时，数据就可以通过 RXD 线传送到 DTE。因此，RXD 信号产生的条件是 DTR 和 DSR 两个信号同时为 1。这只是 RXD 信号的产生条件，至于 RXD 线上是否有信号，取决于远程 DCE 是否发送数据。

2）直接连接

当计算机和终端之间不使用 Modem 或其他通信设备（DCE）而直接通过 RS-232 接口连接时，一般只需要 5 根线（不包括保护地线以及本地 4、5 之间的连线），但其中多数应采用反馈与交叉相结合的连接法，如图 3-3-5 所示。

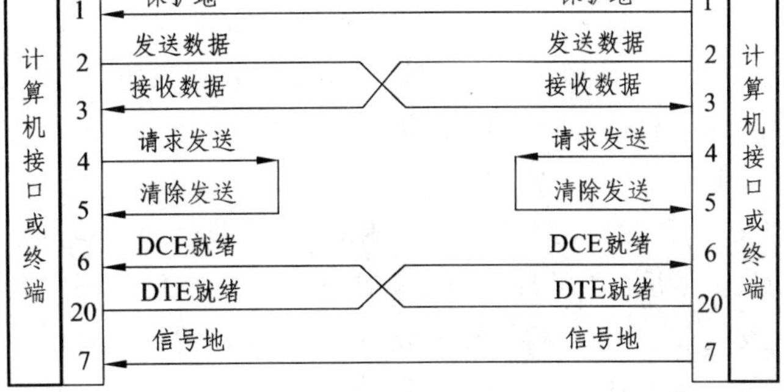

图 3-3-5 使用 RS-232 的直接连接法

在图 3-3-5 中，2、3 线交叉为最基本的连线，以保证直接连接的数据终端间能正常地进行全双工通信。20、6 线也是交叉线，用于两端的通信联络，使两端能相互检测出对方“数据已就绪”的状态。4、5 线为反馈线，使传送请求总是被允许的。由于是全双工通信，这根反馈线意味着任何时候都可以双向传送数据，用不着再去发“请求发送”（RTS）信号。这种没有 Modem 的串行通信方式，一般只用于近程通信（不超过 15 m）。

3）三线连接法

这是一种最简单的 RS-232 连线方式，只需 2、3 交叉连接线以及信号地线，而将各自的 RTS 和 DTR 分别接到自己的 CTS 和 DSR 端，如图 3-3-6 所示。

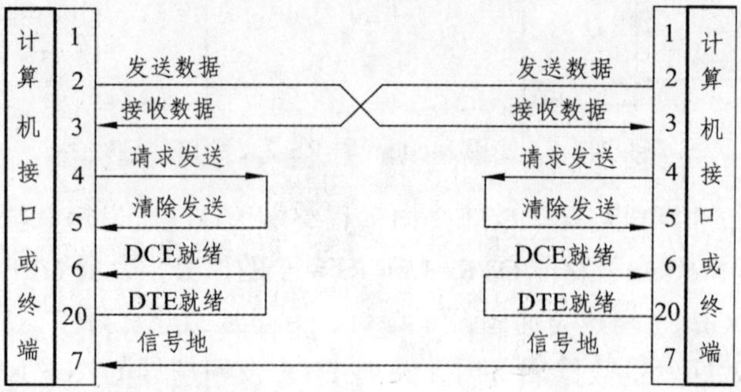

（a）

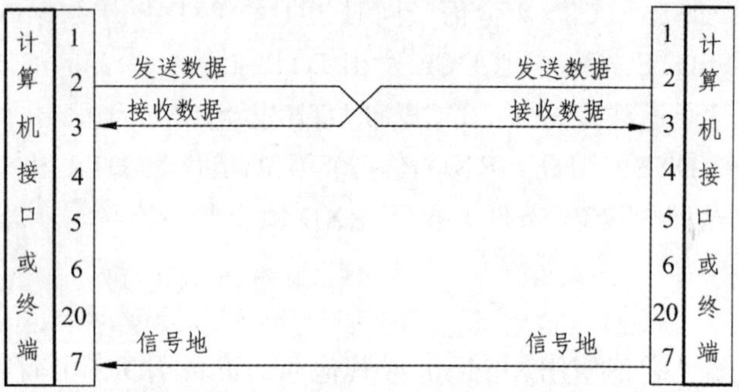

（b）

图 3-3-6　最简单的 RS-232 连接方式

在图 3-3-6（a）中，只要一方使自己的 RTS 和 DTR 为 1，那么它的 CTS、DSR 也就为 1，从而进入了发送和接收的就绪状态，这种接法常用于一方为主动设备，而另一方为被动设备的通信中。如计算机与打印机或绘图仪之间的通信。这样，被动的一方 RTS 与 DTR 常置 1，因而 CTS、DSR 也常置 1，因此，使其长期处于接收就绪状态，只要发送方令线路就绪（DTR=1），并发出发送请求（RST=1），即可立即向接收方传送信息。

图 3-3-6（b）所示为更简单的连接方法。图 3-3-6（a）所示的连接方法在软件设计上还需要检测“清除发送”（CTS）和“数据设备就绪”（DSR），而图 3-3-6（b）所示的连接方法则完全不需要检测上述信号，随时都可发送和接收。这种连接方法无论在软件和硬件上，都是最简单的一种方法。

值得说明的是，以上讲的只是 RS-232 作为接口标准总线的连接方法，当然不限于这几种方式。至于计算机内部与串行接口之间并/串转换，还需视各种不同的微型机而采用不同的接口适配器（Interface Adapter）。如 Intel 8088/8086 ~ 80586 等各种 CPU，其内均没有串行接口。因此它们在进行串行通信时，都需配备适当的接口适配器，如 Inte18250 及 Inte18251。但对于大多数单片机来讲，本身带有串行接口，因此可直接与 RS-232 串行接口总线相连。但由于 RS-232 电平与微型机内部电平（TTL 或 CMOS）不同，所以使用电平转换电路是必不可少的。

3.3.3 RS-485/RS-422 接口标准

RS-232 虽然使用很广，但由于推出时间比较早，所以在现代通信网络中已暴露出明显缺点，主要表现在：

（1）传送速率不够快。RS-232 规定最高速率为 20 000 b/s，虽然这种传送速率与异步通信可以很好地匹配（通常异步通信限制为 19 200 b/s 或更少），但对某些同步系统，其传送速率却不能得到满足。

（2）传送距离不够远。根据 RS-232 标准，各装置之间电缆长度不超过 15 m，即使在较好的信号通信中，电缆长度也不超过 60 m，因此不能满足现代工业控制的要求。

（3）RS-232 未明确规定连接器，因而出现了互不兼容的 25 芯连接器。

（4）接口使用非平衡发送器和接收器，两个传输方向只有一个信号地，所以电气性能不佳。

（5）接口处各信号间容易产生串扰。

正因为 RS-232 有上述一些缺点，所以，EIA 做了部分改进，于 1977 年制定了新标准——RS-449，并在 1980 年成为美国标准。在制定新标准时，除了保留与 RS-232 兼容外，还在提高传输速率、增加传输距离、改进电器特性等方面做了很多努力，它增加了 RS-232 没有的环境测试功能，明确规定了连接器，解决了机械接口问题。

与 RS-449 一起推出的还有 RS-423-A 和 RS-422-A，实际上，它们都是 RS-449 标准的子集。下边主要介绍 RS-423-A 和 RS-422-A。

1. RS-423-A/RS-422-A

与 RS-232 类似，RS-423-A 也是一个单端的、双极性电源的电路标准，但它提高了传送设备的数据传输速率。在速率为 1 000 b/s 时，距离可达 1 200 m；在速率为 100 kb/s 时，传输距离可达 90 m。

RS-423-A/RS-422-A 的数据线也是负逻辑且参考电平为地，不同的是 RS-232-C 规定为−15 ~ +15 V，而这两个标准规定为−6 ~ +6 V。

RS-422-A 规定了平衡驱动、差分接收的电气接口，它能够在较长距离上明显地提高数据传输效率，它能够在 1 200 m 距离内把速率提高到 100 kb/s 或在较近距离（12 m）内提高到 10 Mb/s。这种性能的改善是由于平衡传输的优点而产生的，这种平衡驱动、差分接收结构能从地线的干扰中分离出有效信号。实际上，差分接收器可以区分 0.2 V 以上的电位差，因此，可不受参考电平波动及共模电磁干扰的影响。图 3-3-7 所示为 RS-232-C/RS-232-A/RS-422-A 的电气接口电路。

（a）RS-232-C 单端驱动非差分接收电路

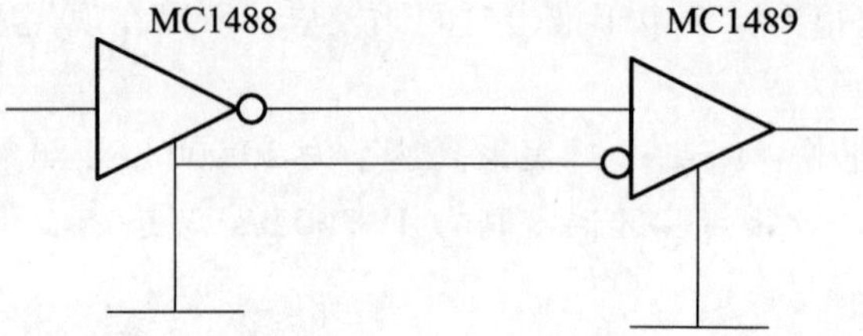

（b）RS-423-A 单端驱动差分接收电路

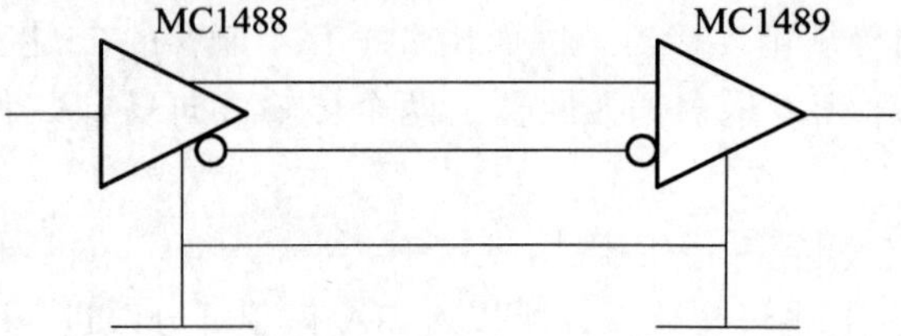

（c）RS-422-A 平衡驱动差分接收电路

图 3-3-7　RS-232-C/RS-423-A/RS-422-A 接口电路

图 3-3-7（a）为 RS-232-C 所采用的单端驱动非差分接收电路。该电路的特点是传送信号只用一根导线，对于多路信导线，其地线是公共的。因此，它是最简单的连接结构，但它的缺点是驱动电路无法区分有用信号及干扰信号。而图 3-3-7（b）RS-423-A 由于采用差分电路接收器，接收器的另一端接发送端的信号地，因而大大地减少了地线的干扰，图 3-3-7（c）RS-422-A 则更进一步采用了平衡驱动和差分接收方法，从根本上消除了地线干扰。这种驱动器相当于两个单端驱动器，它们的输入是同一个信号，而一个驱动器的输出正好与另一个反相。当干扰信号作为共模信号出现时，接收器则接收差分输入电压，只要接收端具有足够的抗共模干扰模电压工作范围，它就能识别这两种信号而正确接收传送信号。

RS-423-A/RS-422-A 的另一个优点是允许传送线上连接多个接收器。虽然在 RS-232-C 系统中可以使用多个接收器循环工作，但它每一时刻只允许一个接收器工作，RS-423-A/RS-422-A 可允许 10 个以上接收器同时工作，关于多站连接方法将在下边 RS-485 部分介绍。

2. RS-485

在许多工业过程控制中，往往要求用最少的信号线来完成通信任务。目前广泛应用的 RS-485 串行接口总线就是为适应这种需要应运而生的。它实际就是 RS-422 总线的变型，两者不同之处在于：

（1）RS-422 为全双工，而 RS-485 为半双工。

（2）RS-422 采用两对平衡传输信号线，RS-485 只需要其中的一对。RS-485 更适合于多站互连，一个发送驱动器最多可连接 32 个负载设备。负载设备可以是被动发送器、接收器和收发器。传输电缆两端有终端电阻，在平衡电缆上挂接发送器、接收器或组合收发器。

两种总线的连接方法如图 3-3-8 所示。

图 3-3-8（a）所示为 RS-485 连接电路。在此电路中，某一时刻只能有一个站可以发送数据，而另一个站只能接收。图 3-3-8（b）所示为 RS-422 连接电路，采用全双工连接方式，故任一时刻两站都可以同时发送和接收数据。

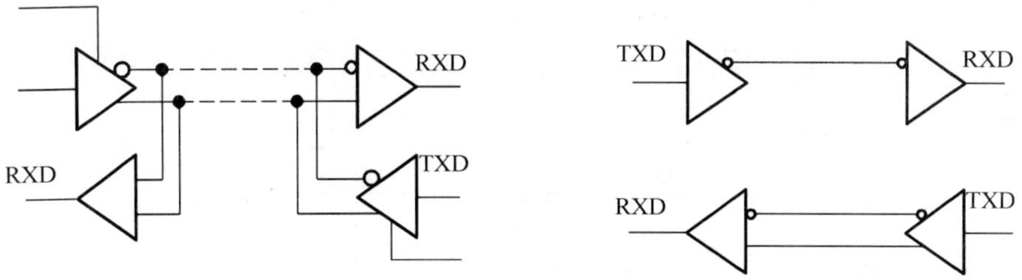

（a）RS-485 连接电路　　（b）RS-422 连接电路

图 3-3-8　RS-485/RS-422 连接电路

RS-485 与 RS-422 和 RS-232-C 标准总线一样，也需要专用的接口芯片完成电平转换。

MAX481E/MAX488E 是低电源（只有+5 V）RS-485/RS-422 收发器，每一个芯片内都含有一个驱动器和一个接收器，采用 8 脚 DIP/SO 封装，除了上述两种芯片外，和 MAX481E 相同系列芯片还有 MAX483E/485E/487E/1487E 等，和 MAX488E 相同系列的有 MAX490E。这两种芯片的主要区别是前者为半双工，后者为全双工。

MAx481E/483E/485E/487E/491E 和 MAX1487E 是为多点双向总线数据通信而设计的。也可以把它们作为线路中继站，其传送距离可超 1 200 m。

对于一个通信子站来讲，RS-422 和 RS-485 的驱动接收电路没有多大差别。

3.3.4　20 mA 电流环接口标准

20 mA 电流环接口标准是一种电流控制的串行接口标准，它的推出主要是为了满足早期的直通电报机、电传打字机等机械式外设的控制需要。这些外设的接收部分是一个电流激励线圈或驱动线圈的电流放大器，相当于一个电流检测器，工作电流一般被设计为 20 mA，所以规定有 20 mA 电流时为逻辑“1”，无电流时为逻辑“0”，当这些“0”“1”序列被接收后，电传机便打印出相应的字符，这就是 20 mA 电流环名称的来由。尽管 20 mA

电流环接口至今未成为正式颁布的标准，但由于它在抗干扰能力和传输距离等许多方面比 RS-232 接口优越，所以在串行通信，特别是远距离通信中，应用却很广泛。许多微机系统（如 PC/XT）中，大多同时提供了 RS-232 和 20 mA 电流环这样两种串行通信标准的接口电路和连接器供用户选用。

20 mA 电流环是一个全双工的 20 mA 电流环接口。实际上 20 mA 电流源并不一定要在发送端，放在接收端也同样可以，只要环路中有一个电流源即可，当然也只能有一个电流源。一般把能提供 20 mA 电流源的一端叫作有源端，而把另一端称为无源端。因此，20 mA 电流环接口的结构形式可以是有源发送器/无源接收器或无源发送器/有源接收器两种。但绝对要避免收发两端都无源或都有源（特别是两端的电源电压极性相反）的无效连接。

在 20 mA 电流环中，发送方的开关 K 是受发送数据控制的：数据为“1”时，K 合上，回路中有 20 mA 电路；数据为“0”时，K 打开，回路中没有电流。

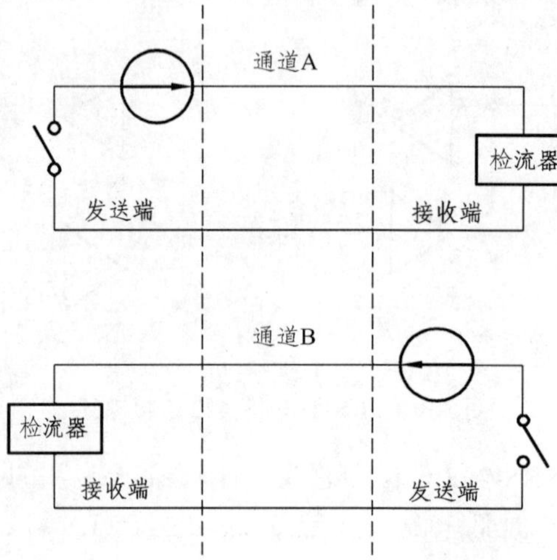

图 3-3-9　全双工 20 mA 电流环

图 3-3-9 所示为 20 mA 电流环接口的基本原理。实际中的 20 mA 电流一般是由一个电压源 V 同一定阻值的电阻 R 串联形成的。显然，为了取得 20 mA 电流，可以使用许多不同的 V 与 R 值。加上组成开关 K 的元件和电路也很多，所以 20 mA 电流环接口的实际电路形式是多种多样的。

对于直通式电流环接口电路，尽管其抗干扰能力比 RS-232 接口强，但由于其两端之间是共地的，仍难免产生干扰信号。所以，在通信距离较远时，特别是在干扰源较多、干扰信号较强的工业现场应用情况下，大都在收发两端之间采用光电隔离技术。可用的光电隔离器（也叫作光电耦合器）芯片种类很多，如国外的 4N33、ON3111、NJL5122A、PC507、TLPS21、621 系列和国产的 CD 型、MGO1 型系列等。各种光电隔离器基本上都是由发光二极管和光敏器件（光敏三极管、光敏二极管、光敏电阻等）两部分组成，其中以发光二极管和光电三极管组成的隔离器件应用最多。图 3-3-10 所示为一个实际的带光电隔离的 20 mA 电流环接口电路。它通过收发两端的光电隔离器，将串行传输回路中的 20 mA 电流信号转换为接收端的 TTL 电平信号和将发送端的 TTL 信号转换为 20 mA 电流信号。从图中可看出，收发之间和收发两端与 20 mA 电流环之间没有直接的电气连接关系，而是通过光电耦合完成信号的传送，显然这样就极大地提高了系统的防噪声干扰能力。一方面，光电隔离器中发光二极管（LED）和光敏晶体管之间具有间隙，使之能经受数千伏的电压，能有这样高的隔离保护电压，串行传输距离能达到几千米。另一方面，接收端光电隔离器中的发光二极管接收器具有天然的共模抑制能力，该 LED 响应的是接在它两端的差值电压，共模噪声将使它两端的电位提高或降低相同的值，从而使这种噪声通过二极管自行抵消而不起作用。当然，为了确保上述隔离功能和共模抑制能力不失效，必须使接收器的本地信号地与远方发送器的地和 20 mA 电流源地相互独立，之间不能有任何形式的直接电气连接。实际中也有只在接收端使用光电隔离器，而发送端直接将 TTL 电平转换为 20 mA 电流信号的电路，如在 PC/XT 异步通信适配器中就是这样。图 3-3-10 所示是采用光电隔离的 20 mA 电流环接口电路。

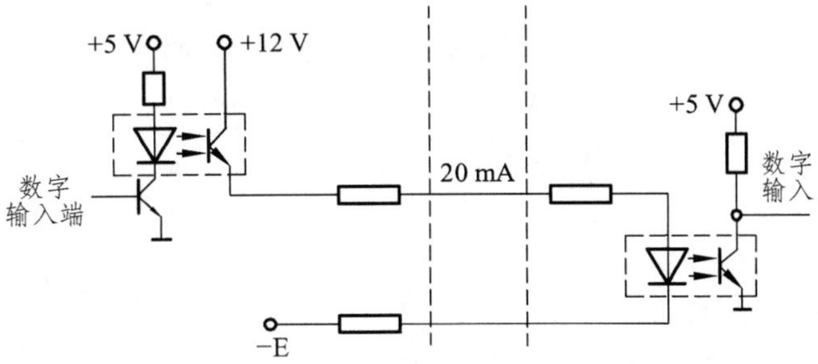

图 3-3-10 采用光电隔离的 20 mA 电流环接口电路

最后要说明的是，RS-232、RS-422A/423A 和 20 mA 电流环这 3 种接口只是在总线连接和逻辑表示上不一样，在数据传输格式这一级上却并无区别，都取决于串行接口内部的通信规程，所以在同一系统中它们可共用 I/O 端口，然后通过跳线器选用不同的总线标准连接器来达到选用不同标准接口的目的。

20 mA 电流环接口是一个非标准接口，无控制信号。在每次发送数据时必须以无电流的起始作为每一个字符的起始位，接收端检测到起始位时便开始接收字符数据。但是由于它的突出优点是传输距离比较远，所以不仅用于具有电流环的接口设备（如电传打字机等），而且在微机的点对点通信和速率低的数据传输中应用很广。

任务 3.4　TCN 列车通信网络

知识目标

（1）掌握 TCN 列车通信网络的体系结构。
（2）熟悉 TCN 列车通信网络的实时协议 RTP。
（3）熟悉 TCN 列车通信网络的变量服务和消息服务。

技能目标

（1）能够正确叙述 TCN 列车通信网络三种组态形式。
（2）能够正确叙述列车通信网络的介质访问控制方式。
（3）能够叙述 MVB 总线上设备性能与分类。
（4）能够叙述 TCN 提供的两种服务。
（5）能够正确叙述 16 种类型的变量数据。

素质目标

（1）培养学生学习新技术、新知识的意识。
（2）培养学生勇于创新、开拓进取的意识。
（3）使学生能客观、公正地进行学习效果的自我评价。

知识点学习

3.4.1　TCN 列车通信网络概述

1988 年，国际电工技术委员会（International Electrotechnical Commission，IEC）第九技术委员会（TC9）成立了一个工作组（Working Group），命名为 WG22，其任务是制定一个开放的通信系统协议，使各种铁道机车车辆能够相互连挂并使车辆上的可编程电子设备能够互连、互换。工作组确定的基本工作方针是：从确立用户需求出发，学习现有的协议方案如 Profibus、LonWorks、FIP、CAN、MIL1553 和 MICAS 等，并对这些协议进行测试，然后选择一些已经在铁路列车上运用后获得验证的方案，并以这些协议方案为基础开展通信协议的制定和一致性测试的制定，最后在协议制定完成后再进行总标度的测试。除此之外，工作 组在协议的制定过程中还必须解决协议的知识产权问题，以确保公平使用此技术。

1992 年 6 月，TC9-WG22 以委员会草案稿（Committee Draft，CD）的形式向各国发出列车通信网（Train Communication Network，TCN）的征求意见稿，该草案的内容分为

4个部分：

第1部分：总体结构。

第2部分：实时协议。

第3部分：多功能车辆总线 MVB。

第4部分：绞线式列车总线 WTB。

总体结构把列车通信网规定为由多功能车辆总线 MVB 和绞式列车总线 WTB 组成，如图3-4-1所示。其中多功能车辆总线 MVB 以 ABB 公司的 MICAS 车辆总线 MVB 为蓝本，WTB 以 SIEMENS 公司的 DINV43322 和意大利的 CD450 为蓝本。从1992年的版本开始，WG22 工作组不断地根据各成员的意见修改标准，并发布新版本草案，同时在 TC9 的历次年会上对标准进行预投票。

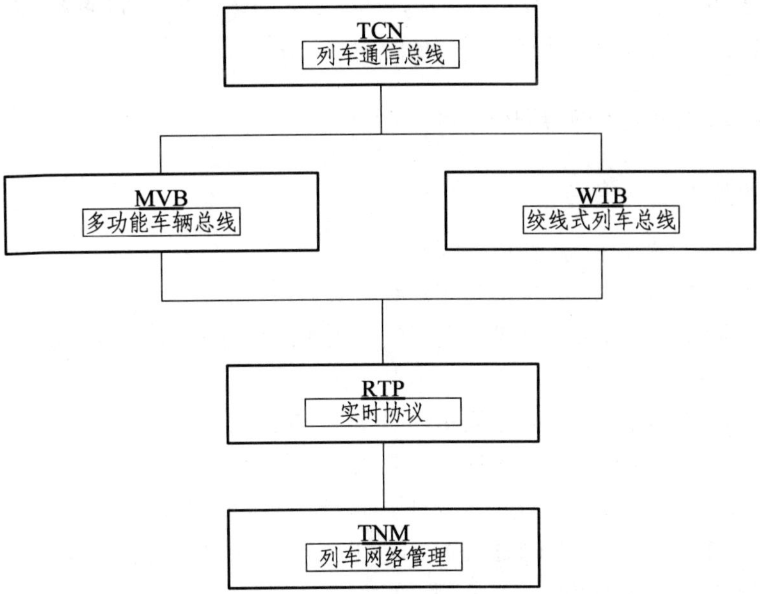

图3-4-1 列车通信网络

1994年5月至1995年9月，欧洲铁路研究所 ERRI 在瑞士的 Interlaken 至荷兰的 Amsterdam 区段，对由瑞士 SBB、德国 DB、意大利 FS、荷兰 NS 的车辆编组成的试验列车进行了全面的 TCN 试验和测试，这对标准的最终定稿具有决定性的作用。

1998年11月，IEC 第九技术委员会（TC9）的年会在中国湖南株洲召开。此次会议上，经过投票正式通过了 TCN 的协议标准。1999年6月，TCN 标准草案正式颁布，成为国际电工技术委员会的标准 IEC61375-1-1999。在 IEC61375-1 中，除了原来的4个部分外，还增加了第5部分列车网络管理及2个附录：附录 A——列车通信网导则和附录 B——一致性测试导则。

TCN 标准的产生对推动铁路和城市轨道交通的技术进步具有重要意义。TCN 为各种列车上的应用提供了一个标准的通信平台，由于应用不需要考虑从哪里得到数据或怎样将数据发送出去，因而使得系统的信息交换更容易实现。TCN 使简单廉价的设备与复杂的车载计算机协作，共同构成了具有分布式控制系统概念的列车控制系统，从而大大提高了轨道交通列车控制系统的技术水平。标准确定的列车通信平台使得新设备和新服务的扩充更为简便，提高了列车控制的技术水平，增强了轨道交通列车的竞争力。

在 TCN 标准正式颁布前后，国际上一些主要的铁路机车车辆及设备制造企业，如 Adtranz（Bombardier）、Siemens 和 Firema-ErcoleMarelli 等相继推出了大批符合 TCN 标准的设备产品，其他一些专门生产配件的企业，如瑞士的 Duagon，捷克的 UniControl 等公司也推出了符合 TCN 标准的通信器件和设备。国际上关于 TCN 成功应用的项目很多，如英国的 BRClass92 列车，瑞典的斯德哥尔摩地铁列车，德国的 LRV 列车、ET 423 列车，瑞士的 IC2000 列车、挪威的 Gardemon 等，以及中国的 CRH 动车组、和谐号大功率电力机车及上海、广州、北京等多个城市的地铁列车通信网络。采用 TCN 标准的列车通信网络已成为轨道交通列车上运用最广泛的列车通信网络。

3.4.2 列车通信网络的结构体系

1. TCN 列车通信网络结构

TCN 分为两层结构，分别是 WTB 和 MVB。

1）连接列车中各车厢的绞接式列车总线（WTB）

WTB 是一种串行数据通信总线，主要设计用于经常相互联挂和解编的重联车辆，总线能自己组态。

2）连接一个车辆内设备的多功能车辆总线（MVB）

MVB 是主要用于有互操作性和互换性要求的互联设备之间的串行数据通信总线，能快速响应。各段 MVB 总线在网关的连接下连接到列车的 WTB 总线。

列车总线 WTB、多功能车辆总线 MVB 和车辆内的列车总线和多功能车辆总线的结构分别如图 3-4-2、图 3-4-3 和图 3-4-4 所示。

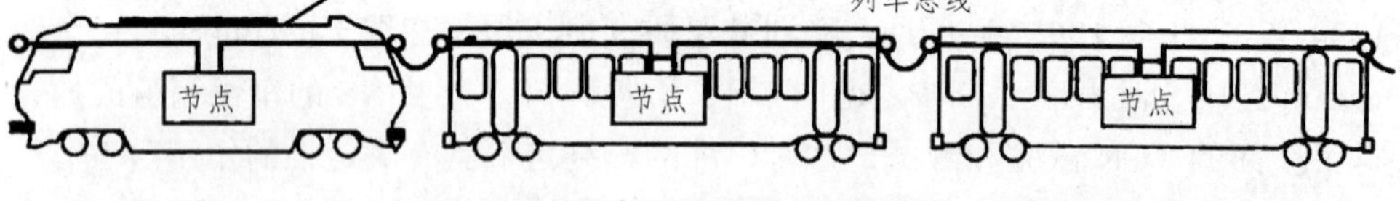

图 3-4-2 列车总线 WTB 的结构

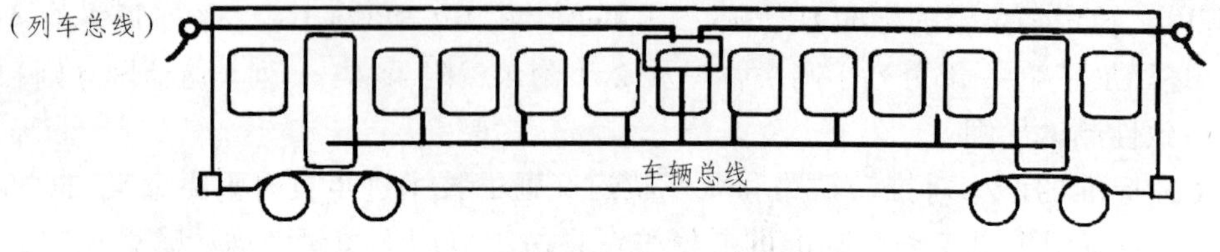

图 3-4-3 多功能车辆总线 MVB 的结构

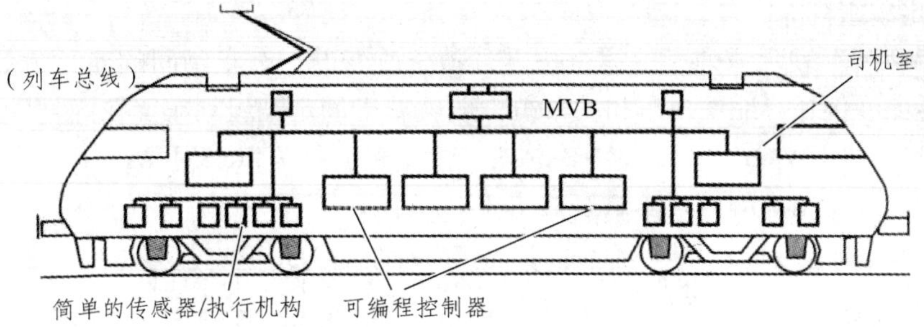

图 3-4-4　车辆内的列车总线和多功能车辆总线的结构

图 3-4-5 所示是 WTB 和 MVB 的基本模型，也是在列车内应用的标准组合，TCN 协议基本是按照这种模型来定义协议规范的。WTB 和 MVB 虽然是两种不同结构的通信总线，但采用同样的实时传输协议（RTP）。

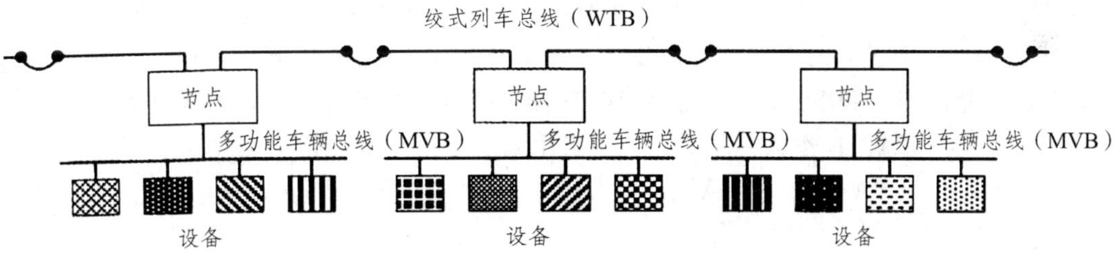

图 3-4-5　WTB 和 MVB 的基本模型

2. TCN 的应用组态

TCN 在列车上的应用有 3 种基本组态，即自动编组列车（Open Trains）、固定编组列车（Closed Trains）和混合编组列车（Multiple Unit Trains）。

1）自动编组列车

自动编组列车表示该列车的每节车厢都是独立的，可以实现任意编组，因而自动编组的列车具有开放性的组态。例如，国际铁路联盟（UIC）所定义的列车，这种组态也是 TCN 标准制订时的基本对象。

自动编组列车以 WTB 作为标准的列车总线，它最多支持 32 个 WTB 节点，每个机车或车辆可没有、或有 1 个、或有更多的 WTB 节点。每个 WTB 节点可以没有车辆总线、可以连接 1 个或 2 个 MVB 总线，也可以连接其他形式的车辆总线。每个 WTB 节点最多可连接 15 个车辆总线。自动编组列车组态如图 3-4-6 所示。

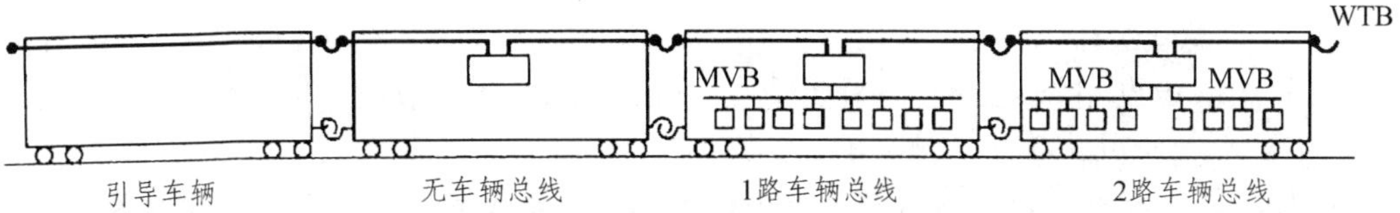

图 3-4-6　自动编组列车组态示意图

2）固定编组列车

固定编组列车表示该列车的编组是不可随意改变的，其车辆间的连接方式是永久性或半永久性的。例如，地铁列车和动车组一般就属于固定编组列车。在固定编组列车上，列车总线可以采用 WTB 总线或 MVB 总线，而车辆总线可以采用 MVB，也可采用其他形式的通信总线。固定编组列车组态如图 3-4-7 所示。

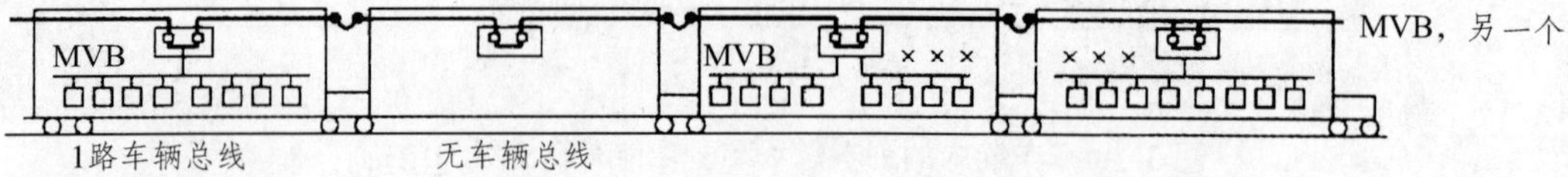

图 3-4-7　固定编组列车组态

3）混合编组列车

混合编组列车是指多个固定编组单元组合起来，或是固定编组单元与部分自动编组的车辆组合起来的列车。图 3-4-8 所示是两个固定编组单元组合的混合编组列车组态。

混合编组列车中的列车总线可以根据列车编组运用的具体情况来选择。若两个固定编组单元需经常连接和解连时，可使用 WTB 作为标准的列车总线；若不需要经常连接和解连时，也可以用 MVB 作为列车总线；若采用固定编组单元与部分自动编组的车辆组态时，则需要采用 WTB 作为列车总线。混合编组列车中车辆总线可以采用 MVB 总线或其他总线。

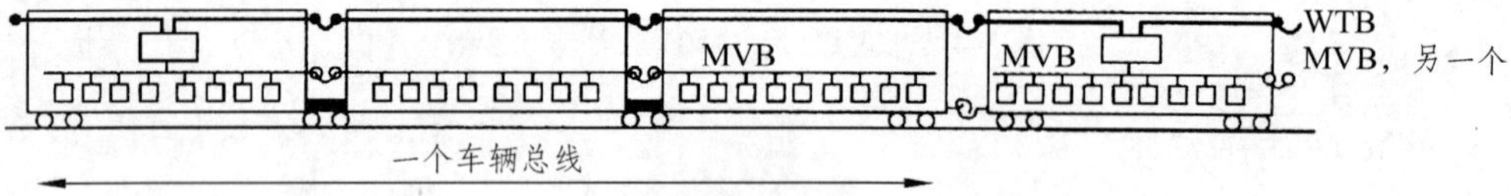

图 3-4-8　混合编组列车组态

根据上述列车编组的组态，TCN 标准能够运用于所有的列车组态，可部分使用，也可整体使用。TCN 标准的运用方式有以下 4 种状况。

（1）列车总线为 WTB，车辆总线为 MVB。

（2）有列车总线 WTB 而没有车辆总线，或 WTB 与非 MVB 的车辆总线连用。

（3）有车辆总线 MVB 而没有列车总线，或 MVB 与非 WTB 的列车总线连用。

（4）实时通信协议（Real Time Protocol，RTP）用于其他非 WTB 或非 MVB 的总线。

3. TCN 的设备

在 TCN 协议中，将可以连接到一个或多个总线上的部件定义为设备（Devices）。

1）列车总线设备

列车总线 WTB 上连接的设备称为节点（Node）。WTB 的节点还可以作为连接 2 条或 2 条以上总线的协议转换器（网关）。

列车总线节点中具有充当总线主能力的设备（即能主动发起通信过程的设备）称为主节点或主设备（Master），其余的设备称为从节点（Slave）。列车总线上可以有多个主设备，但任何时刻总线上只能有一个总线主。总线主可以在主设备之间转移，应用可以根据需要在特定的时间或特定的条件下进行总线主转移。

2）车辆总线设备

MVB 上的设备按功能分为 6 类。

0 类设备主要是一些特殊设备，例如中继器（重复器）和星型耦合器，它们不参与或以其他方式（例如通过其他协议）参与应用的数据交换。

1 类设备具有传输设备状态和过程数据的性能。在此类设备中，过程数据的端口地址与设备的地址有关，例如端口地址与设备地址相同。

2 类设备具有传输设备状态、过程数据和消息数据的性能。它是一种可通过总线配置的智能设备，但用户不可编程。

3 类设备具有传输设备状态、过程数据、消息数据和用户可编程的性能。

4 类设备具有传输设备状态、过程数据、消息数据和总线管理的性能，另外也可具有用户可编程的性能。

5 类设备具有传输设备状态、过程数据、消息数据和 TCN 网关性能。它也可具有总线管理器性能，这种带有总线管理器性能的网关可使 WTB 和 MVB 总线能较好地同步。MVB 设备的性能与设备分类如表 3-4-1 所示。

表 3-4-1 MVB 设备的性能与设备分类

性能	性能说明	设备类别
设备状态	设备被轮询时能够发送出其设备状态	1，2，3，4，5
过程数据	设备被轮询时能够发送和接收过程数据	1，2，3，4，5
消息数据	设备被轮询时能够发送和接收消息数据。此性能说明设备能够执行实时协议且在设备当中有一个网络管理代理者	2，3，4，5
用户可编程	用户程序可下载至此设备中。此性能说明设备具有消息数据性能	3，4，5
总线管理器	设备能够成为总线主。此性能说明设备具有消息数据、过程数据和设备状态性能，并能够读取其他设备的设备状态	4，5
TCN 网关	设备能够访问至少一条另外的总线（MVB 或其他）。此性能表明设备具有传输设备状态、过程数据和消息数据性能，并且只要至少有两条总线同时遵守实时协议时，就存在路由器	5

3）设备地址

总线上的设备使用设备地址（Address）来进行标识。MVB 上设备地址为 12 位；WTB 上设备地址为 8 位，其中低 6 位为节点地址。连接几种总线的设备对每一种总线可有不同的设备地址，某些特殊设备，如重复器，仅参与物理层，因而没有设备地址。设备地址主要用于总线上消息数据（Message）的传送。另外，WTB 在开始组网时（运行一个“初运行”程序），需要设备地址进行节点的定位。

总线上的设备（除 0 类设备外）还具有一个或多个不受特定设备约束的地址，即逻辑地址（Port Number）。WTB 和 MVB 在进行过程数据（Process Data）通信时，都使用逻辑地址（端口号）作为源地址或宿地址，因此，逻辑地址也可以称为过程数据地址。

4. 冗余与容错

TCN 协议支持多种冗余方式，主要是传输介质冗余和设备冗余。

WTB 和 MVB 的传输介质（双绞线）都是冗余结构。WTB 和 MVB 的双绞线都采用 A、B 两对线，总线上的每个设备都与这两对线分别连接。运行时，设备或节点同时在两对线上发送信息，但只能在其中的一对双绞线上接收信息。设备可以随机地在 2 对双绞线中的任何一对上接收信息，协议支持设备可以按照一种规则来回切换接收使用的双绞线电缆。若设备从侦听中发现其中一对双绞线的信号发生故障时，设备可以固定使用另外的一对双绞线进行工作，当然这种状态必须向主设备报告。

设备的冗余主要是 WTB 的主设备和 MVB 的总线管理器（BA）的冗余。协议要求在一条总线上具有 2 个或 2 个以上的设备具有成为总线主或 BA 的能力。WTB 和 MVB 在工作过程中，总是在不断地进行总线主和 BA 转移（如果能够转移的话），以避免由于总线主设备和 BA 的故障而使得整个网络陷于瘫痪。

TCN 协议的容错机制主要是重发。由于过程数据是周期性地广播发送（周期时间为 ms 级），因此对于其中个别的一次性数据错误，很快就会被下一次的数据所覆盖，不会影响系统的运行；消息数据的传输是点对点的传输，协议定义了数据传输过程中的重发机制，如 WTB 是遵循 HDLC 规范定义的数据重发机制。

3.4.3 实时传输协议

尽管 WTB 和 MVB 是两种不同的总线，但它们遵循的是同样的通信协议——实时传输协议（Real-time Transport Protocol，RTP）。RTP 是为了让不同的应用能通过列车通信网“透明”地相互通信而制定的一组协议和服务。这些应用可能位于不同的车辆，也可能位于同一车辆甚至同一设备内。为此，RTP 使用网关来联结不同的总线，并提供过程变量和消息两类通信服务。

TCN 标准将 WTB 和 MVB 中传输的数据分为两类：过程数据和消息数据（Message Data）。过程数据反映列车状态，如速度、电动机电流、操作员的命令等，通常被用于过程的监视和控制中。过程数据的传输是实时的，即其传输时延必须在确定的时限内，否则将导致错误的结果。消息数据是那些不频繁传送，但可能冗长的事件数据，例如诊断或旅客信息。消息的长度在几个到几千个字节之间，是非实时的，其传输时延必须短，但允许变化。

过程数据的传输采用变量传输，消息数据的传输采用事件传输。

1. 介质访问控制

TCN 在链路层提供了两种服务：周期性的、采用源寻址广播的过程数据传输和按需传送的、采用目标寻址的消息数据传输。周期和非周期传输如图 3-4-9 所示。

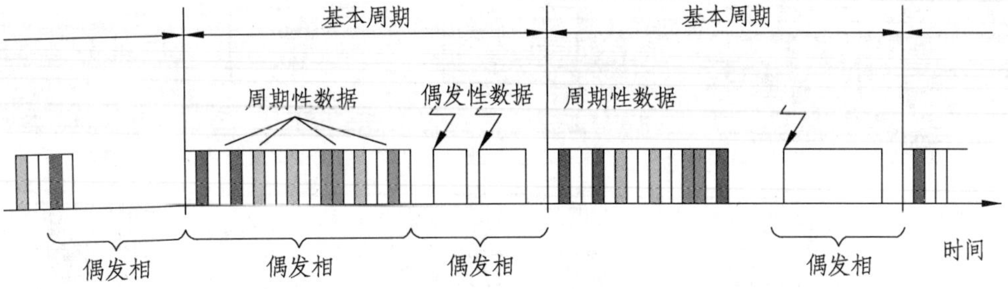

图 3-4-9 周期和非周期传输

根据图 3-4-9 的结构可以看到，TCN 协议将总线时间划分为 n 个基本周期，每个基本周期又划分为周期相（Periodic Phase）和偶发相（Sporadic Phase）。一个基本周期的大小在 MVB 上是 1 ms 或 2 ms，在 WTB 上是 25 ms。

周期相固定占用基本周期的 65%左右，用于传送周期性的过程数据。两个周期相之间的偶发相用来允许设备进行事件驱动的或由需要驱动的通信，即传送消息数据。因此，周期性和偶发性数据通信虽然共享同一总线，但是在传输上是完全分开的。对周期相和偶发相的访问由总线 MAC 层执行。

1）周期性介质访问

周期性数据在总线的周期相以一个基本周期的 2^n 倍（$n = 0, 1, 2, \cdots, 10$）为周期循环传输，该循环周期称为数据的特征周期。TCN 协议定义变量数据均为周期性数据，因此每个变址在运用中均需定义其特征周期，而运用中各个变址的最大特征周期则称为宏周期，也就是变址数据的传输周期。在周期相内，总线主设备运用主帧依次轮询各从设备，被轮询到的设备用一个含有周期性数据的从帧作为回答（这种帧格式在总线初始化时被定义），同时该从帧也被广播到其他设备。因为数据是周期性重复发送的，所以周期性数据（变址数据）无须目标设备确认。

2）偶发性介质访问

偶发性数据在偶发相内按需传输。主设备对从设备轮询偶发性数据，被轮询的设备若有偶发性数据发送时，以带有标示的从帧回答。在有多个从设备需要发送数据时，主设备根据应用确定的策略将这些设备地址排队，然后按照队列的排序逐个轮询这些从设备。偶发相的时间不能超越基本周期的界限，若偶发性数据（事件）的传输在一次偶发相内传输不完，主设备将在下一个偶发相期间再次轮询该设备继续发送。因此，从设备必须将比较长的偶发性数据分包，并在数据包内标示是否有后续的数据包或该数据已经完毕。

偶发性数据是与事件的发送相关联的，事件是因设备状态的改变而引发信息发送要求的数据。因此，事件必须得以确认，以确保不会丢失状态改变的信息。

2. 变量服务和消息服务

从应用层来看，TCN 协议提供了两种与总线无关的、独立的应用服务，即为过程数据服务的变量群服务和为信息数据服务的消息群服务。TCN 提供的两种服务如图 3-4-10 所示。

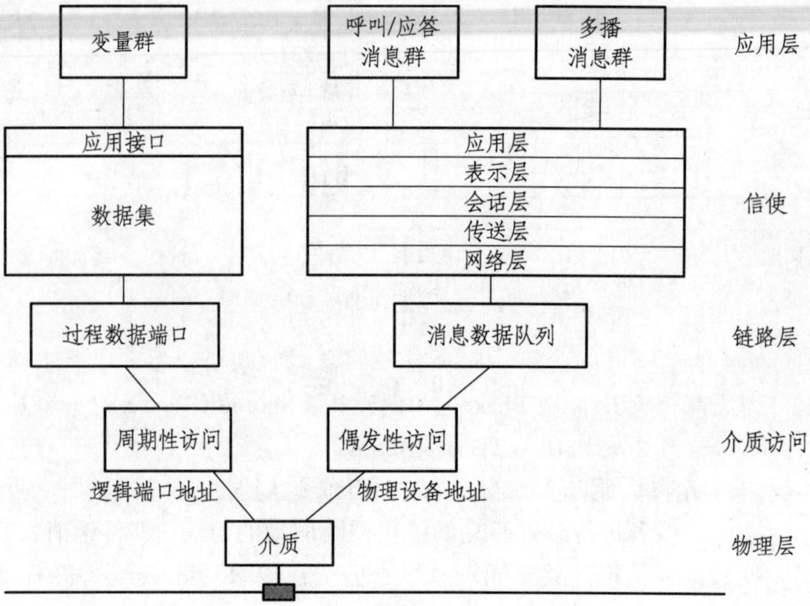

图 3-4-10 TCN 提供的两种传输服务

1）变量服务

过程变量是表示物理过程状态的量，通常被用于过程的监视、控制和命令中。过程变量的传送时间必须短而确定。RTP 用于过程变量服务的协议是紧凑高效的，只包含 3 个层次：物理层、链路层和应用层。链路层处理端口和通信缓存的操作，完成协议大部分的工作。应用层处理过程变量的访问。

为了提高效率，相同周期的若干过程变量被组合在一起，称作数据集（Data Set）。过程数据以数据集方式进行传输。过程数据是周期性数据，总线的周期特性可以保证过程数据传输延时是确定的，不因总线负载不同而变化。

过程数据传播模式类似于生产者—用户模型，即源设备（生产者）向多个宿设备（用户）周期性广播其过程数据（产品）。过程数据由其逻辑地址（端口地址）区分，这种传输方式被称为源寻址的广播方式。

每个过程数据在源设备中有一个对应缓冲区，称为源端口；在每个宿设备中也有一个对应的缓冲区，称为宿端口。一个过程数据可以有多个宿端口，但只能有一个源端口，其逻辑地址由其源端口的端口号来标识，宿端口的端口号与发送数据的源端口的端口号相同。主设备用过程数据的端口号来请求有数据发送的源端口发送数据，接收该端口号的设备将数据存入其宿端口，并覆盖原有的数据。

一个数据集包含过程变量值和检查位，但不包含地址。每个过程变量由它相对于数据集起始地址的偏移量来标识。数据集的格式被预先确定，以供所有的总线成员使用。数据集存储在一个共享的通信存储器中，其可以分别由上位机和协议控制器独立地进行访问。从应用的角度来看，过程变量如同存放在一个分布式数据库中，不同设备中的应用可以同时访问它们。设备中的通信存储器实现了一个分布式数据库（部分或全部）的本地副本，而该副本是由总线传输数据来不断刷新的。

因为过程变量周期性地通过总线来发送，所以在数据偶然丢失的情况下不需要明确地重发。为了对付持续的错误，总线控制器为每个端口配置了一个计数器，这个计数器表示在多久以前端口被刷新。此外，也可以随同每个过程变量发送一个校验变量以保证变量及时、正确地产生。

过程数据应用层允许应用逐个访问过程变量，也可以更有效地成组访问过程变量。它也可以将数据形式转换成应用所使用的表示法。在列车总线和车辆总线间的网关需要进行从一条总线到另一条总线的变量复制，并能使周期同步。

2）消息服务

消息数据为应用提供消息服务。RTP 中用于消息服务的协议架构符合 OSI 的七层参考模型。

链路层处理数据在总线上的传输。消息数据作为偶发性数据按需传输，其传输延时依总线的负载变化而变化，所以消息数据是没有实时性保证的。消息数据传输方式是目标寻址的，数据从原始（Original）设备发向终端（Final）设备或同一总线上的所有设备。总线上的每个设备需要有两个队列，分别用来接收和发送消息数据。

网络层处理分组的传输，使应用之间通过列车通信网络“透明”地交换消息。一个应用并不需要了解其对方是驻留在同一总线、同一站，还是在网络的其他任何地方。消息长度是不确定的，可从几个字节到几千个字节。因此，消息采用分组的方式传输，长的消息在源设备中被分割成短的分组并依次发送，每个分组带有标识其源和目标的全部地址，在目标设备中分组被合并成原来的消息。

消息有两种网络地址空间，均使用 16 位标识。图 3-4-11 所示是这两种 16 位网络地址结构，其中，16 位中的第 1 位用于标识用户地址或系统地址，“0”标识为用户地址，“1”标识为系统地址。

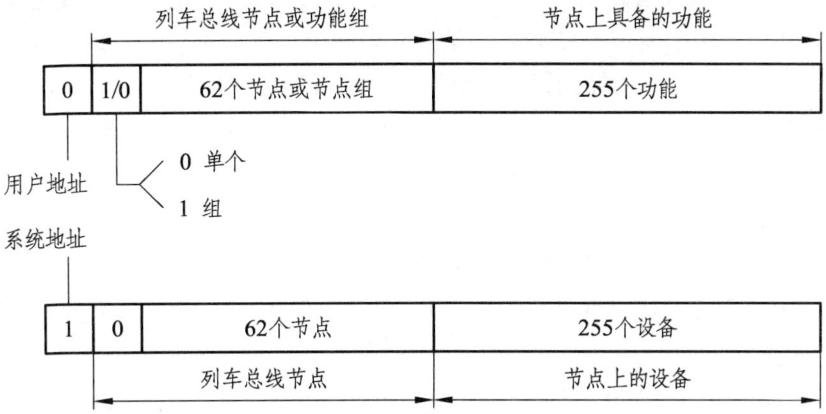

图 3-4-11　两种 16 位网络地址结构

（1）用户地址。

用户地址是一种功能标识，用于标识不同的功能。地址中的高 7 位标识节点地址或节点组地址，例如，列车中的牵引功能包含有多个节点（车辆）；地址中的低 8 位标识功能，共定义了 255 个功能。车辆的一种功能可以由车内多个设备共同完成，而一个设备也可以同时支持多种功能。应用不需要知道一个功能位于何处，因而不用寻址设备，而只需要寻址功能。这种寻址方式更好地适应了车辆和设备的多样性。

（2）系统地址。

系统地址用于在网络管理中区分不同的站（Station），也就是区分具有通信能力的设备，这是一种物理地址。系统地址在网络中是唯一的，即网络上每个通信设备的地址是唯一的。地址中的高 7 位标识列车总线上的节点，低 8 位标识该节点上的设备（通信站）。网络地址如图 3-4-11 所示。

列车总线中各节点的网络层需要为分组确定其路由，因此需要具有这两种地址空间的转换功能。所以，在节点的网络层中必须采用一个功能地址以映射到设备地址的功能目录和一个节点以映射到通信站（设备）的站目录。

传输层为消息服务提供端到端的可靠连接。为此，传输层负责消息的分段和合并，采用滑动窗口协议进行流量控制，采用重发协议进行出错恢复。传输层还可处理消息的多播传输，使消息同时传输到一组设备上。

会话层为应用提供远程调用服务，应用在客户机/服务器的通信。一个会话包含两个消息：一个是由客户机发出的呼叫消息；另一个是响应该呼叫并由远程服务器发出的应答消息。

表示层没有特定的协议，因为所有消息数据都按标准的格式传输。

消息传输协议的网络层、传输层和会话层被安排在一个任务内运行，这个任务被称为信使。应用通过应用层接口使用信使的消息服务。

3. 变量数据

RTP 协议对变量数据做了严格的定义，所有在网络中运用的变量数据必须符合 RTP 的定义，以便应用层的辨识。RTP 为变量定义了一个唯一的标识——变量名 PV_ Name，其包含 6 个内容：变量存储的通信存储器号、变量的端口地址、变量在数据集中的位偏移量、变量类型、变量长度和该变量的校验变量的位偏移量。在变量名中，虽然存储器号、端口地址和位偏移量已经可以唯一地定一个变量，但变量类型和变量长度运用有助于数据在网络和应用之间的转换。

1）变量存储的通信存储器号（Traffic Store ID）

由于协议允许每个设备可以有 16 个用于通信的存储器，所以存储器号用来分别标识这 16 个存储器。

2）端口地址（Port Address）

端口地址即为变量所在端口的逻辑地址。

3）位偏移量（Offset）

变量在数据集中的位置距离数据集起始位的位偏移量，位偏移量可以确定变量在数据集中的位置。

4）变量类型（Variable Type）

协议定义了 16 种类型的变量数据，变量类型如表 3-4-2 所示。

表 3-4-2 变量类型

类型号（F-code）	数据类型	类型号（F-code）	数据类型
0	布尔型（Boolean）	8	双极型（Bipolar）
1	非等价型（Antivalent）	9	单级型（Unipolar）
2	BCD 型或字段（Enum）	10	双极型（Bipolar）
3	保留	11	无符号型数组(Array of Unsigned)
4	位集合（Bitset）	12	整型数组（Array of Integer）
5	无符号型(Unsigned)或字段(Enum)	13	无符号型数组(Array of Unsigned)
6	整型（Integer）	14	整型数组（Array pf Integer）
7	字符型（Character）或字节型数组（Array of Word）	15	字节型数组（Array of Word）

5）变量长度

变量长度用来确定变量数据的数据位，因此必须与变量类型同时使用。变量长度的表示方法如表 3-4-3 所示。

表 3-4-3 变量长度的表示方法

变量长度	变量数据位
0	16 位以下
1	16 位
2	32 位
3	48 位
4	64 位
n-1	数组

6）校验变量的位偏移量（Check Offset）

如果一个变量具有其自身的校验变量的话，该参数标识这个校验变量所在数据集中的位置。

上述变量名的表示方法举例说明：变量 3_2_timedata，表示变量是采用 BCD 码表示的 48 位时间数据，即年、月、日、时、分、秒。

任务 3.5　多功能车辆总线

知识目标

（1）掌握 MVB 物理结构。
（2）掌握 MVB 传输介质。
（3）掌握 MVB 帧结构分析。

技能目标

（1）能够正确画出 MVB 的拓扑结构。
（2）能够正确画出 EMD 拓扑结构图。
（3）能够正确画出 EMD 的 MAU 结构图。
（4）能够正确画出 MVB 的主设备帧和从设备帧的结构。
（5）能够叙述 MVB 介质访问控制工作原理。

素质目标

（1）培养学生学习新技术、新知识的意识。
（2）培养学生勇于创新、开拓进取的意识。
（3）使学生能客观、公正地进行学习效果的自我评价。

知识点学习

3.5.1　多功能车辆总线概述

多功能车辆总线（MVB）是特定用于连接同一车厢或不同车厢（这些车厢在运行过程中是一个固定不变的编组）的设备到列车通信网络的总线。它既提供了可编程设备之间的互连，也提供可编程设备与其传感器和执行机构之间的互连。

MVB 支持最多 4 095 个设备，其中有 256 个是能参与消息传送的站。图 3-5-1 所示显示了在机车内的 MVB 的应用，图 3-5-2 所示显示了在旅客车厢内的 MVB 的应用。

对于运行时不解挂的列车，MVB 也可作为列车总线使用。

MVB 传送 3 类数据：

过程数据（Process_Data）：周期小于 1 ms 的源寻址数据的周期性广播数据。

消息数据（Message_Data）：按需求、目标寻址的单播或广播数据。

监督数据（Supervisory_Data）：传输事件分解、主设备权传送、设备状态等数据。

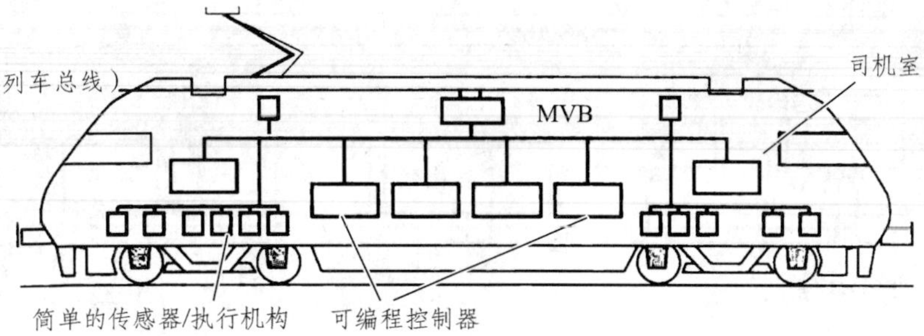

图 3-5-1 机车内的 MVB 的应用

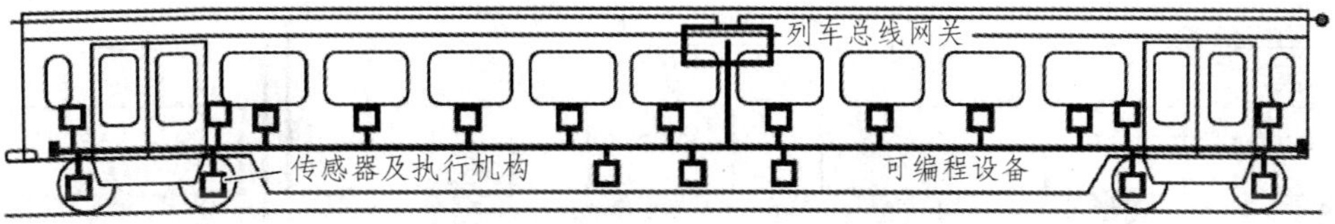

图 3-5-2 旅客车厢内的 MVB 的应用

3.5.2 多功能车辆总线（MVB）物理层

1. 物理层采用的物理介质

多功能车辆总线允许采用电短距离、电中距离和光纤三种不同的物理介质。

（1）电短距离（ESD）介质传送距离不超过 20 m，使用标准的 RS-485 收发器，每段最多支持 32 个设备。这种介质基于采用 RS-485 传送的差动收发器，在发送器和接收器之间无须电气隔离，并且具有附加的偏置电压。

（2）电中距离（EMD）介质传送距离不超过 200 m，每段最多支持 32 个设备。EMD 通过屏蔽的双绞线连接设备，采用变压器或其他隔离方式，按差动方式传送，可提高共模干扰的能力。

（3）光学玻璃纤维介质在星型连接或点到点方式下的最大距离为 2 000 m。

三种介质以相同速率运行。

2. 连接方式

MVB 各总线段必须经由下述类型之一的耦合器相互连接：

（1）连接不同介质的中继器。

（2）将光纤汇入总线的星耦器。

在图 3-5-3 所示的 MVB 结构中，ESD 段包括一个总线管理器、几个在机箱内或外的设备及一个网关。EMD 段包括一个总线管理器和几个其他设备。OGF 光纤段上也有几个其他设备。总线段之间通过中继器相互连接。图 3-5-3 中的每个总线段都可被重复以提高实用性。

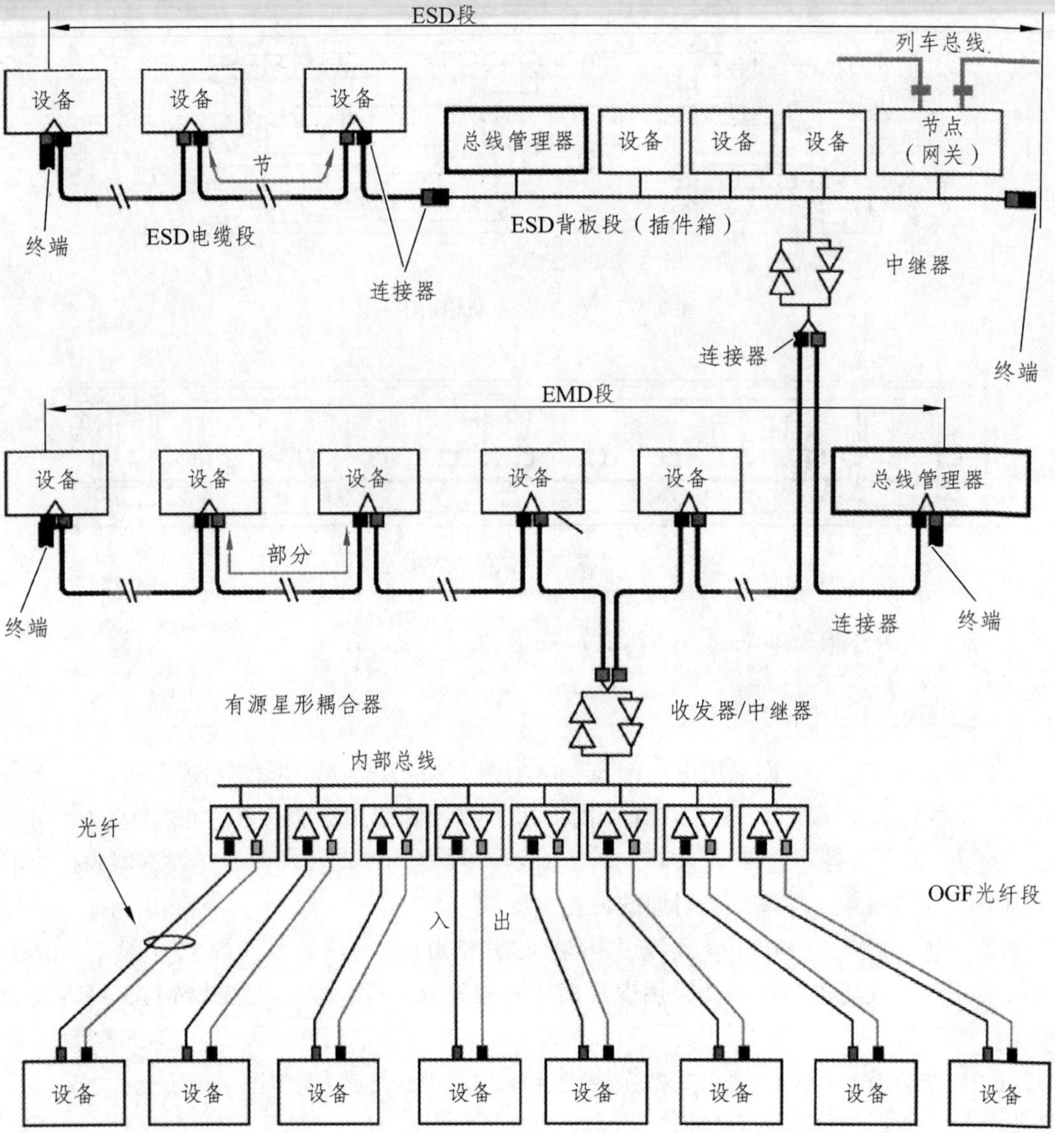

图 3-5-3　MVB 各总线段之间的连接

3.5.3　MVB 设备

总线控制器（Bus Controller）如图 3-5-4 所示。总线对每个设备的访问由专用的总线控制器控制。总线控制器通过发送器和接收器附挂到两个冗余的线路上。MVB 总线控制器包含编码器和译码器，以及控制通信存储器（Traffic Store）的控制逻辑。总线控制器对到达的帧进行译码并寻址相应的通信存储器，也能读设备状态寄存器。

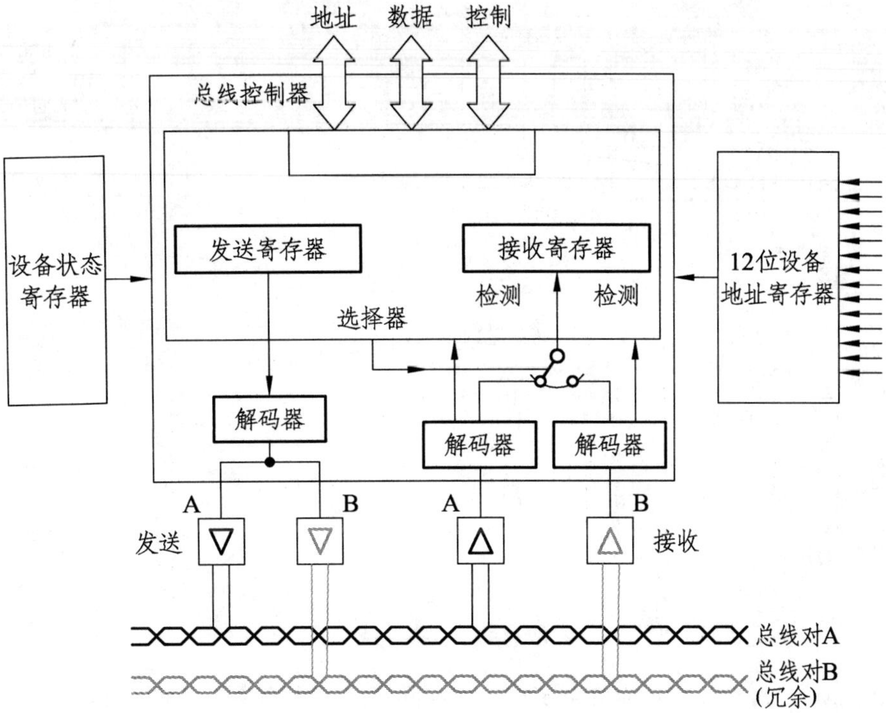

图 3-5-4 总线控制器

3.5.4 MVB 帧结构与报文

1. MVB 帧

MVB 帧有两种类型：Master Frame（主设备帧），只由主设备［Bus Administrator（总线管理器）之一］生成；Slave Frame（从设备帧），由从设备响应主设备帧时发送。

1）主设备帧

如图 3-5-5 所示，一个主帧应以主起始分界符开始，其后为 16 位帧数据，接着为 8 位校验序。

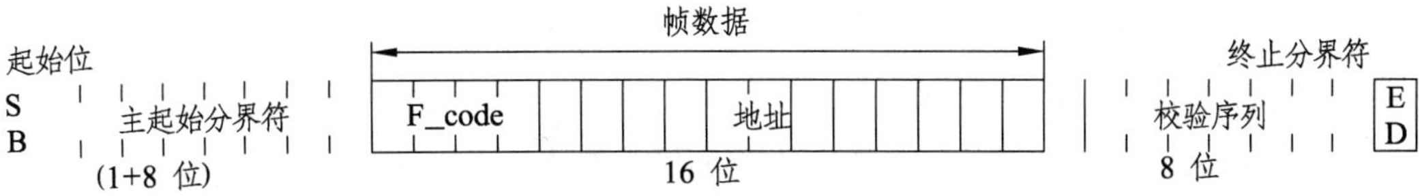

图 3-5-5 主设备帧

2）从设备帧

如图 3-5-6 所示，一个从帧应以从起始分界符开始，接着为 16、32、64、128 或 256 位帧数据，在每 64 个数据位后包含一个 8 位的校验序列或帧数据，只有 16 或 32 位时将一个 8 位的校验序列附加其后。

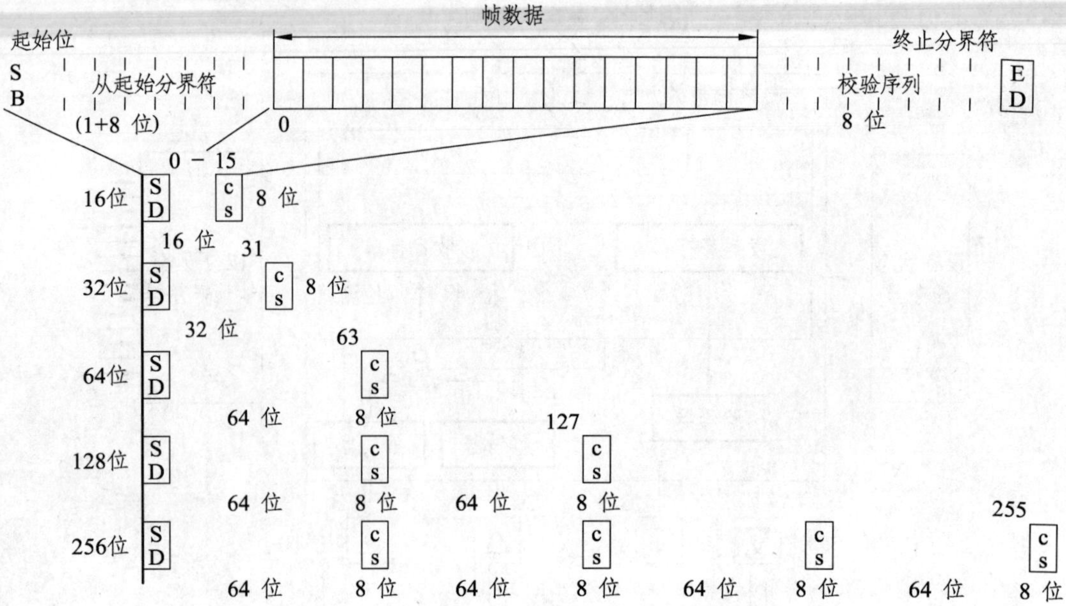

图 3-5-6　从设备帧

一个 Master_Frame 及相应 Slave_Frame 共同形成一个报文，如图 3-5-7 所示。

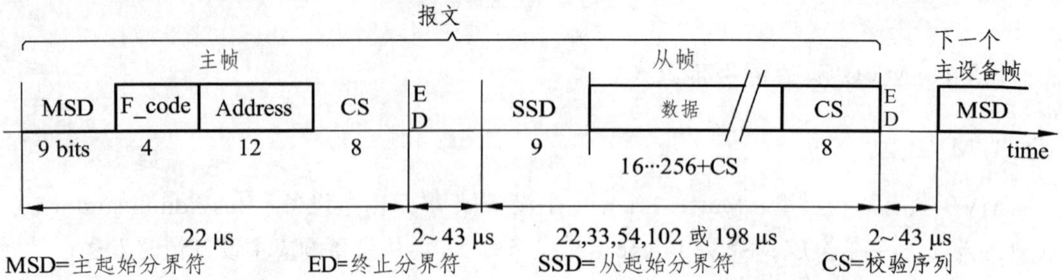

图 3-5-7　报文

主设备源分界符（Master Start Delimiter，MSD）和从设备源分界符（Slave Start Delimiter，SSD）是不同的，以防止同步失败。

Master Frame 有一个固定的 33 bits 长度，包括：

（1）9 bit 的 Master_Start_Delimiter。

（2）4 bit 指明期望的 Slave_Frame 类型和尺寸的代码（F_code）。

（3）12 bit 的域用于地址或参数。

（4）8 bit 的校验序列（Check Sequence，CS）。

所有的设备都对 Master Frame 译码。被寻址源设备用其 Slave Frame 回答，该从设备帧可被多个其他设备接收。

Slave_Frame（从设备帧）有 5 种可能的尺寸：33 bit、49 bit、81 bit、153 bit 或 297 bit，包括：

（1）9 bit 的 Slave_Start_Delimiter。

（2）16~256 bit 的数据。

（3）对应各 64 bit 序列的 8 bit CS，如图 3-5-8 所示。

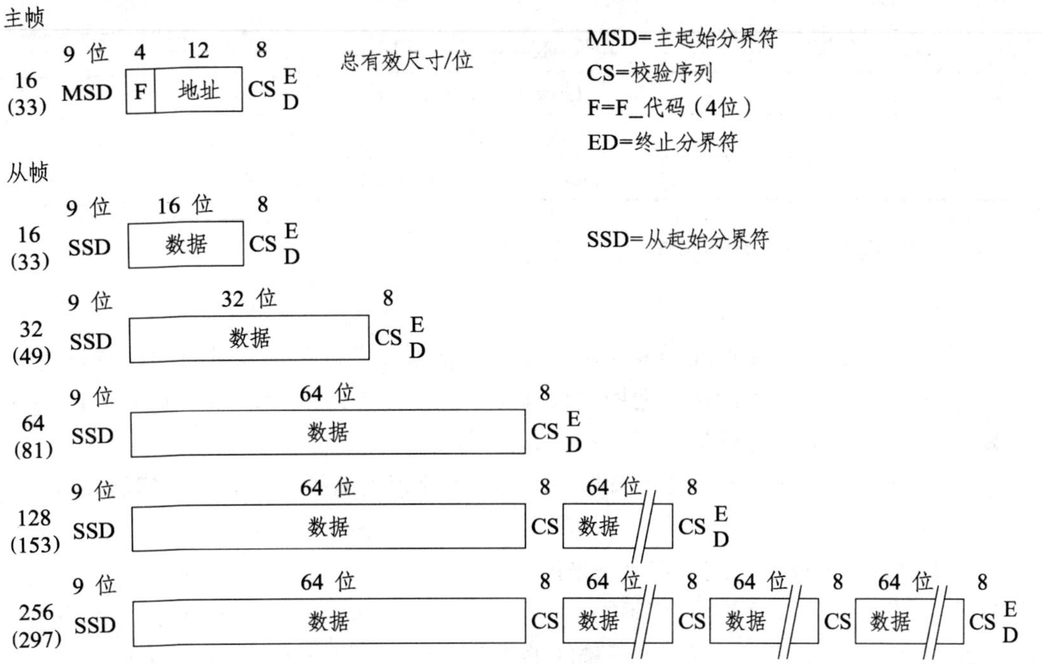

图 3-5-8 主设备帧和从设备帧格式

2. MVB 报文类型

MVB 的报文类型一共有 16 种，由 Master Frame（主设备帧）中的 F 代码（F_code）区分，如表 3-5-1 所示。

表 3-5-1 MVB 的 F_code 主设备帧类型

F_code（F 功能码）	报文类型
0	16 位 Process_Data_Request（过程数据请求帧）
1	32 位 Process_Data_Request（过程数据请求帧）
2	64 位 Process_Data_Request（过程数据请求帧）
3	128 位 Process_Data_Request（过程数据请求帧）
4	256 位 Process_Data_Request（过程数据请求帧）
5	（保留）
6	（保留）
7	（保留）
8	Mastership_Transfer_Request（主设备权传送请求帧）
9	General_Event_Request（常规事件请求帧）

续表

F_code（F 功能码）	报文类型
10	（保留）
11	（保留）
12	256 位 Message_Data_Request（消息数据请求帧）
13	Group_Event_Request（组事件请求帧）
14	Single_Event_Request（单事件请求帧）
15	Device_Status_Request（设备状态请求帧）

3.5.5 MVB 介质访问控制（介质分配）

1. 轮询

介质访问应由一总线管理器来控制，此总线管理器设备在轮询时间内保持对总线的控制。在轮询结束时，主设备将把控制权移交给另外一个总线管理器，如果没有找到合适的管理器，则该总线管理器又将重新获得控制权。

注：轮询的开始可由所连设备来监视，它们可监视当前哪一个总线管理器是主设备，可用于同步。

MVB 由单个主设备控制，该设备是能发送 Master Frame（主设备帧）的唯一设备，所有其他的设备都是从设备，它们不能自动发送。在持续几秒钟的一轮期间，几个设备——Bus Administrators（总线管理器）——都能够成为主设备，但一次只能有一个成为主设备。

主设备可位于总线的任意位置。

主设备可以按照某种预定顺序对端口进行周期性的轮询，如图 3-5-9 所示。

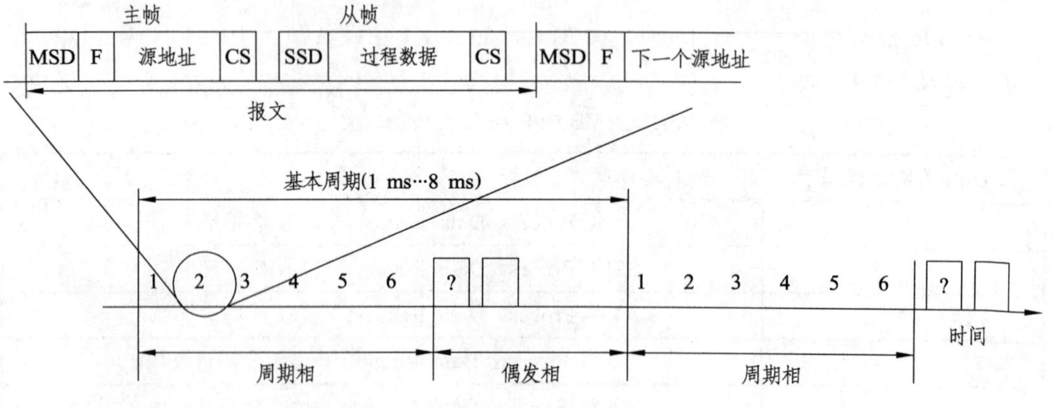

图 3-5-9 MVB 通信

2. 基本周期

主设备将轮回时间分成固定的时间片，这个时间片称为“基本周期”，其值为 T_bp。一个基本周期分为 4 个相（见图 3-5-10）：

（1）周期相；

（2）监视相；

（3）事件相；

（4）保护相。

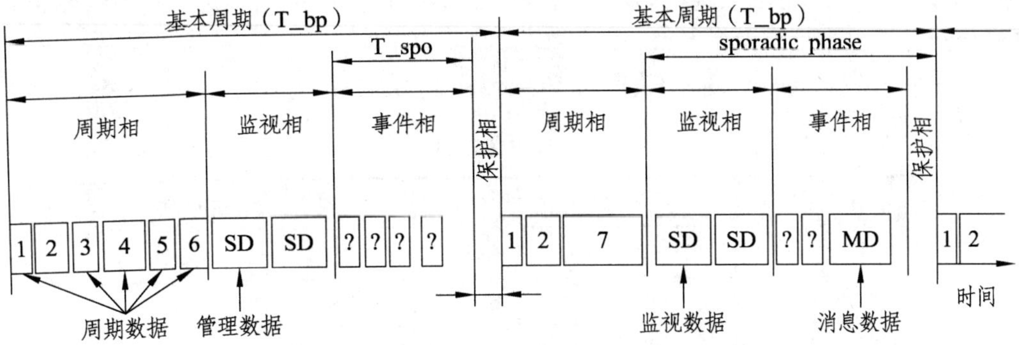

图 3-5-10　周期通信配置

常规运行前建立主设备读端口的顺序。应用定义每个端口的特征轮询周期，其总是基本周期（Basic Period）的 2^N 倍（其中 $N = 1{\sim}10$）。具有相同特征周期（Individual Period）的端口属于同一个循环。

每个基本周期的第 1 拍轮询 1 号循环 1 次，每个基本周期的第 2 拍轮询 2 号循环 1 次，每个基本周期的第 4 拍轮询 4 号循环 1 次，等等。大的循环可以分为许多子循环并覆盖多个周期。

3.5.6　MVB 的实现

图 3-5-11 所示是一个动力分散（动车组）的列车通信网络原理框图。

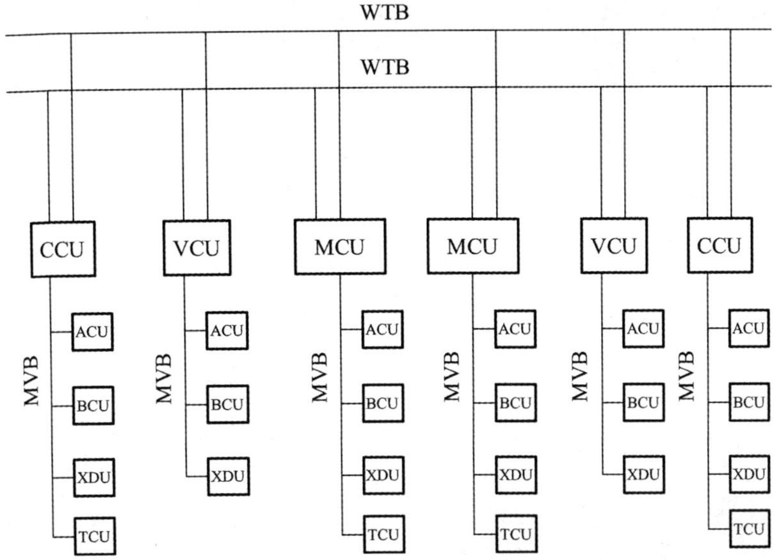

图 3-5-11　MVB 实现示例

以动车组的列车通信网络分为 WTB 和 MVB 两级。WTB 上的节点包括司机所在的动力车的中央控制单元 CCU、无司机动力车控制单元 MCU、拖车控制单元 VCU 共 3 类，每类各 2 个，共 6 个节点。每个 WTB 节点之下采用 MVB 车厢总线连接牵引控制单元 TCU（只有动车上才有）、辅助系统控制单元 ACU、制动控制单元 BCU、轴温及车门控制单元 XDU 等计算机控制检测设备。

其中各个车厢总线上传输的数据如表 3-5-2、表 3-5-3 所示。

表 3-5-2　车厢总线上 MCU、VCU 发送，BCU、ACU、XDU 接收的信息

序号	信号名	发送者		接收者		
		MCU	VCU	BCU	ACU	XDU
1	自检命令字	S	S	R	R	R
2	MCU 状态字	S	—	R	R	R
3	VCU 状态字	—	S	R	R	R
4	机车速度	S	S	R	R	R
5	隧道信号	S	S	—	—	R

表 3-5-3　车厢总线上 BCU、ACU、XDU 发送的信息，MCU、VCU 接收的信息

序号	信号名	发送者			接收者	
		BCU	ACU	XDU	MCU	VCU
1	自检应答字	S	S	S	R	R
2	BCU 状态字	S	—	—	R	R
3	制动缸压力	S	—	—	R	R
4	ACU 状态字	—	S	—	R	R
5	总风缸压力	—	S（仅头车）	—	R（仅头车）	—
6	XDU 状态字	—	—	S	R	R

任务 3.6 绞线式列车总线

知识目标

（1）熟悉 WTB 的特性。
（2）熟悉绞线式列车总线（WTB）介质。
（3）掌握 WTB 介质附挂单元组成及功能。
（4）掌握 WTB 帧格式和报文。
（5）掌握 WTB 的初运行。

技能目标

（1）能够正确画出 WTB 总线帧的结构图。
（2）能够正确画出 WTB 帧格式。
（3）能够叙述 WTB 的初运行工作原理。
（4）能够叙述一个新节点加入的命名过程。

素质目标

（1）培养学生学习新技术、新知识的意识。
（2）培养学生勇于创新、开拓进取的意识。
（3）使学生能客观、公正地进行学习效果的自我评价。

知识点学习

3.6.1 绞线式列车总线概述

绞线式列车总线（WireTrain Bus，WTB）是为互连车辆而设计的一种串行数据通信总线。它具有自适应编组能力，因此主要设计用于经常相互连挂和解连的重联车辆，而经常相互连挂和解连是国际铁路联盟（UIC）列车经常用到的一种情况，所以绞线式列车总线（WTB）的性能满足国际铁路联盟（UIC）对列车总线的要求。

WTB 应符合 UIC556 的要求，该条款定义了最多含 22 个车厢的 UIC 列车的通信要求。WTB 结构如图 3-6-1 所示，WTB 特性总结如表 3-6-1 所示。

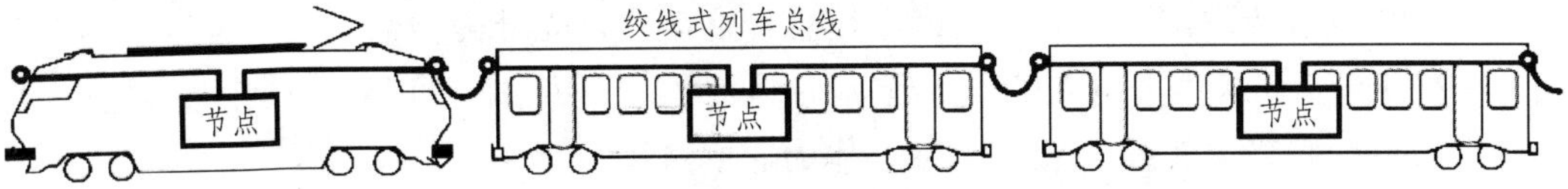

图 3-6-1 WTB 结构

表 3-6-1　WTB 特性总结

特性	总　结
构形	由构成总线型网络的电缆段组成
介质	屏蔽双绞线
长度	长 860 m，带有 32 个节点的特定电缆； 可以有更长的长度和更多的节点（最大节点数 62 个）
物理层冗余	双电缆物理层介质
信号	带有 16~32 bit 前同步码的曼彻斯特编码
信号数据传输率	1.0 Mb/s
寻址	单播（初运行时分配 6 bit 地址）； 广播
帧尺寸	有效数据：每个 HDLC_Frame（HDLC 帧）4~132 字节
完整性	每帧 16 bit 的帧检测序列，帧尺寸监督和曼彻斯特编码。
介质分配	由一个主设备决定
通信	循环（周期 25 ms），用于 Process_Data（过程数据）； 偶发，用于 Message_Data（消息数据）和 Supervisory_Data（监督数据）
主设备权	每个节点可以在初运行中通过应用命令或初始化时的争论或失效时成为主设备
主设备冗余	初运行时主设备权传到其他节点
Link_Layer（链路层）服务	Process_Data（过程数据）用于源寻址变量的广播； Message_Data（消息数据）用于报文； Supervisory（监督数据）用于总线监督
层管理	链路层管理接口
可选项	用于清理连接器的清除电路

3.6.2　绞线式列车总线介质

1. WTB 介质的机械稳定性

WTB 运行在屏蔽双绞线上，该介质提供了连接分开的车厢所需的高机械稳定性。在动车组中总线有两种类型：其一为列车信息传输线，以光纤为传输介质，连接所有中央装置和终端装置，采用 ARCNET 协议；其二为自我诊断传输网，以双绞线作为传输介质，连接中央装置和终端装置，采用 HDLC 作为通信协议。

2. WTB 长度

绞线式列车总线最大直接通信距离约为 860 m，其中包括所有的干线电缆、扩展电缆和耦合电缆，这与国际铁路联盟（UIC）规定的 22 节车辆、每节 26 m 的车厢再加 50% 的弯曲和延伸余量是相符的。

3. 总线节

（1）沿车辆走的干线电缆（连贯的车辆只有一根干线电缆）。

（2）连接不同车辆干线电缆的跨接电缆。

（3）为达各节点而对干线电缆进行延伸的扩展电缆。

4. 节点

在常规操作中，每个节点将被插入到干线电缆中，连接两个总线节：

（1）位于总线末端的节点（或者说末端节点），将在电气上终止连接它们的两个总线节。

（2）位于总线中间的节点（或者说中间节点），将在电气上连接到它们的两个总线节。

在一列车的每个车辆中可以有一个或几个节点，如图 3-6-2 所示。

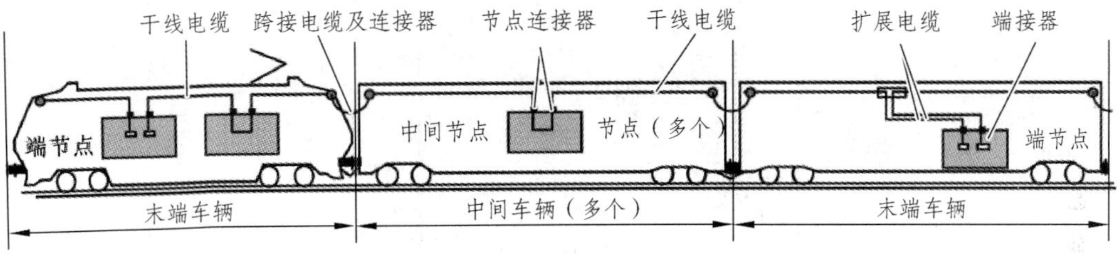

图 3-6-2 绞线式列车总线节点

5. WTB 节点数

最多 32 个节点能附挂到该类双绞线上，因为每个车厢可有不止一个节点。

6. WTB 在车厢间的连接方式

为了连接不同的车辆，WTB 可以使用自动连接器（如市郊列车）连接电缆，也可手动插拔电缆。

因为车辆的取向不可预知，电气布线通常在车辆的两端部断开，通过两个连接器再与别的车辆连通。WTB 电缆不能分开穿过两个并行的连接器上，这是因为由于开放电缆残段（如果一个连接器已插好，而另一个连接器悬挂着）或者两条电缆并联（两个连接器都已插好）将引起电气中断。因此，两个跨接电缆都应该插好，且每一个连接器连接到不同的 WTB 电缆上，这样自然形成了冗余布线，如图 3-6-3 所示。

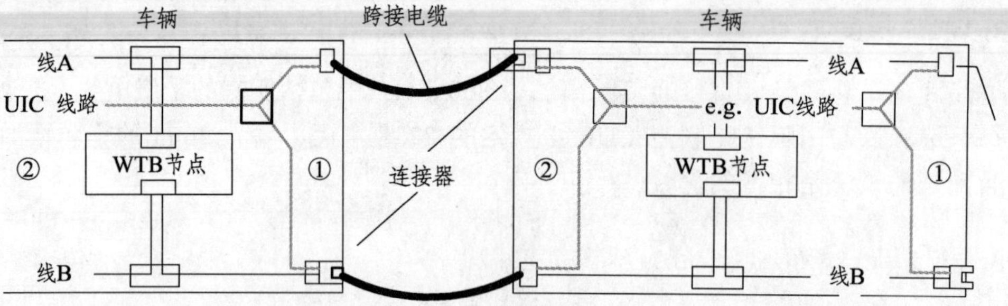

图 3-6-3 WTB 电缆布置（顶视图）

3.6.3 WTB 介质附挂单元

节点能通过介质附挂单元（Medium Attachment Unit，MAU）连接到介质上。采用单一线路连接方案时 MAU 由下列几部分组成。

（1）一个线路单元。

（2）一个方向转换器。

（3）一个主通道和一个辅助通道。

例如，带中间设定开关的 MAU 如图 3-6-4 所示。

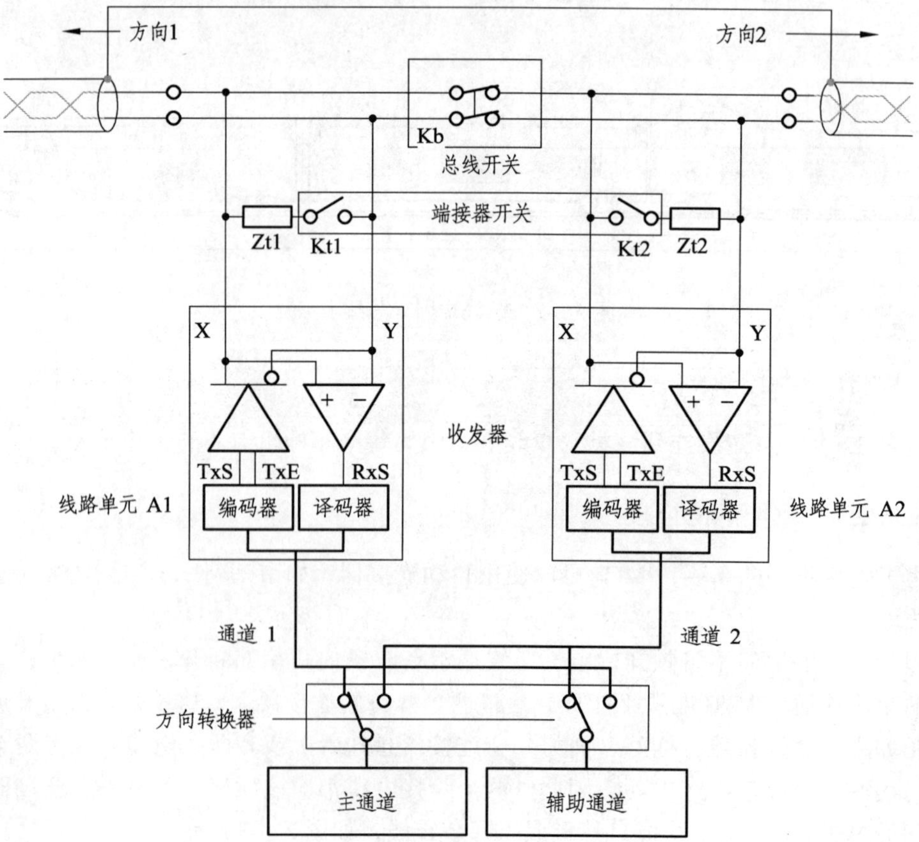

图 3-6-4 带中间设定开关的 MAU

图 3-6-4 所示 MAU 由以下几部分组成。

（1）1 个总线开关（Kb），用于两个方向的连接或断开。

（2）2 个端接器开关 Kt1 和 Kt2，每个方向 1 个，在末端设定中通过它在节点中插入端接器（Zt1，Zt2），在中间设定中通过它断开端接器。

（3）2 个收发器（发送器/接收器）电路，每个方向 1 个。每个发送器由二进制信号 TxS（信号）和 TxE（使能）控制。接收器的输出信号是 RxS（一个数字信号或模拟信号）。收发器通过适当的方法，例如采用变压器，实现与线路的电气隔离。

（4）2 个曼彻斯特编码/译码器，每个收发器一个，它们可分别集成在各自的发送器或接收器内。曼彻斯特编码/译码器的输出和输入定义为一个调制解调器接口。

（5）与隔离开关相连的过压保护/短路保护电路（图 3-6-4 中未画出）。

总线开关（Bus Switch）打开时，断开总线节间的连接。端接器开关（Terminator Switches）关闭时，插入端接器。方向开关（Direction Switch）的一个方向连接主信道（Main Channel），而另一个方向连接辅助信道（Auxiliary Channel）。

一个中间节点（Intermediate Node）（列车中部）连接总线节，并去除端接器。该节点仅使用主信道而关闭了辅助信道。

为避免车厢间的连接器上的触点氧化和分叉，可选用加电清除电路。加电清除电路是利用在总线上附加一个大的脉冲直流电流，以此实现对连接器触点的清理功能。

3.6.4 WTB 帧格式

所有的 WTB 帧都具有同样的编码，遵循 HDLC（ISO/IEC 3309）规范，如图 3-6-5 所示。

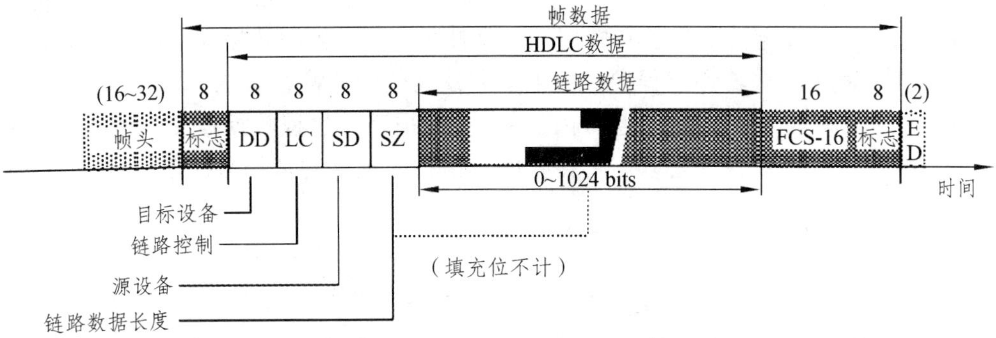

图 3-6-5 WTB 帧（扩展的 ISO/IEC 3309）

1. 前同步码（帧头）

帧开始部分的前同步码由曼彻斯特编码器产生，并由曼彻斯特译码器去除。它不属于 Frame Data（帧数据）部分。它的长度为 16~32 bit，16 bit 是默认值（注：可变长前同步码拓宽了商业曼彻斯特编码/译码器的选择范围）。

2. 帧数据

帧数据以两个 8 bit 标志（01111110）作为分界符。

HDLC 数据以 8 bit 目的设备（Destination Device）的地址开头，该地址也是目的节点的节点地址（Node Address）（或者是广播地址）并被 HDLC 控制器译码。

接下来的 8 bit 链路控制（Link Control）域专用于 WTB。

接下来的 8 bit 源设备（Source Device）是源节点的设备地址（Device Address）。

注：为避免与网络地址中的宿节点（Final Node）和源节点（Origin Node）混淆，这些域被称为目的设备（Destination Device）和源设备（Source Device）。

“size”字节给出了其后的链路数据的字节数。

链路数据（Link Data）后跟 16 bit 帧检测序列（Frame Check Sequence），与 HDLC 一样也能检测多种类型错误。

3. 结束分界符（End Delimiter）

8 bit 关闭标志后跟结束分界符（End Delimiter），由曼彻斯特编码器产生，由译码器去除。

帧数据（Frame Data）（标志之间）传送 134 个字节或 1 072 个二进制位。由于 HDLC 的位填充机制，最坏情况下 Frame Data 的持续时间是 1 289 个位时间，还应该加上 34 个位时间用于前同步码、标志和结束分界符（End Delimiter），共计 1 323 个位时间。

3.6.5 WTB 报文

WTB 报文由总线主设备发送的一个主帧和总线上源设备响应此主帧发送的从帧组成。总线主对从设备进行轮询时，发送一个主帧建立一个主设备与一个或几个目标从设备之间的通信，被选定的从设备立即用一个从帧响应。主帧和从帧都采用广播方式被所有节点接收，而在一次轮询过程中，由主帧和其响应的从帧组合在一起就形成了报文，如图 3-6-6 所示。在 WTB 总线上传输三种类型的报文：过程数据报文、消息数据报文和监视数据报文，从设备总是以与它接收的主帧相同类型的从帧来应答。

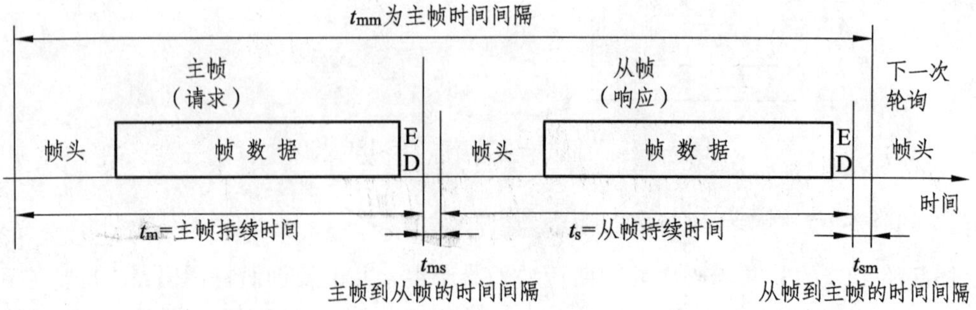

图 3-6-6 WTB 报文

3.6.6 WTB 介质访问

主设备节点负责介质访问，其他所有节点都是从设备，只在被主设备轮询时响应。

常规操作中，主设备的操作循环进行，它把总线动作分配到若干基本周期，基本周期由一个周期相和一个偶发相组成，如图 3-6-7 所示。

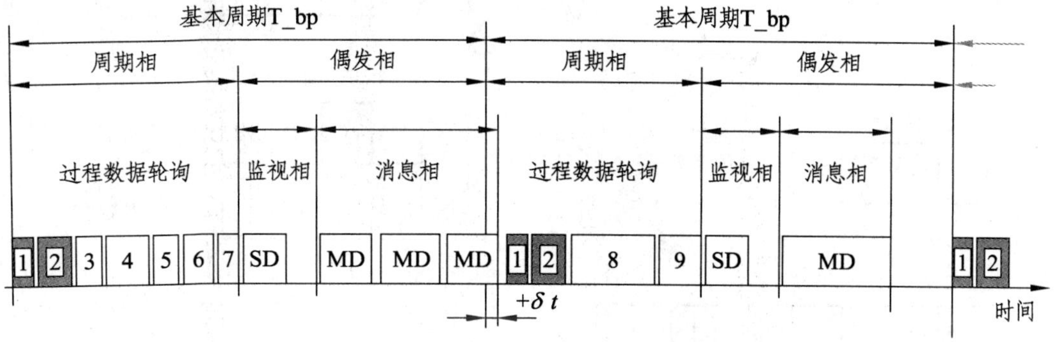

图 3-6-7　WTB 周期和偶发传输

为保证过程数据及时地发送，主设备按事先定义的间隔（即节点的特征周期）轮询各节点以获取周期数据。在两个周期相之间的固定时间内，主设备轮询从设备以获取偶发性数据：消息数据和监督数据。

组成改变时，每个节点向主设备声明自己要求在哪个周期被轮询。主设备据此为节点建立轮询策略。

基本周期固定为 25 ms，带有紧急过程数据的节点可以请求每个基本周期被轮询一次，不带紧急过程数据的节点（如车厢）以特征周期被轮询，特征周期是基本周期的倍数。

车厢数量增加时，周期相延长而偶发相缩短，这样可以使周期性数据的发送时延与车厢的数目无关，消息数据则相反。

应用负责确保足够的时间用于偶发数据。例如，如果主设备每 25 ms 轮询 10 个节点，轮询一个设备的时间是 1 ms，剩余的 15 ms 用于偶发数据。如果节点的数量增加到 20 个，仅剩下 5 ms 用于偶发数据，导致时间太短。

对于偶发数据，主设备只能顺序轮询从设备。为缩短搜索，从设备在被轮询时发出有偶发数据要发送的信号。主设备接着在周期相后再次轮询该从设备，获取偶发数据。

注：只要节点的数量少，WTB 轮询节点偶发数据的方法是可行的。在支持最多 4 096 个设备的 MVB 上，这种方法被仲裁机制替代。

在每个基本周期中，主设备为检测组成部分的完整性（列车缩短或失效）和附加节点（列车变长）轮询端节点之一。如果端节点本身就是主设备，主设备仍然轮询自己并响应自己让其他节点检查到其存在。

3.6.7 常规操作 WTB 帧

常规操作中所有可能的主设备帧和从设备帧如图 3-6-8 所示。

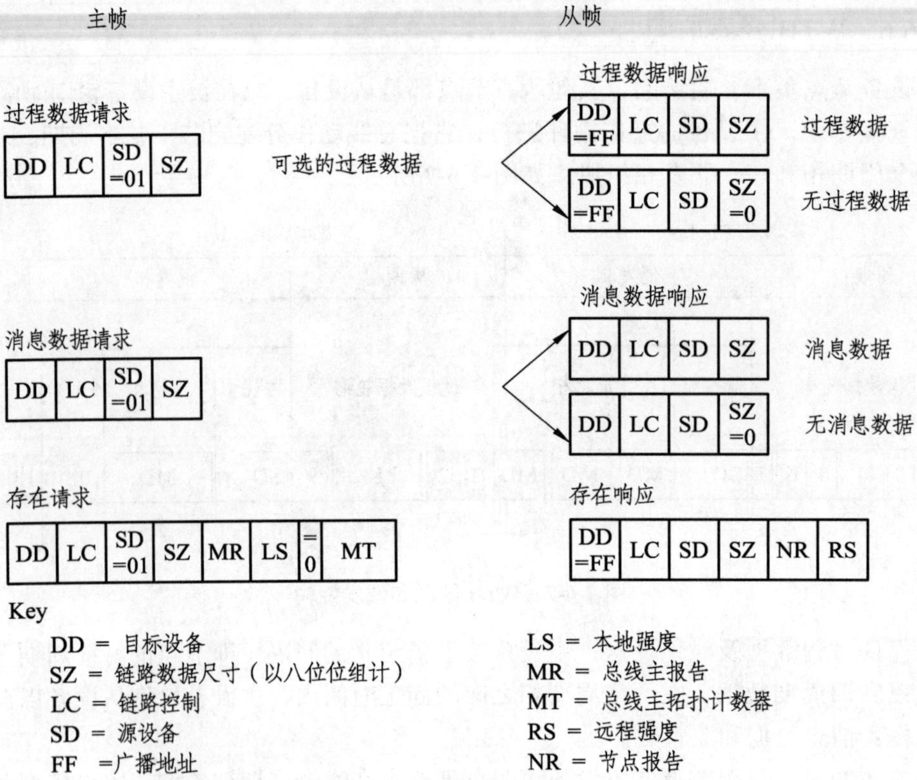

图 3-6-8　常规操作帧的总结

3.6.8　WTB 初运行

1. 初运行目的

当列车的网络组成发生改变时，特别是每次车辆编组或者解编时，主机重新配置总线，并给各个节点重新分配地址，这个过程称为初运行（也叫初始化）。在初运行过程中：

（1）所有节点将各自的电缆段进行电气连接，形成两端有终端器的单一的总线段。

（2）每个节点接收一个标明其位置和相对于总线主的方向的唯一地址，各节点通知总线主需要的特征周期和节点描述符。

（3）每个节点收到一个拓扑结构信息，它包含了其他所有节点的地址、位置和节点描述符。

2. 节点地址分配

根据下面的惯例，初运行过程分配给每个节点一个位置地址（见图 3-6-9）：

（1）主设备（执行初运行的主设备）收到地址 01。

（2）不管实际运行方向，主设备定义“底部”为Direction_1（方向 1），“顶部”为 Direction_2（方向 2）。

（3）在 Direction_1（方向 1）上递减排列的主设备节点以地址 63 开始，该方向最后命名节点是底部节点。

（4）在 Direction_2（方向 2）上递增排列的主设备节点以地址 02 开始，该方向最后命名节点是顶部节点。

（5）主设备可以最多命名 62 个节点。

（6）未命名节点在自己的 Main Channel 和 Auxiliary Channel（两种信道都可以被认为是 Auxiliary Channels）上响应“unnamed”地址。

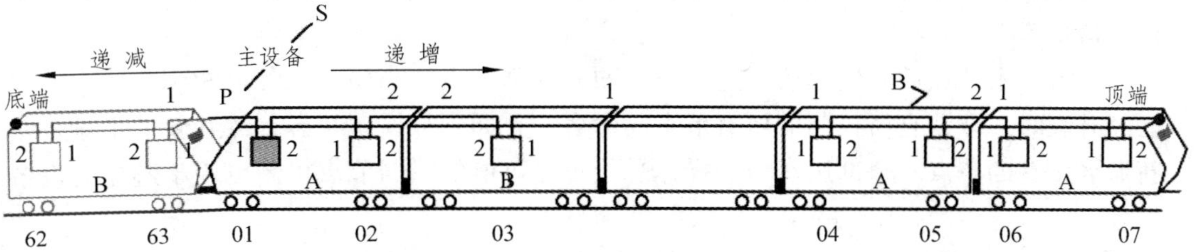

图 3-6-9 节点位置寻址方案

初运行使每个节点都知道：

（1）自己的地址。

（2）节点的 Line_A（线 A）和 Line_B（线 B）中哪一条对应主设备的 Line_A（线 A）。该线命名为“P”，另一条为“S”。

（3）节点的地址以升序还是降序命名。

（4）显示所有节点位置，地址和类型的构形。

这个方案要求所有车厢已经被线缆连接好，也就是，节点的 Direction_1 应指向每个车厢的 1 端。

3. 节点分级

应用可通过将节点分为如下等级来执行不同的主权策略：强节点、弱节点或从节点。

1）强节点

强节点可由应用提升为总线主执，行主权的强节点叫作强主，强节点可被应用降为弱节点。如果它是强主，将发出信号告诉所有的节点，如果它被降级，仍然作为弱主保持对总线的控制，直到指定了一个强节点为止。应用可以指定仅一个节点为主设备，如果没有其他强节点它将控制总线。在这种组成中，不应有其他强节点。

2）弱节点

弱节点是可被应用允许成为总线主的节点，执行主权的弱节点叫作弱主。通常，在一个编组中，应用指定几个或所有节点为弱节点。为允许 WTB 没有指定的主设备也能运行，应用也可以允许多个节点成为主设备：弱节点。一个弱节点在一定时间内没有诊测到总线活动后，就成为弱主设备并开始命名其相邻的节点。如果弱主检测到有强节点，或另一个控制了更多从节点的弱主的存在，则该弱主将被降级且成为另一个主的从节点。

3）从节点

从节点是在任何时候应用都不允许其成为总线主的节点，因此从节点不可以参与恢复。这种模式用于测试目的或与强节点连接中。

在应用的控制下，作为主设备的节点可以改变。例如，在终点站可逆向（推-拉）列车改变运行方向时：司机从司机室中取下钥匙，走到列车的另一头，把钥匙插在反方向的司机室中。

在取下钥匙时，主设备还像以前一样控制列车，但这时作为弱主设备。它仅仅通知其他的节点自己被降级。总线保持可运行状态，但是应用被告知强度改变，并采取行动，例如禁止牵引。

在另一个节点插入钥匙后，这个设备便升为强节点。当弱主设备检测到有一个节点已经升级时，取消它所控制的所有节点的命名，并回到从设备状态。然后新的主设备重新命名所有的节点。全部用弱节点操作总线也是可能的，弱节点机制也用于避免主设备失效。

4. 初运行要求

初运行过程确保：

（1）在下面情况下，总线被且仅被一个主设备控制：

① 如果有多个弱节点，一个仲裁过程确保其中恰好有一个收到总线控制，而其他的弱节点成为它的从设备。

② 如果存在一个强节点，这个节点成为主设备并命名所有其他节点（从设备）。

③ 如果存在几个强节点，每个都成为总线不同段的主设备，主设备冲突被告知应用。

（2）初运行以下列条件开始：

① 以一个明确的应用命令（即使总线已经初运行过）开始。

② 当日常运行时，通过检测到增加的节点开始。然而，一个节点可以禁止取消命名或重命名它的段。

③ 通过在常规操作中将一个弱节点（从设备）提升为强节点开始，如果该弱节点还不是主设备。

④ 如果所有的节点都允许，那么通过节点再次插入自己启动初运行。

⑤ 一定时间内没有总线活动，则开始初运行。这可能是启动时的正常状态或者由于总线干扰（节点重入）、总线变短或主设备失效产生的异常状态。

（3）一个节点可以在任何时候作为从设备参与初运行，除非它被置于睡眠或非激活状态，因为恢复操作取决于这种状态。

（4）对于 32 个节点，初运行过程在超过 25 ms 但少于 1 s 的时间内完成。需要最小时间确保日常运行开始前所有节点能向它们的应用报告初运行。

（5）除了偶尔无意中进入睡眠模式外，中间节点的失效仅影响节点本身。

（6）帧出现丢失时初运行宿。如果节点对 3 个连续的请求都不响应，主设备认为节点失效。

（7）节点重复尝试成为主设备（例如一个聋节点）的现象不会阻止正常运行，但可能引起偶然干扰。

（8）不管节点是按升序还是降序命名，所有节点收到它们的位置编号、相对主设备的方位和构形。

（9）每次任何已命名的节点的描述符的改变或其强度的改变都使主设备发布构形。

5. 初运行中的 MAU 单元

初运行刚开始时，仅有主设备被命名，其余从设备均未被命名，未被命名节点的介质连接装置通过采用断开总线开关，同时在与之相连的每段的末端插入一个终端连接器的方法，把总线断开。方向开关的一个方向连接主通道，而另一个方向连接辅助通道。在初运行结束后，节点和电缆节从电气上连接起来，形成一条两端都有终端连接器的单一总线。主通道和辅助通道二者均能发送与接收数据帧以及控制信号。

初运行的实现与下面的 MAU 单元相关，如图 3-6-10 所示。

每个节点采用两种设置之一：

1）端设置

总线开关打开，两个端接器都被插入，主信道和辅助信道被连到相反方向。

2）中间设置

总线开关关闭，两个端接器都被去除，辅助信道关闭。

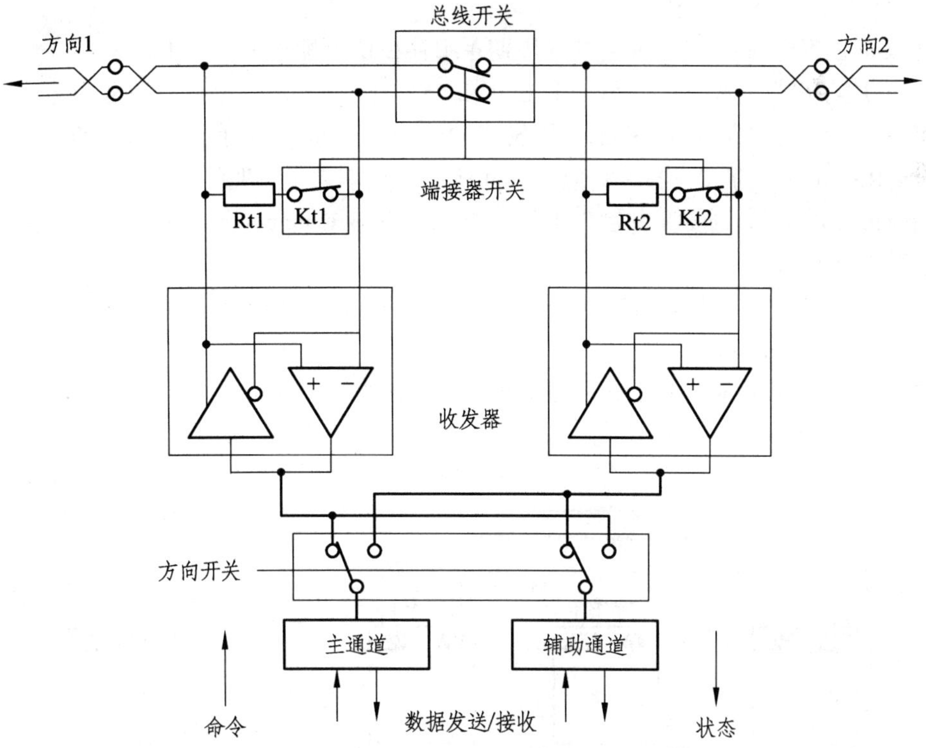

图 3-6-10　初运行时 MAU 单元（单线附挂）

6. 常规运行中的已命名的组成

图 3-6-11 所示给出了一个典型的初运行总线：所有总线均被命名，节点 01 是主设备。主设备作为端节点被画出，但是它也可以是一个中间节点。

两个端节点处于端设置，总线开关打开，端接器被插入并且辅助信道被激活，而中间节点处于中间设置，总线开关关闭，端接器被去除，辅助信道被禁用（图 3-6-11 中白色三角形）。

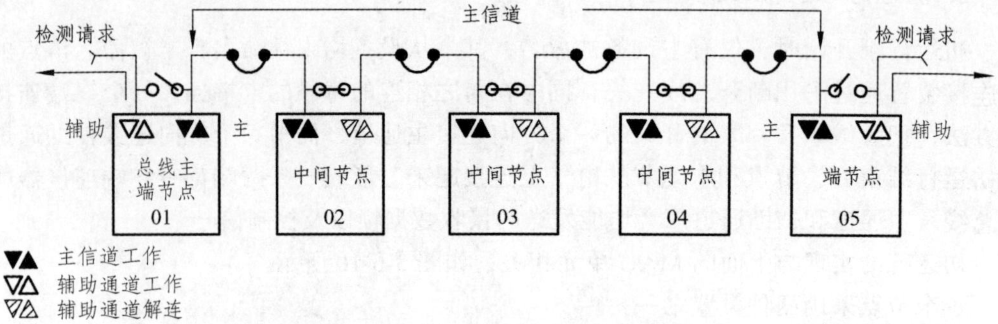

图 3-6-11 典型的已命名的组成

它们的主信道（图 3-6-11 中的黑色三角形）指向主设备。

主设备在主信道上为过程数据和消息数据轮询节点。

7. 未命名节点的检测

主设备在每个 Basic Period（基本周期）用存在请求帧轮询一个 End Node（端节点），End Node 用存在应答帧响应。另一个 End Node 在下一个 Basic Period 被轮询。

如果主设备自身是 End Node，仍发送 Presence Request（存在请求）给自己，并以 Presence Response（存在应答）响应，因此所有其他节点可以监控它的存在。

Presence Request 的接收引起 End Node 在 Auxiliary Channel 上发送一个 Detect Request（检测请求）。

只要没有其他节点连接，一个 End Node 接收不到检测应答帧就在 Presence Response 中报告“none found”。

图 3-6-12 所示显示一个已命名的组成，对于该组成，一个附加的、未命名的节点 7F 被连接。

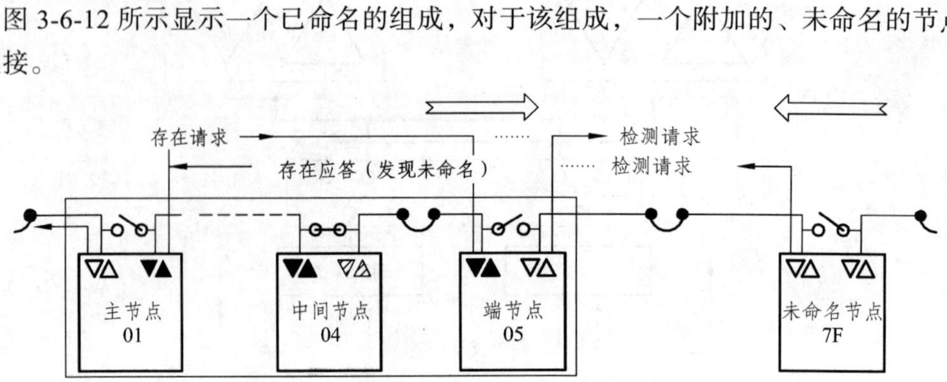

图 3-6-12 一个附加节点连接到已命名组成

为简化绘图，仅仅一个 Intermediate Node（中间节点）（04）出现在已命名的组成中。

当两个 End Node 实现电连接，通信就被建立起来。

未命名的节点 7F 收到一个来自 End Node 05 的 Detect Request（检测请求），它以一个 Detect Response（检测应答）回应表示它是一个未命名节点。

End Node 05 接收这个 Detect Response，然后用 Presence Response 发送一个表明未命名节点出现的信号给主设备。

8. 初运行的决定

端节点对主设备报告一个附加节点时，主设备决定初运行是否可能。例如，列车速度高于 5 km/h 时，应用可能禁止初运行。为此，所有节点被轮询 Process Data（过程数据）时声明它们的应用的决定，只要一个节点不同意，初运行就被禁止。主设备在 Presence Request 中重发节点的决定。

如果所有节点都允许初运行，主设备停止日常运行，执行初运行。

9. 取消命名

为在明确基础上开始，主设备取消所有它控制的节点的命名，并重命名这些节点和附加节点。

为此，主设备连续 3 次对其组成中的所有其他节点广播 1 个 Unname Request（取消命名请求）。

已被“Unname Request”明确取消命名的节点通过进入端设置在打断总线前等待一定时间，并采用更长的超时时间以防止命名期间它们作为弱主设备出现。

在端设置中，主设备设置自己为独立主设备状态。

所有节点发送取消命名信号给各自的应用。

注：日常运行时包含闲置（on-the-fly）的附加节点是危险的。

10. 开始

为命名节点，主设备在每个方向上均发出一个 Detect Request，未命名节点如图 3-6-13 所示。

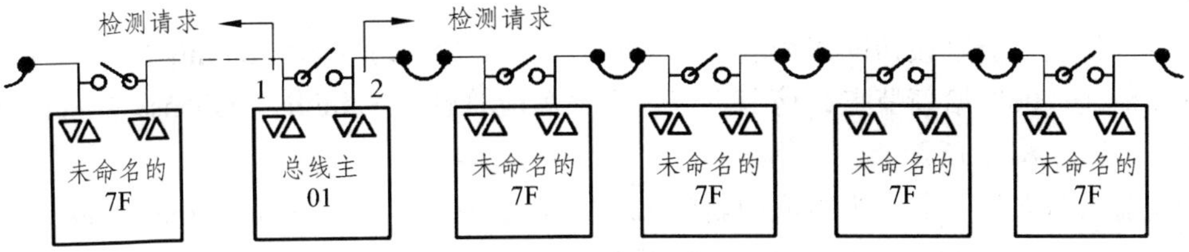

图 3-6-13 未命名节点

主设备将在 Direction 1（方向 1）和 Direction 2（方向 2）上命名节点，从首先用 Detect Response 响应 Detect Request 的方向开始。

主设备以降序（63、62、61 等）命名在 Direction 1 上的节点，在 Direction 2 上以升

序（2、3、4 等）命名节点。

11. 命名

每个节点命名节点的方案都一样，图 3-6-14 所示给出了一个未命名节点如何进入已命名的组成。

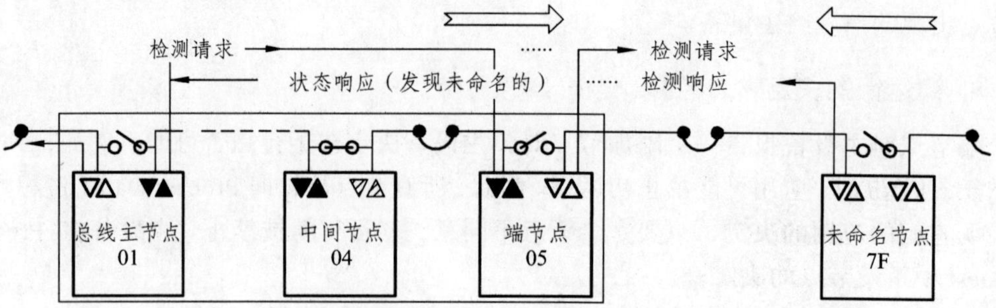

图 3-6-14 状态和检测

主设备发送一个 Status Request（状态请求）给节点 05，使该节点发送一个 Detect Request，未命名节点以 Detect Response 响应。在 Status Response（状态应答）中，End Node 05 向主设备报告一个未命名节点的存在。

然后主设备用设置中间节点请求帧（SetInt Request Frame）切换节点 05 为中间节点，End Node 05 靠一个设置中间节点应答帧（SetInt Response Frame）以及关闭总线开关回复请求帧，如图 3-6-15 所示。

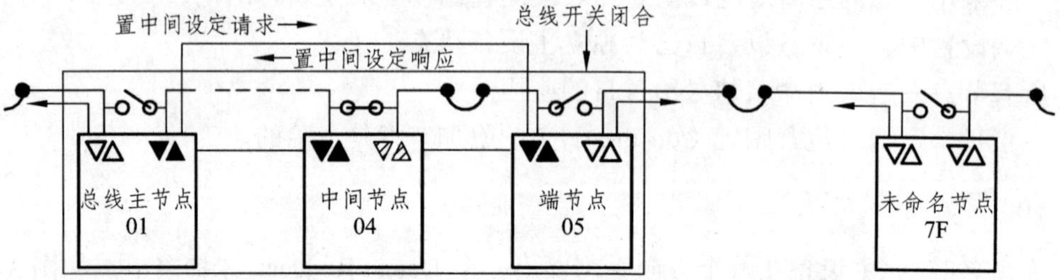

图 3-6-15 设置中间节点

主设备现在能直接访问未命名节点，并发送一个命名请求帧（Naming Request Frame）以分配地址“06”给新节点，该节点以一个命名应答帧（Naming Response Frame）确认命名，如图 3-6-16 所示。

先前未命名的节点成为组成中新的 End Node，它关闭自己的 Auxiliary Channel 并在主设备方向上接通 Main Channel（主信道）。

在允许信道交换的时间段后，主设备发送一个状态请求帧（Status Request Frame）给节点 06，新的 End Node 以状态应答帧（Status Response Frame）应答，该应答帧包含给出新命名节点类型和版本的 Node Descriptor（节点描述符）、Process Data（过程数据）的帧尺寸和期望的轮询周期。

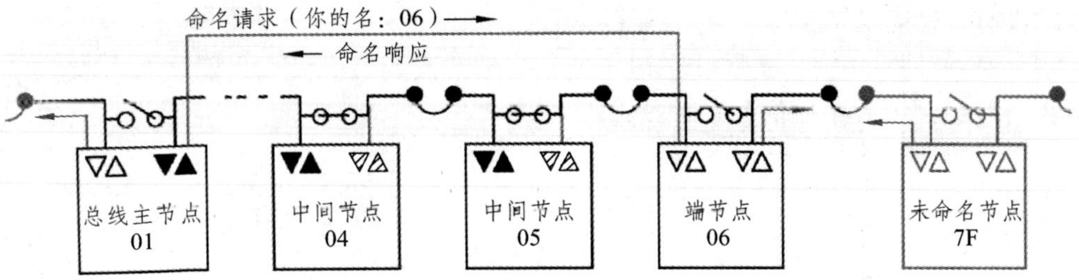

图 3-6-16 命名

Status Request 也使 End Node 发送 Detect Request 给开放的端以检测更多节点，如节点 05 的情况。

如果 Status Response 报告有额外的节点，主设备发送一个 SetInt Request 以设置 End Node 06 为中间节点，并命名下一个节点为 07。

每个附加节点的加入要求 4 个报文，每个报文占用 250 μs：

（1）Status Request / Status Response。

（2）Detect Request/ Detect Response（交叉的）。

（3）SetInt Request / SetInt Response。

（4）Naming Request / Naming Response。

从端设置到中间设置的切换要求等待 10 ms，在这期间总线不能使用。继电器关闭时间决定着命名间隔时间。

因为主设备每 25 ms 命名一个节点，因此命名 32 个节点需 800 ms。

每次在一个方向上命名一个节点后，主设备在相反方向上用状态请求帧与它命名的许多节点通信，Status Request 可能又报告反方向上更多的节点。

12. 命名过程

图 3-6-17 所示为主节点命名一个从节点的过程，初运行开始时，总线上除主节点外的各节点均处于未命名状态，节点地址均为专用的未命名地址（7F），介质接入单元为端设置状态。主节点运行下列步骤过程使各节点依次加入总线中：

（1）主节点向已命名的端节点发送状态请求帧。

（2）状态请求帧使端节点在其辅助通道发送检测请求帧，未命名的节点以检测响应帧向端节点指示其存在。

（3）端节点以状态响应帧通知主节点未命名节点的存在。

（4）主节点向端节点发置中间状态请求帧，端节点收到后将自身置为中间状态，闭合其总线开关，然后以发置中间状态响应帧响应主节点。

（5）这时，未命名的节点成为新的端节点，可以被主节点直接访问。主节点向其发送命名请求帧，赋予未命名的节点新的节点地址。未命名节点接受命名，并以命名响应帧应答。

（6）主节点在一个方向命名一个节点后，在另一个方向重复（1）~（5），直到在两个方向上均没有未命名的节点。

（7）对主节点的连续 3 次状态请求帧，终端节点均响应没有找到新节点时，主节点结束命名过程，进入拓扑信息发布状态。

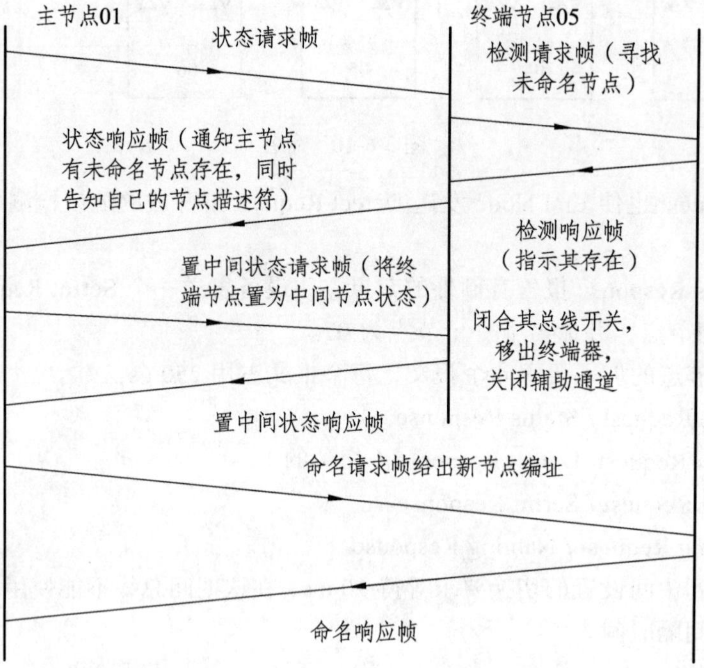

图 3-6-17 主节点命名一个从节点的过程

13. 构形发布

端节点在收到连续 3 个状态请求时没有报告有更多的节点，主设备将关闭初运行。

主设备计算新的周期列表，并基于各节点期望的节点周期和节点帧尺寸计算各节点的特征周期。

主设备建立构形，即包含所有节点、地址、节点类型和版本以及一个唯一标识初运行的主设备拓扑的数据结构，如图 3-6-18 所示。

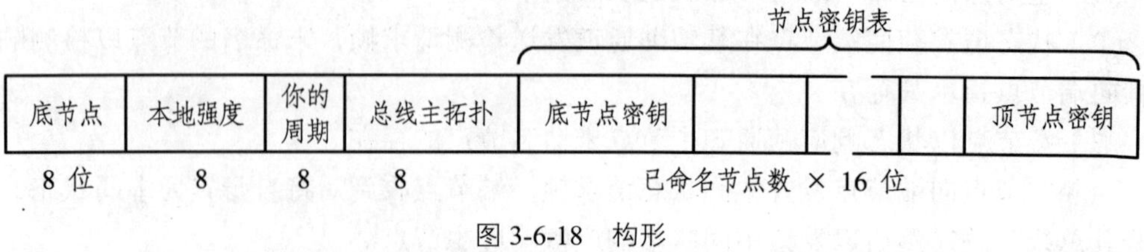

图 3-6-18 构形

然后主设备通过构形请求帧（构形请求）给每个从设备发布构形，每个从设备以构形应答帧（构形应答）答复请求帧。

所有从设备确认收到新构形后，主设备等待一个基本周期以允许所有节点更新它们对过程数据的翻译，然后主设备进入日常运行开始为过程数据轮询节点。

Part Ⅳ

项目四 HXD3C 型机车网络控制

【项目描述】

HXD3C 型机车是在 HXD3 型和 HXD3B 型电力机车基础上研制的交流传动六轴 7 200 kW 干线客货运电力机车。HXD3C 型机车网络控制系统以日本成熟的列车通信网络技术为基础，结合 TCN 网络技术的优点开发研制而成。它根据司机指令完成对主变流器及异步电动机的实时控制、辅助变流器的实时控制、牵引/制动特性控制、传动系统的时序逻辑控制，显示机车运行状态，具备完整的故障保护、故障记忆及显示功能，并具有一定程度上的故障自排除、自动切换和故障处理指导功能。本项目是对 HXD3C 型机车网络控制系统的整体认知。在了解 HXD3C 型机车特点和网络控制系统的组成和功能的基础上，掌握 HXD3C 型机车网络控制系统 TCMS 的功能和各网络控制部件的作用，掌握 HXD3C 型机车信息显示及其操作方法、CI 和 APU 数据下载及分析方法，灵活处理 HXD3C 型机车网络控制系统故障，为学习 HXD3C 型机车网络控制技术和网络系统的操作与维护打下基础。

任务 4.1　HXD3C 型机车网络控制系统概述

知识目标

（1）熟悉 HXD3C 型机车特点。

（2）掌握 HXD3C 型机车网络控制系统的组成与功能。

技能目标

（1）能够正确叙述控制监视系统与各控制设备的通信接口。

（2）能够正确叙述控制监视系统的核心任务。

（3）能够正确画出 HXD3C 型机车网络控制系统的信息流向。

素质目标

（1）培养学生遵章守纪、爱护列车通信网络设备的职业道德。

（2）培养学生学习新技术、新知识的意识。

（3）培养学生勇于创新、开拓进取的意识。

（4）培养学生严谨认真、精益求精的态度，提升学生合作、应变与可持续性发展的能力。

（5）使学生能客观、公正地进行学习效果的自我评价。

知识点学习

4.1.1　HXD3C 型机车概述

HXD3C 型机车是在 HXD3 型和 HXD3B 型电力机车基础上研制的交流传动六轴 7 200 kW 干线客货运电力机车，该机车通过更换增加供电绕组的主变压器，增加列车供电柜、供电插座、客货转换开关、双管供风等装置，使机车具有牵引旅客列车的功能，并可以向旅客列车提供风源及稳定的 DC 600 V 电源。HXD3C 型机车实物如图 4-1-1 所示。

机车采用 PWM 矢量控制技术等最新技术的同时，尽量考虑对环境的保护，减少维修工作量。另外，其以能够在中国全境范围内运行为前提，在满足环境温度-40~+40 °C、海拔高度在 2 500 m 以下条件的同时，最大考虑到 3 组机车重联控制运行。

HXD3C 型机车具有以下特点：

（1）轴式为 C0-C0，电传动系统为交直交传动，采用 IGBT 水冷变流机组，1 250 kW 大转异步牵引电动机，具有起动（持续）牵引力大、恒功率速度范围宽、黏着性能好、功率因数高等特点。

图 4-1-1 HXD3C 型机车

（2）辅助电气系统采用 2 组辅助变流器，能分别提供 VVVF 和 CVCF 三相辅助电源，对辅助机组进行分类供电。该系统冗余性强，一组辅助变流器故障后可以由另一组辅助变流器对全部辅助机组供电。

（3）采用微机网络控制系统，实现了逻辑控制、自诊断功能，而且实现了机车的网络重联功能。

（4）总体设计采用高度集成化、模块化的设计思路，电气屏柜和各种辅助机组分功能斜对称布置在中间走廊的两侧；采用规范化司机室，有利于机车的安全运行。

（5）采用带有中梁、整体承载的框架式车体结构，有利于提高车体的强度和刚度。

（6）转向架采用滚动抱轴承半悬挂结构，二系采用高圆螺旋弹簧；采用整体轴箱、推挽式低位牵引杆等技术。

（7）采用下悬式安装方式的一体化多绕组（全去耦）变压器，具有高阻抗、质量轻等特点，并采用强迫导向油循环风冷技术。

（8）采用顶盖夹层进风、各系统独立通风冷却技术，另外还考虑了司机室的换气和机械间的微正压。

（9）采用集成化气路的空气制动系统，具有空电制动功能。机械制动采用轮盘制动。

（10）采用新型的模式空气干燥器，有利于压缩空气的干燥，减少制动系统阀件的故障率。

4.1.2 HXD3C 型机车网络控制系统

1. 网络系统结构

HXD3C 型机车网络控制系统以日本成熟的列车通信网络技术为基础，并结合 TCN 网络技术的优点开发研制而成。HXD3C 型机车网络控制系统为分布式计算机体系结构，按功能可划分为列车控制级、车辆控制级和牵引控制级。

每台车为一个基本运转单元，车内以机车控制监视系统（TCMS）为中心，分别与微机显示屏、主变流器、辅助变流器通过采用基于高级数据链路控制规程（简称 HDLC）的 RS-485 总线进行通信，构成星型网络；车与车之间采用总线式 10 Mb/s 实时以太网进行传输。TCMS 同时完成列车级信息与车辆级信息的转换。

2. 网络控制系统的组成与功能

HXD3C 型机车网络控制系统包含控制监视系统装置（TCMS）、主变流器（CI1-6）、辅助变流器（APU1-2）、显示单元（Display Unit1-2）、CCBII 制动系统、列车供电柜（LG1-2）、蓄电池充电机（PSU1-2）。TCMS 是车辆级的控制核心，又是列车级的控制节点，在整个机车控制中占有主导地位。车辆级的通信采用基于 HDLC 协议的东芝标准协议(借鉴 IEC61375 标准)。TCMS 与各控制设备的通信接口性能参数如表 4-1-1 所示，TCMS 对外接口如表 4-1-2 所示。

表 4-1-1　TCMS 与各控制设备的通信接口性能参数

适用范围	接口	通信制式	传输速率	协 议
与司机显示屏	RS-485 串行链路	4 线/全双工	38.4 kb/s	东芝标准协议
与 CI	RS-485 串行链路	2 线/半双工	100 kb/s	基于 HDLC 协议的东芝标准协议
与 APU	RS-485 串行链路	2 线/半双工	9.6 kb/s	基于 HDLC 协议的东芝标准协议
重联控制	IEEE802.3 串行链路	半双工	10 Mb/s	UDP/IP
CCBII	RS-485 串行链路	2 线/半双工	9.6 kb/s	基于 HDLC 协议的东芝标准协议
列车供电柜	RS-485 串行链路	2 线/半双工	9.6 kb/s	基于 HDLC 协议的东芝标准协议
蓄电池充电机	RS-485 串行链路	2 线/半双工	9.6 kb/s	基于 HDLC 协议的东芝标准协议

表 4-1-2　TCMS 对外接口

名称	数量	所接设备	说明
RS-485	2	主变流器	
RS-485	2	辅助变流器	
RS-485	2	显示屏	
RS-485	1	MVB/RS-485 网关	
数据总线（Ethernet）	2	与他车 TCMS 重联	
110 V 数字量输入	135	各开关量	
脉冲输入	2	速度传感器（PG）	
110 V 数字量输出	30	LED 指示灯	功率较小
110 V 数字量输出	22	BRAKE、VCB、升弓、撒砂等	功率较大
模拟量输入 0~160 V	2	蓄电池电压	
模拟量输入 0~24 V	2	司控器	司机控制器级位
模拟量输入 0~5 A	1	电流互感器	原边电流

1）控制监视系统

控制监视系统（TCMS）根据司机指令完成对主变流器及异步电动机的实时控制、辅助变流器的实时控制、牵引/制动特性控制、传动系统的时序逻辑控制，显示机车运行状态，具备完整的故障保护、故障记忆及显示功能，并具有一定程度上的故障自排除、自动切换和故障处理指导功能。

2）主变流器

主变流器的功能是完成牵引变压器与牵引电机之间的能量转换。其控制单元为 32 位多 CPU 高速运算微机控制系统。按功能可划分为：网络信息传输、接触器控制、四象限变流器控制、逆变器控制、保护检测、信号处理等。四象限变流器的控制采用 PWM（脉冲宽度调制）控制方式，电机的控制策略为高速矢量控制，CI 综合控制（包含总线数据传送控制、接触器控制、保护检测等）功能由 Intel i486 高速处理器芯片完成。四象限变流器的控制和异步电动机的矢量控制均采用数字信号处理器 DSP 完成高速运算功能。

3）辅助变流器

辅变流器的功能是向牵引通风机和压缩机等辅助设备提供三相交流电。机车设有 2 组辅变流器，每组辅变流器对应独立的控制单元。控制单元主要实现整流器控制、逆变器控制、网络信息传输、故障诊断、保护功能。逆变器输出方式既可以采用 VVVF（变压变频）方式，也可以采用 CVCF（恒压恒频）方式。

4）CCBII 制动系统

HXD3C 型机车采用 CCBII 制动机，该制动机采用模块化设计利用现场可替换单元设计形成一种分布式结构，每个可替换的单元模块包含自诊断功能。制动机具备多项冗余功能，具有识别、重新组合和发生故障时备份关键部件的功能。

5）蓄电池充电机

蓄电池充电机（PSU）是为机车提供稳定的 110 V 直流控制电源的重要设备，同时也兼作蓄电池充电器使用。电源柜输入电源为 DC 750 V，来自机车牵引变流柜内辅助变流器的中间直流回路，然后通过高频绝缘变换为 DC 110 V。

6）列车供电柜

机车设有 2 个完全相同的 TGF60 型列车供电柜。列车供电柜将来自主变压器列车供电绕组的单相交流电通过相控整流变换为稳定的 DC 600 V 直流电源，供给旅客列车，供电功率为 2×400 kW。当一组故障时，另一组可以维持供电，以提高可靠性。列车供电柜通过基于 HDLC 协议的东芝标准协议与机车微机控制系统进行通信，主要提供供电柜主要设备状态，供电柜输入、输出相关数据及故障信息。

4.1.3 HXD3C 型机车网络控制系统的信息流向

TCMS 通过各种人机接口接收司机控制命令，采集各种反馈信号，进行相关运算，生成相应控制命令，通过 RS-485 总线发送给主变流器、辅变流器完成相应功能；通过实时以太网发送给它车的 TCMS，并由该 TCMS 发送至它车的主变流器、辅变流器以执行相应操作。各车内的主变流器、辅变流器的状态信息以相反的方向传输至 TCMS 进行汇总和处理。TCMS 将计算结果、故障信息、有关参数发送至显示单元显示，从而完成整车的控制、监视和保护功能。TCMS 信息流向如图 4-1-2 所示。

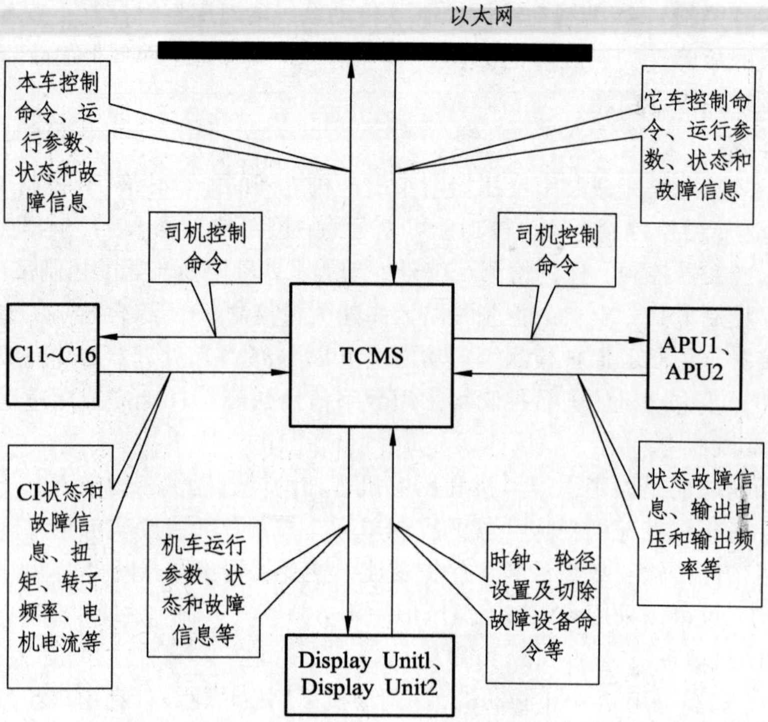

图 4-1-2 TCMS 信息流向

任务 4.2 HXD3C 型机车控制监视系统

知识目标

（1）掌握 TCMS 的组成和功能。
（2）掌握 TCMS 主机、继电器、信号转换器、显示器和加热器的功能。

技能目标

（1）能够画出 HXD3C 型机车网络控制系统结构图。
（2）能够正确识别 TCMS 主机各板卡的位置和功能。
（3）能够正确识别 TCMS 继电器并且能够正确叙述各继电器的功能。

素质目标

（1）培养学生遵章守纪、爱护列车通信网络设备的职业道德。
（2）培养学生学习新技术、新知识的意识。
（3）培养学生勇于创新、开拓进取的意识。
（4）培养学生严谨认真、精益求精的态度，提升学生合作、应变与可持续性发展的能力。
（5）使学生能客观、公正地进行学习效果的自我评价。

知识点学习

4.2.1 TCMS 的构成和功能

机车控制监视系统（TCMS）核心任务：根据司机指令完成对主变流器及异步电动机的实时控制、辅助变流器的实时控制、牵引/制动特性控制、传动系统的时序逻辑控制，显示机车运行状态，具备完整的故障保护、故障记忆及显示功能，并具有一定程度上的故障自排除、自动切换和故障处理指导功能。HXD3C 型机车网络控制系统如图 4-2-1 所示。

TCMS 系统由主机、继电器、信号转换器、显示器和加热器 5 部分组成。TCMS 系统由机车上蓄电池供电，通过驾驶室内的显示器和司控器等设备实现乘务员与系统之间的信息交互，采集各种反馈信号，进行相关运算，生成相应控制命令，将命令以通信方式发送给主变流器、辅助变流器，将计算结果、故障信息、有关参数送显示屏显示，并在重联时将重联命令通过网络传送给重联机车。

TCMS 可以实现主断路器（VCB）控制、机车控制系统的输入/输出、机车的逻辑控制、机车的牵引特性控制、机车的制动特性控制、定速控制、冗余控制、自动过分相控制、主变流器控制、重联控制，智能故障诊断及显示、机车保护控制等功能。

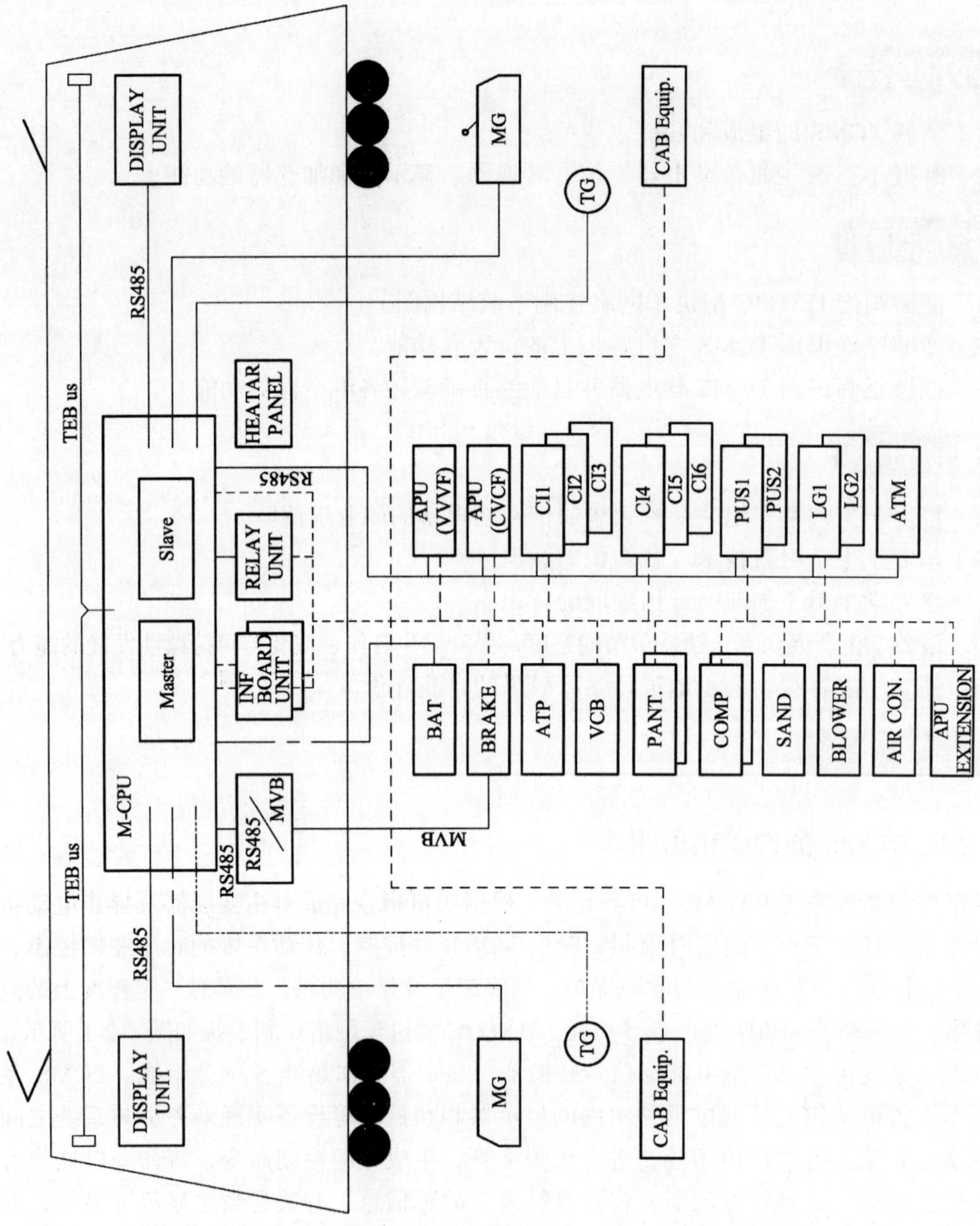

图 4-2-1 HXD3C 型机车网络控制系统

图 4-2-1 中的中英文对照如表 4-2-1 所示。

表 4-2-1　中英文对照

名称	含义	名称	含义
Data Bus	列车总线	TCMS Box	TCMS 机箱
Master	主系统	Slave	副系统
Display Unit	微机显示单元	CAB Equip	司机室设备
Serial Data	串行数据	Digital Data	数字数据
Analogue Data	模拟数据	Pulse Data	脉冲数据
MC：Master Controller	主司控器	AC：Auxiliary Controller	辅助司控器
SAND	撒砂设备	AIR CON	空调
COMP	空压机	Blower	通风机
VCB	主断路器	PANT	受电弓
DKL	逻辑转换开关	BAT	充电机
ATP	列车自动保护	LG	列供柜
APU	辅助变流器控制单元	CI	主变流器控制单元

TCMS 在机车出现故障时，以显示屏显示和报警灯指示两种方式通知操作人员，并自动完成相应的保护动作，记录发生故障时的相关信息，为后期诊断提供有用且必要的信息，操作人员还可以通过便携式计算机将故障信息下载以进行分析和保存。TCMS 对故障信息进行分级管理，并按级别进行显示。TCMS 主机具有一套双机热备系统。在主控制系统出现故障时，双机热备的机制将自动切换到辅控系统。其结构形式如图 4-2-2 所示。

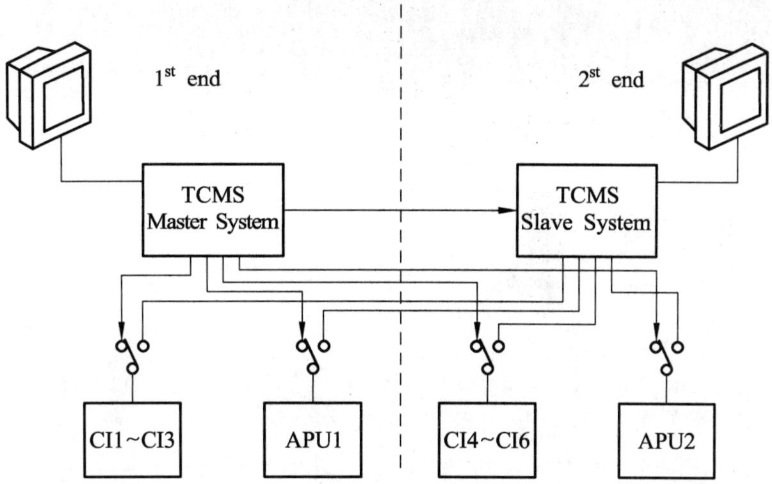

（a）正常时

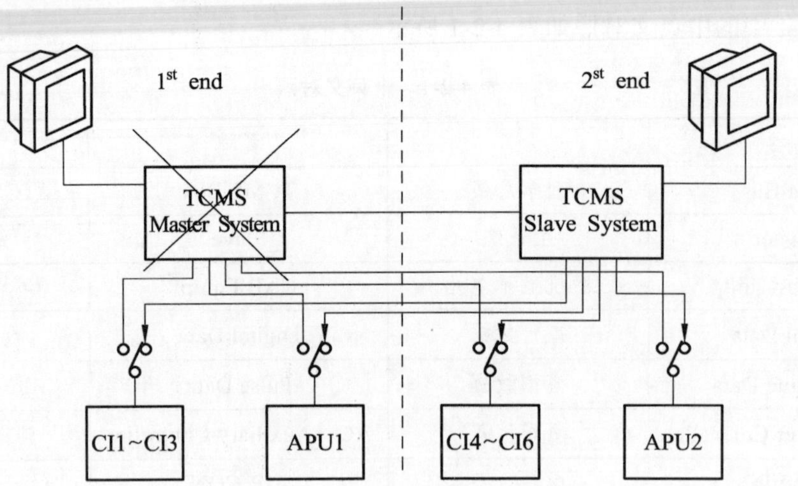

（b）Ⅰ端故障时

图 4-2-2 微机系统双机热备系统结构

4.2.2 TCMS 主机

TCMS 主机在硬件上主要由电源模块、逻辑运算控制部分、数字量输入/输出部分、模拟量信号采集部分、通信部分等组成。主控制单元采用 32 位 CPU，并在配置上采取冗余、双机热备措施，以提高系统的可靠性。TCMS 主机机箱外形结构如图 4-2-3 所示，TCMS 主机原理如图 4-2-4 所示。

图 4-2-3 机车控制监视系统机箱外形结构

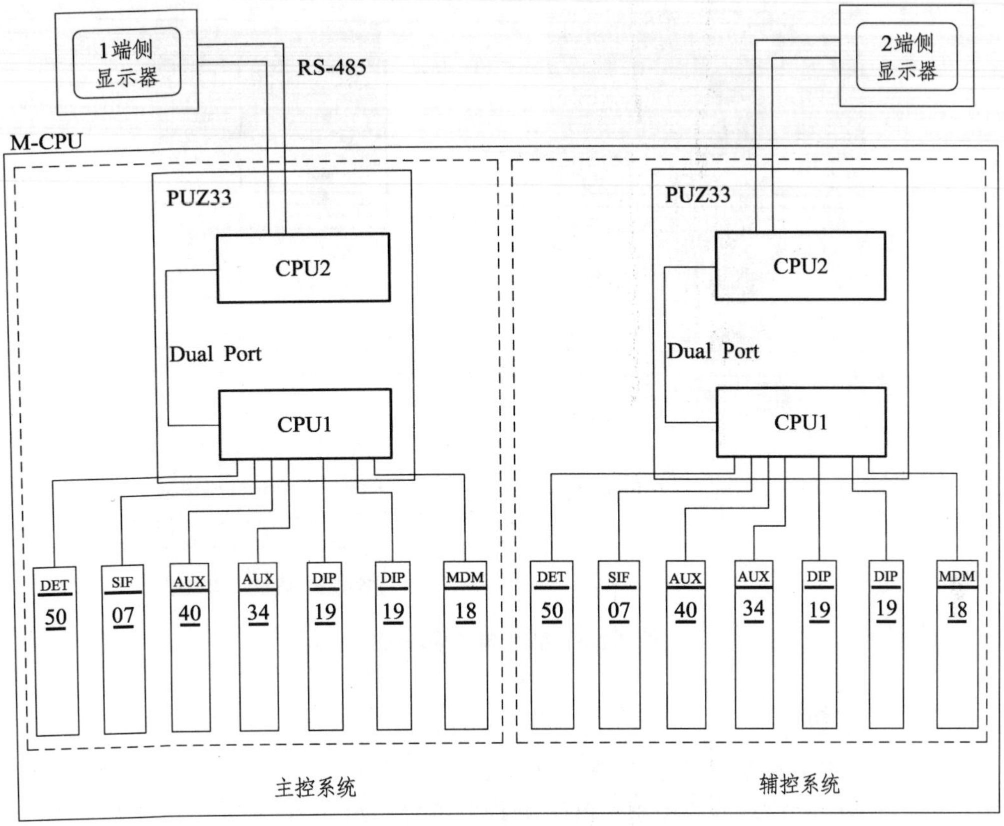

图 4-2-4　TCMS 主机原理框图

1. AVR 电源模块

AVR 电源模块为 TCMS 提供工作所需的各种直流电，如 24 V、±15 V、5 V。AVR 电源模块位置如图 4-2-5 所示，其实物如图 4-2-6 所示。

图 4-2-5　AVR 电源模块位置

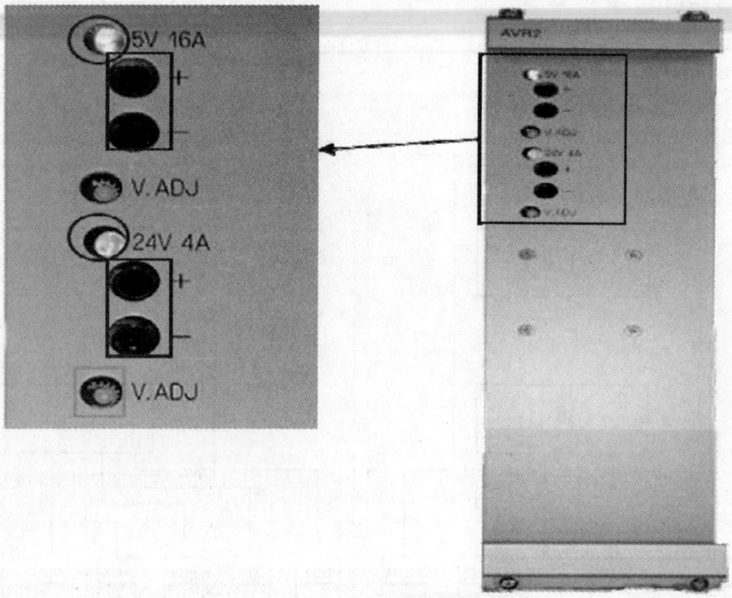

图 4-2-6　AVR 电源模块实物

2. PUZ 处理器单元

PUZ 处理器单元包括 CPU、软件以及与显示屏通信的接口，处理来自各基板的输入信号，进行机器控制、显示器控制。PUZ 处理器位置如图 4-2-7 所示，其实物如图 4-2-8 所示。

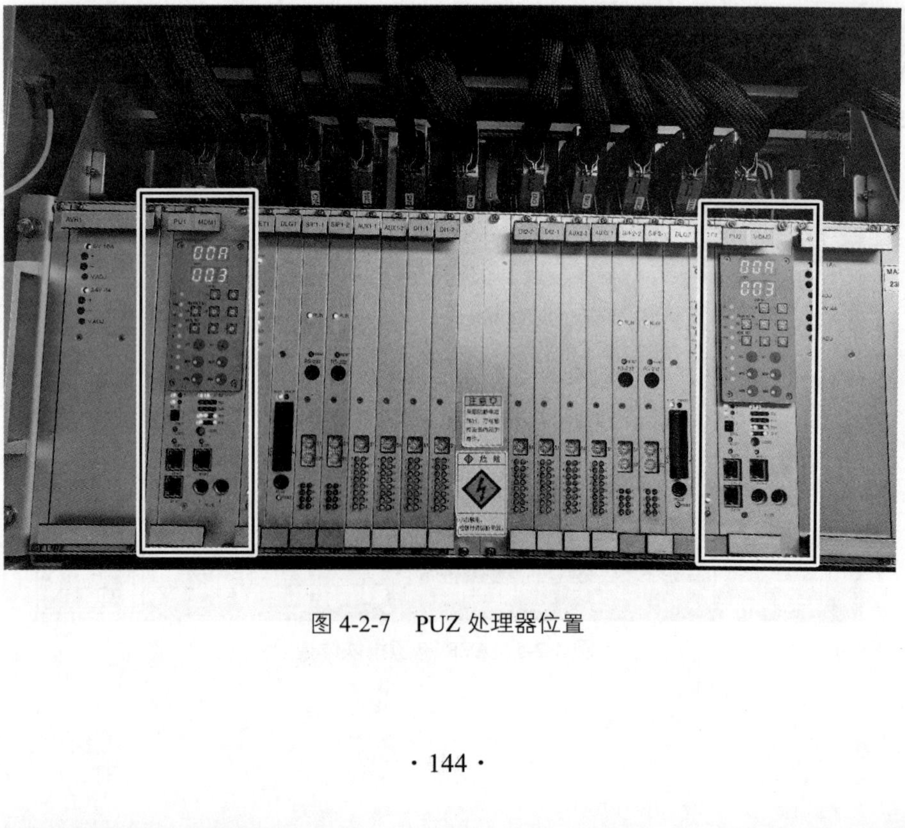

图 4-2-7　PUZ 处理器位置

图 4-2-8　PUZ 处理器实物

3. DET 检测模块

检测主控制系统是否存在故障，以便在主系统发生故障时立即进行主辅系统的切换。DET 检测模块位置如图 4-2-9 所示，其实物如图 4-2-10 所示。

图 4-2-9　DET 检测模块位置

图 4-2-10　DET 检测模块实物

4. SIF 串行通信接口

SIF 串行通信接口完成 TCMS 与两个主变流器和辅助变流器之间的通信，以及 TCMS 与列车供电柜、DC 110 V 电源装置、轴温监测装置和制动系统之间的通信。SIF 串行通信接口位置如图 4-2-11 所示，其实物如图 4-2-12 所示。

图 4-2-11　SIF 串行通信接口位置

图 4-2-12　SIF 串行通信接口实物

5. DIP 数字量输入模块

DIP 数字量输入模块将接收到的各种开关信号处理后传送给处理器单元，其位置如图 4-2-13 所示，实物如图 4-2-14 所示。

图 4-2-13　DIP 数字量输入模块位置

图 4-2-14　DIP 数字量输入模块实物

6. AUX 辅助模块

AUX 辅助模块具有数字量输出、模拟量输入及脉冲量输入的功能，实现对各辅助继电器的控制及特殊信号的输入功能。其中 AUX40 为数字量输出模块，AUX34 为数字量输出、模拟量输入以及脉冲量输入模块。AUX 辅助模块位置如图 4-2-15 所示，其实物如图 4-2-16 所示。

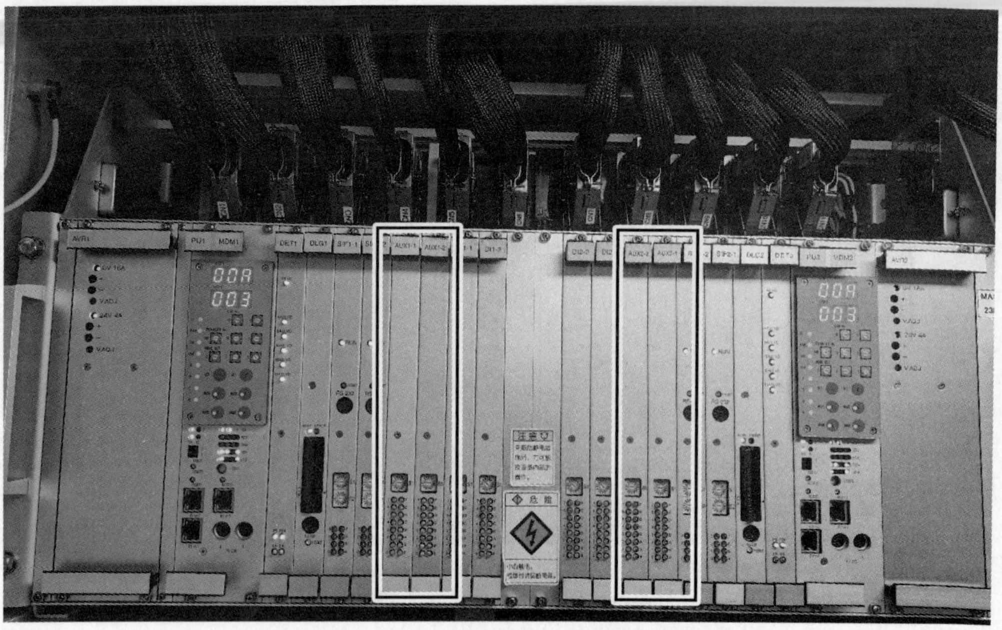

图 4-2-15　AUX 辅助模块位置

图 4-2-16　AUX 辅助模块实物

7. MDM 重联控制模块

MDM 重联控制模块将本车的信息通过 Ethernet 传往其他车，并将收到的其他车信息传送给处理器单元，实现机车的重联功能，其位置如图 4-2-17 所示。

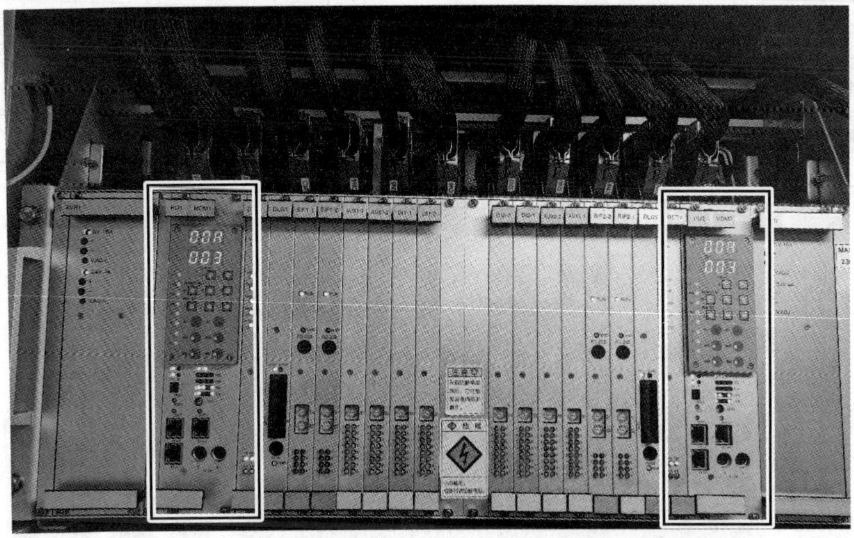

图 4-2-17　MDM 重联控制模块位置

4.2.3　TCMS 显示器

TCMS 显示器的作用是实现乘务员与系统之间的信息交互，从而实现乘务员对机车的控制。TCMS 液晶显示设备的最低保证工作温度是 0 °C，其中的加热电路用于加热 TCMS 显示设备的控制部件。显示单元用于显示机车运行工况、设备状态和故障信息，记录运行数据和故障信息，并具有查看、设定、清除、转储各类数据的功能。显示单元为可触摸式液晶显示屏，操作人员可以通过屏幕上设置的触摸键，直接录入信息（如设置时间、轮径，切除故障的 CI 等）或快速进入下一级菜单。在机车调试过程中，操作人员也可以通过显示屏对机车的控制参数进行修正，或者模拟机车工况，方便调试过程，加快调试速度。TCMS 显示器如图 4-2-18 所示。

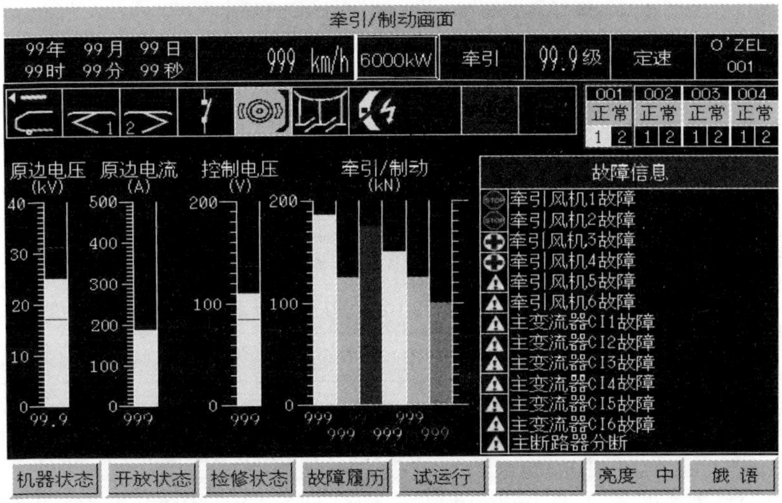

图 4-2-18　TCMS 显示器

4.2.4 TCMS 继电器

TCMS 继电器的作用是通过继电器的动作实现输出信号的变换，用来控制机车，其实物如图 4-2-19 所示。

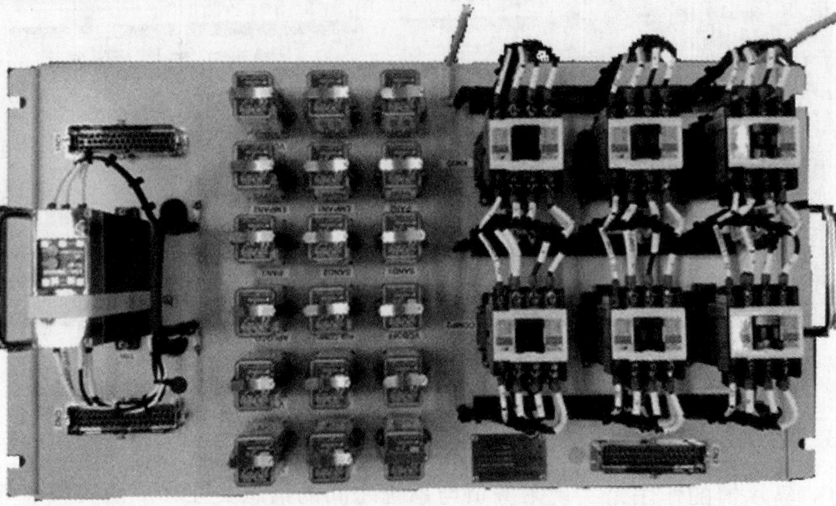

图 4-2-19 TCMS 继电器实物

1. 舌簧继电器

舌簧继电器是一种利用密封在管内、具有触电簧片和衔铁磁路双重作用的舌簧的动作来开闭或转换线路的继电器，其参数如表 4-2-2 所示。

表 4-2-2 舌簧继电器参数

类型		P068	P069
形式		RB-3P530V2/D110	RB-3P521V2/D110
触点额定	触点构成	3a	2a1b
	触点接触电阻	500 mΩ 以下（DC 6 V，1 A）	
	额定通电电流	5A	
	最大投入电流	AC 220 V，30 A，功率因素 0.65 时的值 100 次	
	最大断路电流	AC 220 V，30 A，功率因素 0.35 时的值 25 次	
		DC 110 V，0.6 A，L 负载 τ =100 ms，C025 次	
	额定使用电流	AC 220 V，1 A	
		DC 110 V，0.5 A　AC 220 V，0.2 A	
	最小使用电压	DC 24 V，10 mA	

续表

特性	工作时间	40 ms 以下（不包含振动）
	恢复时间	40 ms 以下
	振动时间	40 ms 以下
	耐振动错误工作	4.5G（10~55 Hz）
	机械寿命	1 亿次以上
	电气寿命	30 万次（DC 110 V，50 V·A）
	使用负载寿命	3000 万次（DC 24 V，400 mA 继电器负载）
	耐电压	输出输入绝缘耐电压 AC 2000 V，60 Hz，一分钟
		触点间绝缘耐电压 AC 2000 V，60 Hz，一分钟
	使用温度	−25℃ ~ +55℃

2. 电磁接触器

电磁接触器是指工业电中利用线圈流过电流产生磁场，使触头闭合，以达到控制负载的电器，其实物如图 4-2-20 所示，性能参数如表 4-2-3 所示。

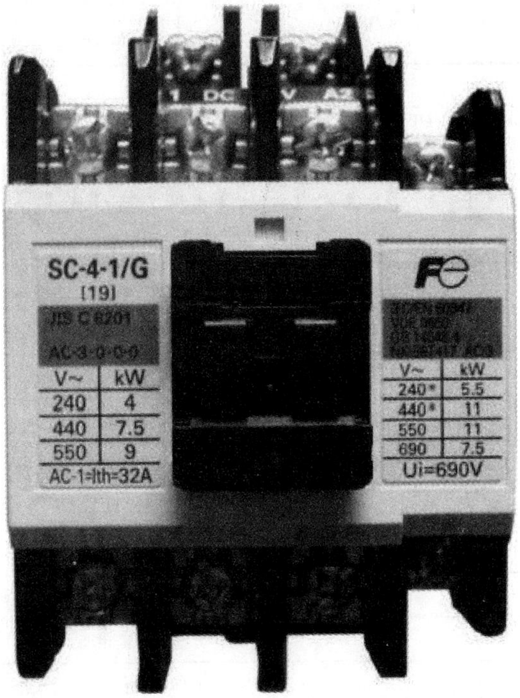

图 4-2-20 电磁接触器

表 4-2-3 电磁接触器性能参数

<table>
<tr><td colspan="3">标准型电磁接触器型号</td><td>SC-4-1</td></tr>
<tr><td colspan="2" rowspan="4">三相鼠笼型
电动机容量/kW
AC-3</td><td>200~240 V</td><td>5.5</td></tr>
<tr><td>380~440 V</td><td>11</td></tr>
<tr><td>500~550 V</td><td>11</td></tr>
<tr><td>600~660 V</td><td>7.5</td></tr>
<tr><td colspan="2" rowspan="4">额定工作电流/A
AC-3</td><td>200~240 V</td><td>22</td></tr>
<tr><td>380~440 V</td><td>22</td></tr>
<tr><td>500~550 V</td><td>17</td></tr>
<tr><td>600~660 V</td><td>9</td></tr>
<tr><td colspan="3">开放条件下的约定发热电流（额定通电电流）/A</td><td>32</td></tr>
<tr><td colspan="2" rowspan="2">辅助触头构成</td><td>标准品</td><td>1NC</td></tr>
<tr><td>候补品</td><td>1NO</td></tr>
<tr><td rowspan="3">寿命（万次）</td><td rowspan="2">电气耐久性（AC-3）</td><td>200 V</td><td>200</td></tr>
<tr><td>400 V</td><td>100</td></tr>
<tr><td colspan="2">机械耐久性</td><td>1 000</td></tr>
<tr><td colspan="3">每小时的切换周期</td><td>1 800</td></tr>
<tr><td colspan="2" rowspan="2">尺寸：长度×高度×宽度/mm</td><td>电磁接触器</td><td>53×81×81</td></tr>
<tr><td>电动机启动器</td><td>53×127×81</td></tr>
</table>

3. 各类型继电器的功能说明

各类型继电器功能说明如表 4-2-4 所示。

表 4-2-4 继电器功能说明

继电器名称	功能说明
VTC1	CI1-3 发生重大故障 VCB 断开保护用继电器
VTC2	APU1 发生重大故障 VCB 断开保护用继电器
VTC2A	APU1 发生重大故障 VCB 断开保护用继电器
VTC3	CI4-6 发生重大故障 VCB 断开保护用继电器
VTC4	APU2 发生重大故障 VCB 断开保护用继电器
VTC4A	APU2 发生重大故障 VCB 断开保护用继电器
VCBOFF	主断分
APU1CO	预留用继电器
APU2CO	预留用继电器
SAND1	撒砂 1
SAND2	撒砂 2

续表

继电器名称	功能说明
PAN1	受电弓 1 升起用继电器
PAN2	受电弓 2 升起用继电器
EMPAN1	受电弓 1 紧急降弓时 VCB 断开保护用继电器
EMPAN2	受电弓 2 紧急降弓时 VCB 断开保护用继电器
DBLHD12	重联继电器 1
DBLHD34	重联继电器 2
VCBONA	主断闭合互锁信号
VBCON	主断合
COMP1	空气压缩机 1
COMP2	空气压缩机 2
KM11	APU1 启动闭合用继电器
KM12	APU2 启动闭合用继电器
KM20	APU 之间相互转换用继电器

4.2.5 TCMS 转换器

因为 TCMS 使用的信号是 24 V，外部设备使用的信号是 110 V，所以要通过 TCMS 转换器来实现信号转换，其实物如图 4-2-21 所示。

图 4-2-21 TCMS 转换器实物

4.2.6 TCMS 加热器

安装在 TCMS 主机下面的加热器是用来在环境温度很低的时候，通过 TCMS 加热器对 TCMS 主机加热，保证 TCMS 主机正常工作，不受温度影响。

加热电路中含有温度检测继电器，低于-20 ℃时该继电器接通。如果温度高于-20 ℃，TCMS 机箱内的每台设备都会正常运行。因此，加热电路运行时，除非机箱以外温度低于-40 ℃，否则 TCMS 将会正常运行。相反，由于电源切断等原因加热电路不运行时，最低保证工作温度为-20 ℃。TCMS 加热器实物如图 4-2-22 所示。

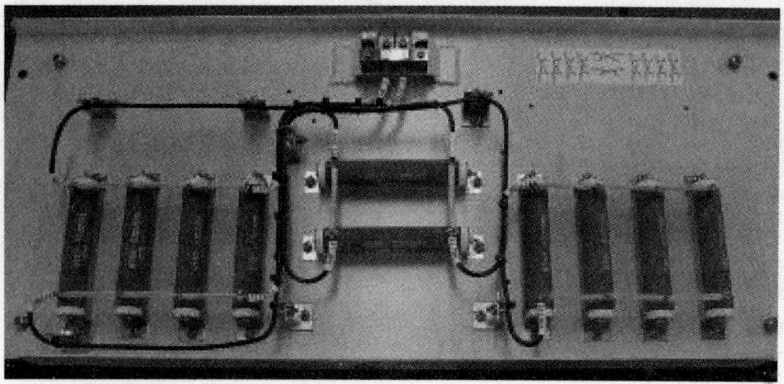

图 4-2-22　TCMS 加热器实物

任务 4.3 HXD3C 型机车信息显示及其操作

知识目标

（1）掌握 TCMS 显示模式。
（2）掌握 TCMS 检修模式和行驶模式的功能。

技能目标

（1）能够操作检修模式和行驶模式的转换。
（2）能够根据牵引制动画面叙述各功能块的含义。
（3）能够正确识别变流器画面、开关状态画面、辅助电源画面、风机状态画面含义。
（4）能够实际操作 CI、APU 的开放和恢复。
（5）能够通过微机显示屏查看各信号状况。
（6）能够操作微机显示屏进入维护模式查看各功能。

素质目标

（1）培养学生遵章守纪、爱护列车通信网络设备的职业道德。
（2）培养学生学习新技术、新知识的意识。
（3）培养学生勇于创新、开拓进取的意识。
（4）培养学生严谨认真、精益求精的态度，提升学生合作、应变与可持续性发展的能力。
（5）使学生能客观、公正地进行学习效果的自我评价。

知识点学习

4.3.1 TCMS 模式

TCMS 将机车主变流器、辅助变流器、控制电器柜、列车供电柜、司机室控制开关等电器的信息汇总，通过分设在Ⅰ、Ⅱ端司机室的微机显示屏进行各种信息显示。司机应学会使用微机显示屏，了解机车各种设备的工作状态及各种指令的开断信息，迅速完成机车故障的查找，确保机车的可靠运行。显示模式主要可以分为行驶模式和检修模式两大类，如图 4-3-1 所示。

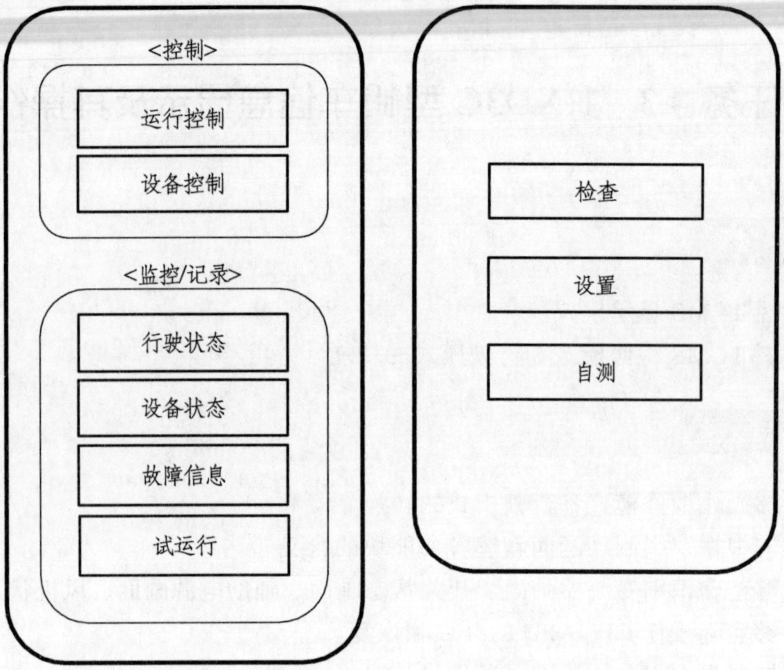

（a）行驶模式　　（b）检修模式

图 4-3-1　TCMS 显示模式

4.3.2　运行模式

1. 模式切换

模式切换如图 4-3-2 所示。

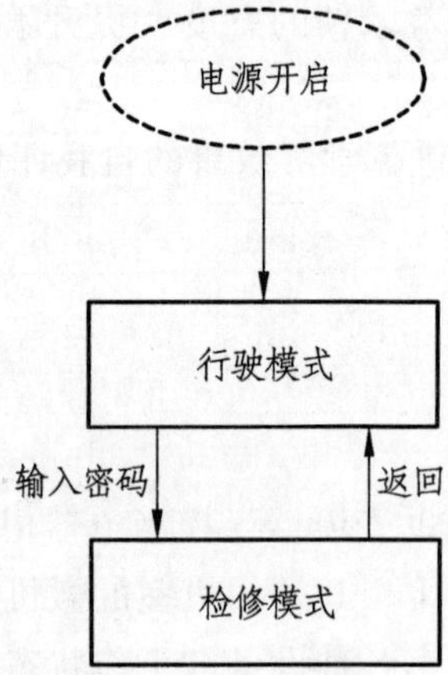

图 4-3-2　模式切换

（1）电源开启时和检修屏幕返回时切换为行驶模式。

（2）在密码屏幕输入密码时切换为检修模式。

行驶模式下，TCMS 具有下列功能：

① 控制设备；

② 控制运行；

③ 故障检测和故障记录；

④ 监控运行状态；

⑤ 监控设备状态；

⑥ 记录运行数据；

⑦ 记录试运行。

检修模式下，TCMS 具有下列功能：

① 设定各类数据，如时钟和车轮直径；

② 清除各类数据，如故障记录和试运行记录；

③ 查看并读取各类记录数据；

④ 查看输入输出数据（传输数据、数字数据、模拟数据）。

检修模式下不执行下列功能：

① 故障检测和故障记录；

② 监控运行状态；

③ 监控设备状态；

④ 记录运行数据；

⑤ 记录试运行。

2. 模式处理

模式处理关系如表 4-3-1 所示。

表 4-3-1 模式处理关系

模式	功能		
	显示屏幕	触键许可	记录
行驶模式	第 1 侧和第 2 侧	第 1 侧和第 2 侧	主、副系统
检修模式	仅运行侧	仅运行侧	主、副系统 仅检修记录

4.3.3 信息显示

TCMS 显示屏显示部分设计的原则是显示简洁、明了醒目，但又兼顾现有的习惯。

画面的上部为常显的信息，显示时间、速度、工况、重联状态等；中间区域为主信息显示区，根据不同的工况、按键的选择，将显示牵引/制动的有关参数、机器的状态、开关信息；底部为功能键区，由于采用触摸显示屏，因此它将根据不同的工况和选择，显示不同的功能键。通过显示屏亦可显示出机车重联与否以及重联机车的故障信息。

显示模式在开机后根据不同工况来转换。模式转换部分框图如图 4-3-3 所示。

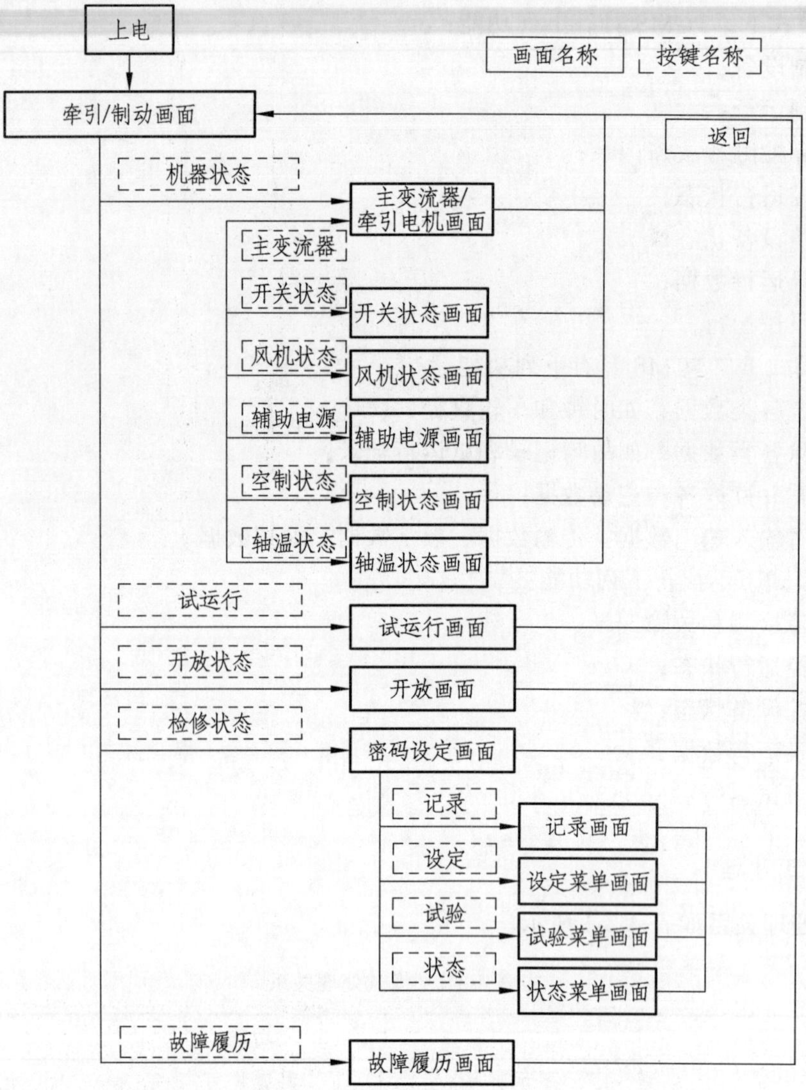

图 4-3-3 模式转换部分框图

1. 牵引/制动主画面

牵引/制动主画面如图 4-3-4 所示。其主要显示机车运行工况：机车速度、牵引/制动工况、司机控制器级位、是否定速、无人警惕状态、机车运行方向、受电弓状态、主断路器状态、撒砂状态、过分相状态、电机隔离状态、停放制动状态、空转状态、是否重联、接触网电压、主变压器原边电流、蓄电池电压、6 台牵引电动机牵引/制动力。

机车故障信息：主变压器 MT 故障信息，6 组主变流器单元 CI1、CI2、CI3、CI4、CI5、CI6 故障信息，2 组辅助变流器单元 UA11、UA12 故障信息，2 台牵引通风机 MA11、MA12 故障信息，2 台复合冷却器通风机 MA13、MA14 故障信息，2 台空气压缩机 MA19、MA20 故障信息，2 台变压器油泵 MA21、MA22 故障信息，2 台车体通风机 MA23、MA24

故障信息。机车自身出现故障时，于故障信息区显示，故障信息灯由黑变红，同时蜂鸣器发出警报。机车自身无故障时，故障信息区无任何显示。

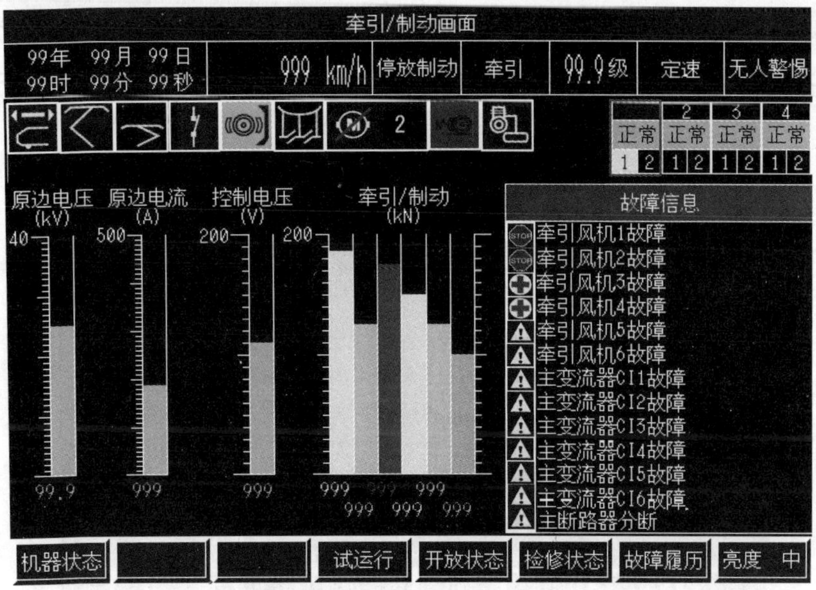

图 4-3-4　牵引/制动主画面

2. 变流器画面

变流器画面如图 4-3-5 所示。其主要显示 6 组主变流器单元 CI1、CI2、CI3、CI4、CI5、CI6 的充电接触器 AK 和工作接触器 K 的闭合状态，中间电压，对应的牵引电动机电流、转子频率，电机牵引/制动力。

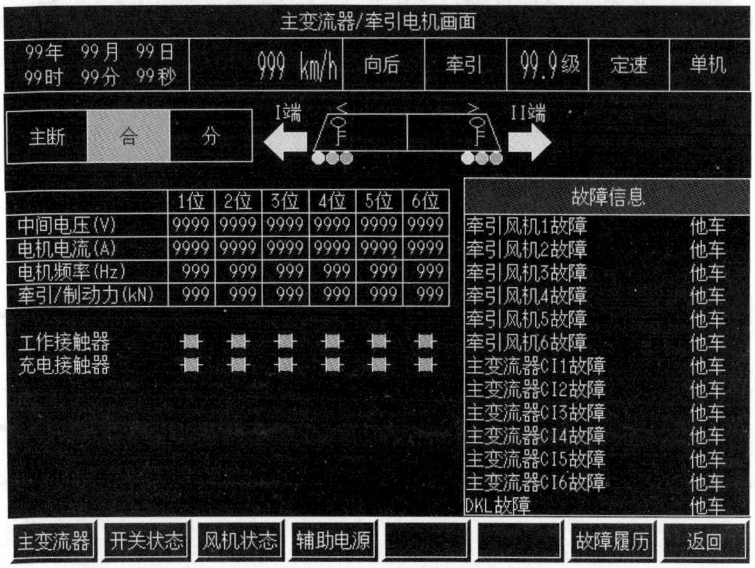

图 4-3-5　变流器画面

3. 开关状态画面

开关状态画面第 1 页如图 4-3-6 所示。其可以显示的开关有：主变流器各单元的充电接触器 CI1AK、CI2AK、CI3AK、CI4AK、CI5AK、CI6AK，工作接触器 CI1K、CI2K、CI3K、CI4K、CI5K、CI6K，受电弓高压隔离开关 QS1、QS2，主电路入库转换开关 QS3、QS4。

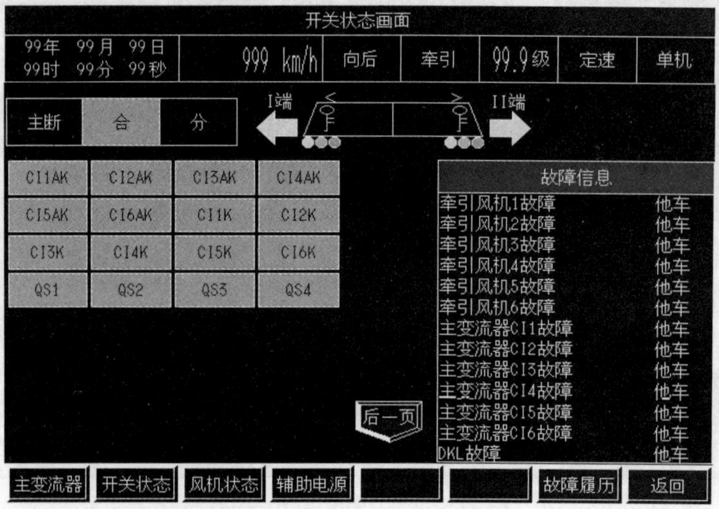

图 4-3-6 开关状态画面第 1 页

开关状态画面第 2 页如图 4-3-7 所示。其可以显示的开关有：辅助电路各辅助电动机自动开关 QA11、QA12、QA13、QA14、QA19、QA20、QA21、QA22、QA23、QA24，各输出接触器 KM11、KM12、KM13、KM14、KM20，辅助电路转换开关 QS11。

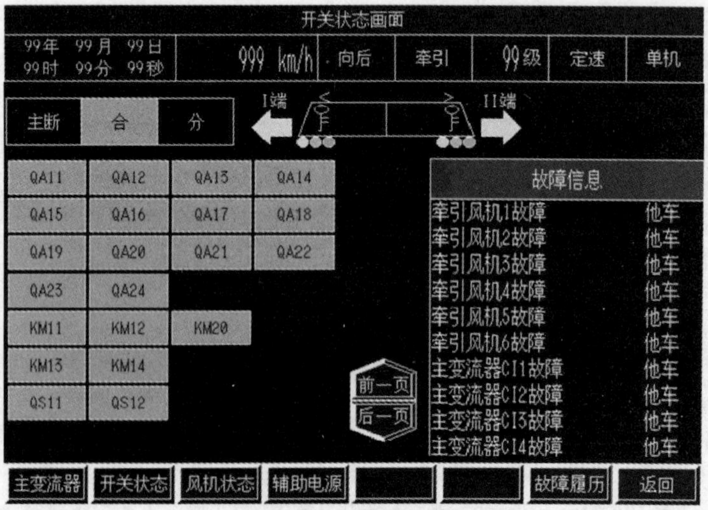

图 4-3-7 开关状态画面第 2 页

开关状态画面第 3 页如图 4-3-8 所示。其可以显示的开关有：试验转换开关 SA75，各保护开关 KP52，原边过流继电器 KC1。

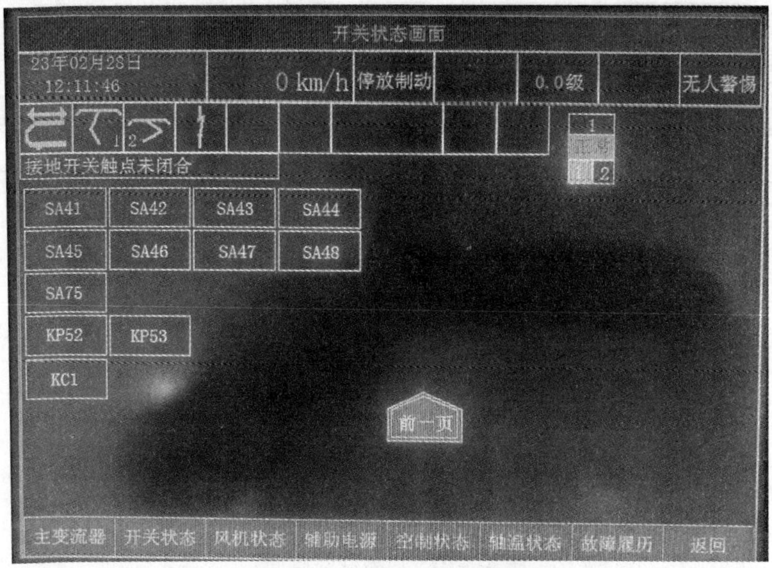

图 4-3-8　开关状态画面第 3 页

4. 辅助电源画面

辅助电源画面可以显示辅助变流器的工作情况，2 套辅助变流器的输出电压、输出电流、输出频率如图 4-3-9 所示。

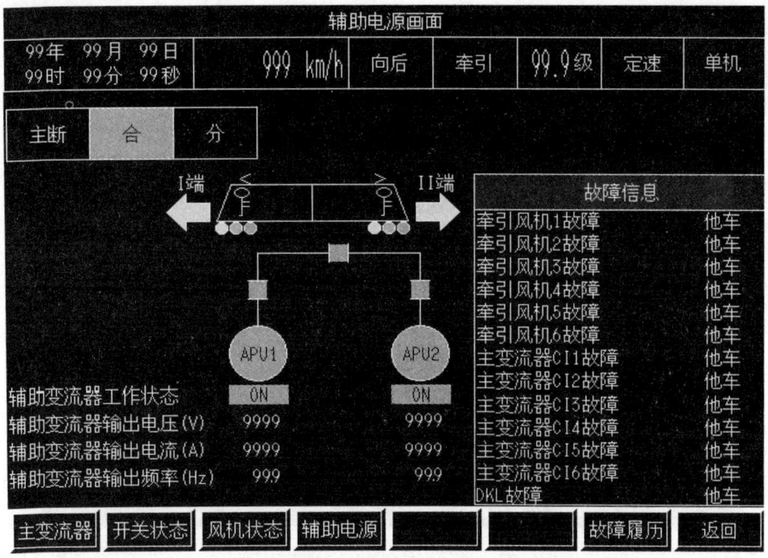

图 4-3-9　辅助电源画面

5. 风机状态画面

风机状态画面可以显示的风机有：牵引电动机通风机 MA11、MA12，车体通风机 MA23、MA24，复合冷却器通风机 MA13、MA14，油泵 MA21、MA22，如图 4-3-10 所示。

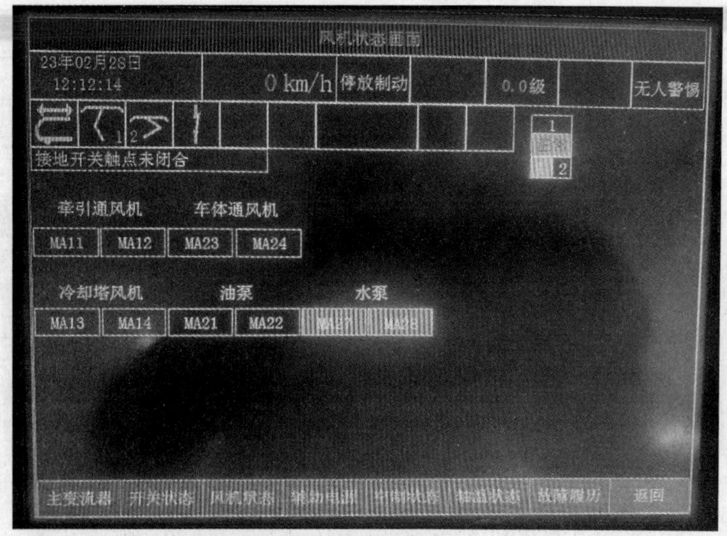

图 4-3-10 风机状态画面

6. 空制状态画面

空制状态画面可以显示空气压缩机的工作情况，以及弹停隔离阀、撒砂隔离阀、升弓钥匙阀、辅助风缸隔离阀、紧急制动隔离阀、转向架Ⅰ隔离阀和转向架Ⅱ隔离阀的工作状态，如图 4-3-11 所示。

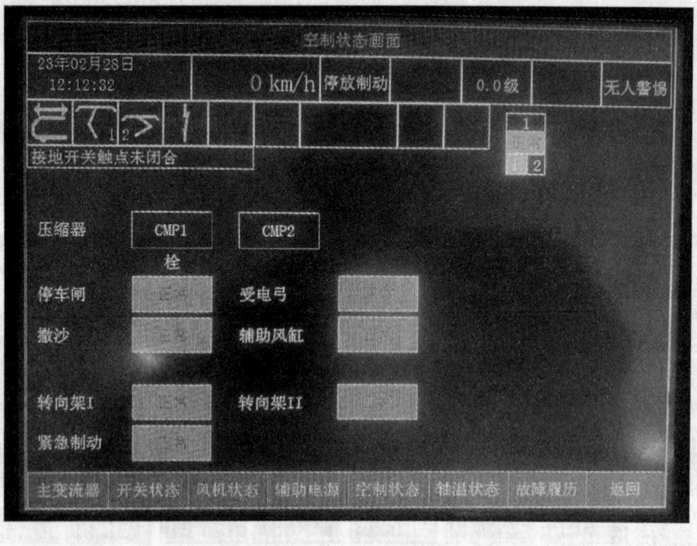

图 4-3-11 空制状态画面

7. 故障履历画面

进入故障履历画面，可以查看机车近期发生的 300 个故障的情况，有故障编号、故障名称、故障发生时间、故障恢复时间、发生故障时的机车状态（有接触网电压、主变压器原边电流、机车牵引/制动、级位、机车速度），以及故障处理说明，如图 4-3-12 所示。

在故障履历画面上有一个“说明处置”触摸键，可以通过触摸进入故障处理画面，机车微机控制系统给出了针对该故障的几种故障处理建议。

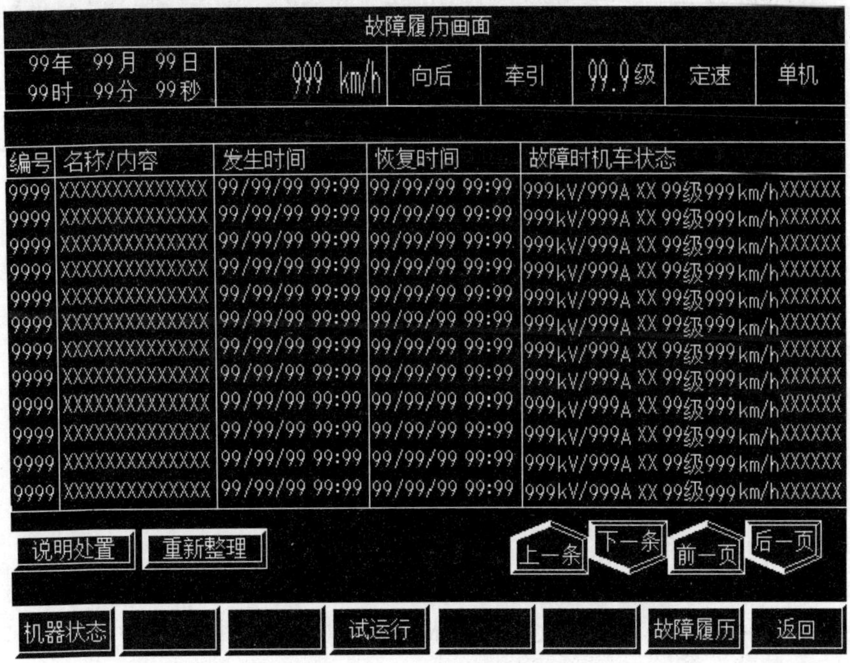

图 4-3-12 故障履历画面

8. 维护模式（辅助显示画面）

进入维护模式（辅助显示画面）必须由专门人员操作，因此设有密码。

1）密码输入画面

通过触摸屏，输入 3 位数的密码，点击“确定”后，可以进入维护模式。

2）设定菜单画面

该画面可以进行时钟设定、距离设定、车轮直径设定和动作次数设定、功能选择、轮缘润滑设定，如图 4-3-13 所示。

3）时钟设定画面

该画面可以设定年、月、日、时、分。

4）距离设定画面

该画面可以设定累计行走距离。

5）车轮直径设定画面

该画面可以设定车轮直径，设定值必须在 1 150 ~ 1 250 mm，否则车轮直径按 1 250 mm 默认。

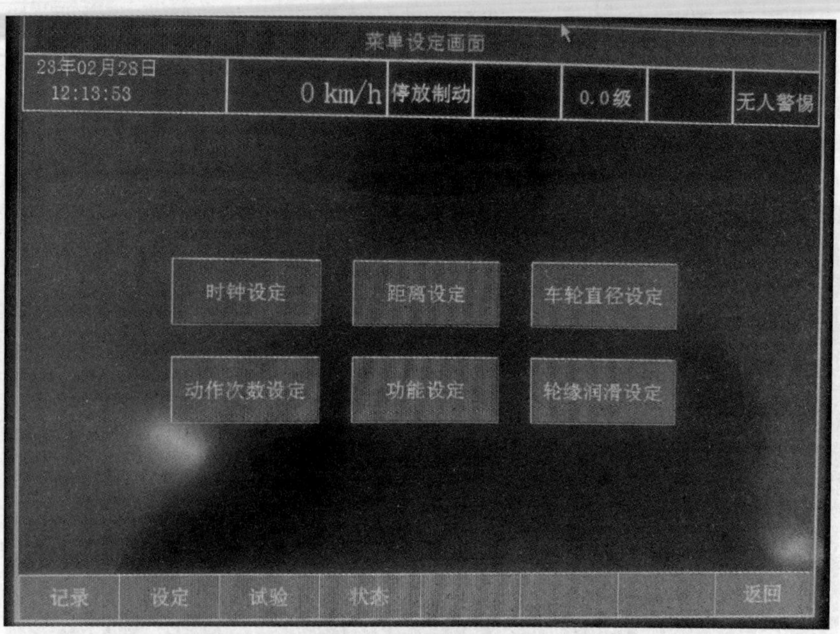

图 4-3-13　设定菜单画面

6）动作次数设定画面

该画面可以设定主断路器 QF1，受电弓 PG1、PG2、辅助变流器输出接触器 KM11、KM12、KM20，空气压缩机接触器 KM13、KM14，主变流器各单元的充电接触器 CI1AK、CI2AK、CI3AK、CI4AK、CI5AK、CI6AK，工作接触器 CI1K、CI2K、CI3K、CI4K、CI5K、CI6K 的动作次数。

7）功能设定画面

该画面可以设定空气压缩机的控制方式。

8）轮缘润滑设定画面

该画面可以设定轮缘润滑间隔距离及喷脂时间。

9）状态菜单画面

该画面可以用来查看机车累计行车距离、电器动作次数、传送信息和信号信息，如图 4-3-14 所示。

10）累计行车距离画面

该画面可以用来查看机车累计行车距离。

11）电器动作次数画面

该画面可以用来查看机车主断路器 QF1，受电弓 PG1、PG2，辅助变流器输出接触器 KM11、KM12、KM20，空气压缩机接触器 KM13、KM14，主变流器各单元的充电接触器 CI1AK、CI2AK、CI3AK、CI4AK、CI5AK、CI6AK，工作接触器 CI1K、CI2K、CI3K、CI4K、CI5K、CI6K 的动作次数。

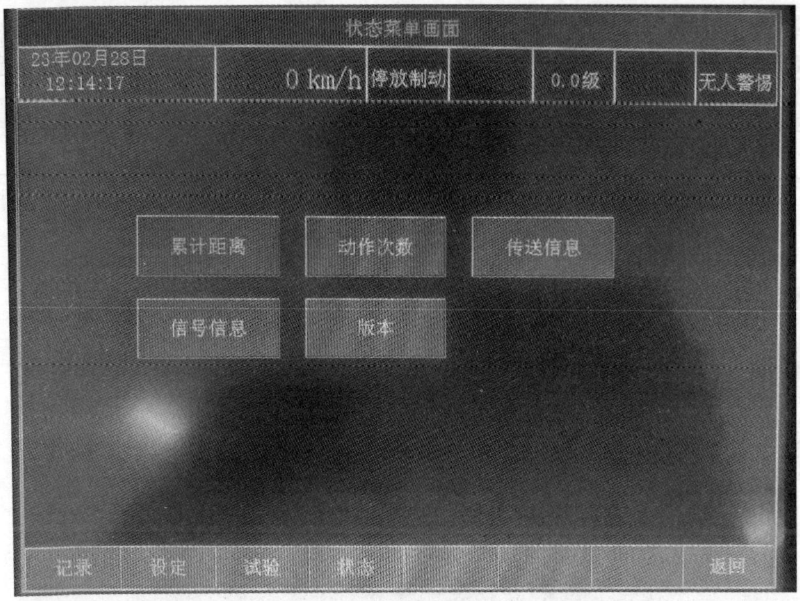

图 4-3-14　状态菜单画面

12）传送信息画面

传送信息画面如图 4-3-15 所示。其可以用来查看机车主变流器各单元 CI1、CI2、CI3、CI4、CI5、CI6，辅助变流器 APU1、APU2，DC 110 V 电源装置 PSU1、PSU2，制动系统控制单元 BCU、轮缘润滑装置 ATM、列车供电装置 LG1、LG2 与微机控制系统（TCMS）之间通过网络发送和接收的信息。

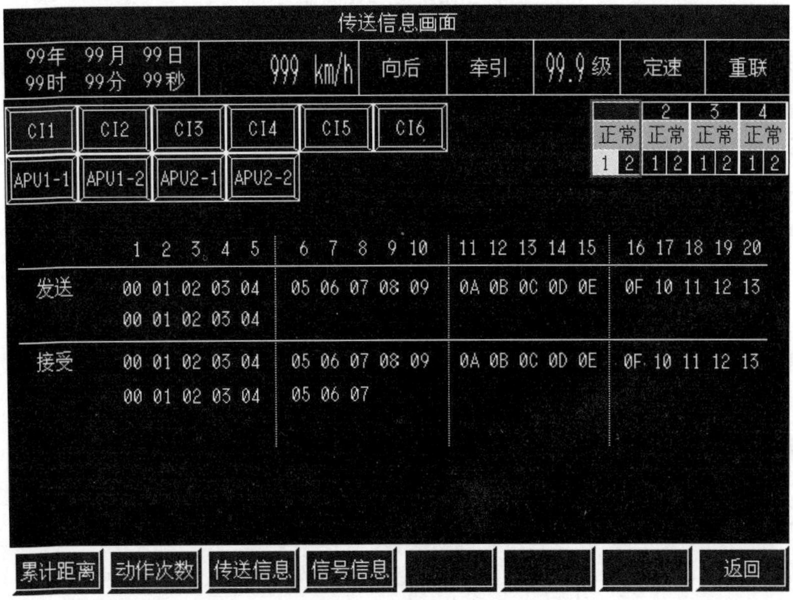

图 4-3-15　传送信息画面

查看信息，可以通过触摸显示屏上的 CI1、CI2、CI3、CI4、CI5、CI6、PSU1、PSU2、APU1-1、APU1-2、APU2-1、APU2-2、BCU、ATM、LG1、LG2 共 16 个触摸键进行显示切换。

13）信号信息画面

信号信息画面如图 4-3-16 所示。其可以用来查看机车各主要设备同微机控制系统（TCMS）之间通过硬导线的发出和接收的信息。

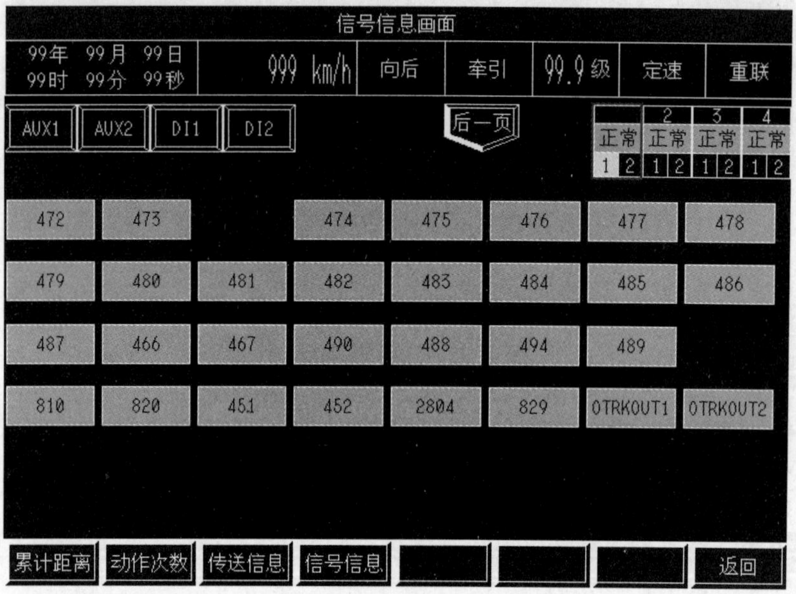

图 4-3-16 信号信息画面

在显示屏上有 AUX1、AUX2、DI1、DI2 四个触摸键，查看时，可以进行显示切换。

（1）触摸 AUX1，第 1 页中显示的是输出信息：操纵台辅助显示模块信号灯的输出线 471、472、473、474、475、477、478，弹停控制信号 837、838，轮缘润滑信号 436、437，允许供电柜输出信号 1049，高压隔离开关信号 466、467，风笛信号 887、888、889、890，撒砂阀控制信号 810、820，受电弓控制信号 451、452，常用制动信号 2804，辅助压缩机控制信号 829 的信息。

第 2 页中显示的是输出信息：主变压器原边电流和控制电压。

（2）触摸 AUX2，第 1 页中显示的是输出信息：制动控制单元 CCBII 的导线 831、832，空压机卸荷阀信号 445、446，行车安全综合信息系统的导线 1054、1055、963、964、965、966、967，重联监测输出信号 1021、1025，主断控制信息 453，空压机控制信号 461、462，自动过分相装置的导线 491、492，辅助接触器控制信号 463、464、465，DC12V 电源装置的导线 830，标志灯的导线 781、782 及辅照灯的导线 783、784，撒砂干燥阀的导线 839。

第 2 页中显示的是输入信息：主司机控制器的级位信息和机车速度传感器 BV47、BV48 的信息。

（3）触摸 DI1，第 1 页中显示的是输入信息：主变流器 UM1 的信号线 577、578、579、580、581、582、583、584、585，主变流器 UM2 的信号线 677、678、679、680、681、682、683、684、685，辅助变流器 APU1 的信号线 590、591，辅助变流器 APU2 的信号线 690、691，机车行车安全综合信息系统的信号线 962，弹停隔离信号线 821、撒砂隔离信号线 822，升弓钥匙阀的信号线 824，转向架Ⅰ隔离信号线 825，各牵引通风机自动开关的信号线 401、402、403、404，受电弓隔离信号线 421、422 的信息，制动控制单元 CCBII 的信号线 801、802、805，撒砂脚踏开关的信号线 803。

第 2 页中显示的是输入信息：复合冷却器通风机自动开关的信号线 407、408，主变压器油泵自动开关的信号线 411、412，高压隔离开关的信号线 427、428，空气压缩机 1 的信号线 417、419，空气压缩机 2 的信号线 418、420，弹停压力开关 1 的信号线 835，主断路器的信号线 431，主变压力信号 441，空气压缩机接触器的信号线 429、430，空气压缩机自动开关的信号线 409、410，空调机组自动开关的信号线 413、414，辅助电路库内试验转换开关的信号线 432，重联监测输入信号线 1009、1010、1019、1020、1022、1026，原边过流继电器的信号线 435，库内试验转换开关信号线 434。

（4）触摸 DI2，第 1 页中显示的是输入信息：Ⅰ端司机室给定 501、502、503、504、506、507、508、514、515、516、517、518、519、520、523、524、710、712、804、806、851，总风缸压力开关信号 842、843、844，辅压机压力开关信号 812，警惕装置开关信号线 521，主变压器温度继电器信号线 438，接地开关信号线 425，蓄电池充电器的信号线 423、424，紧急制动信号 1804，自动过分相装置的信号线 497，Ⅱ端司机室给定 601、602、603、604、606、607、608 的信息。

第 2 页中显示的是输入信息：自动过分相装置的信号线 498、499，Ⅱ端司机室给定 479、480、495、496、614、615、616、617、618、619、522、622、623、624、708、709、852，警惕装置开关信号线 531、621、631，受电弓压力信号 448、449，辅压机压力开关信号 811，辅助风缸隔离信号 823，紧急制动隔离信号 827，转向架Ⅱ隔离信号 826。

14）试验菜单画面

该画面可以用来进行机车主司机控制器的试验、起动试验、零级位试验、辅助电源试验、显示灯试验、无人警惕试验、轮缘润滑试验，如图 4-3-17 所示。首先进行试验选择，然后根据显示屏的提示，操作有关的开关，进行试验，通过显示屏的提示，确认机车有关控制、逻辑环节是否工作正常。

该功能主要用于机车出车前或故障修复后的控制、逻辑试验检查。

15）主司机控制器的试验

可以进行调速手柄零位确认、制动 12 级手柄确认试验。

16）起动试验

可以进行主变流器各单元 CI1、CI2、CI3、CI4、CI5、CI6 的控制单元试验，检查其输出电流。

17）零级位试验

可以进行主变流器 CI1、CI2、CI3、CI4、CI5、CI6 的工作情况的试验检查。

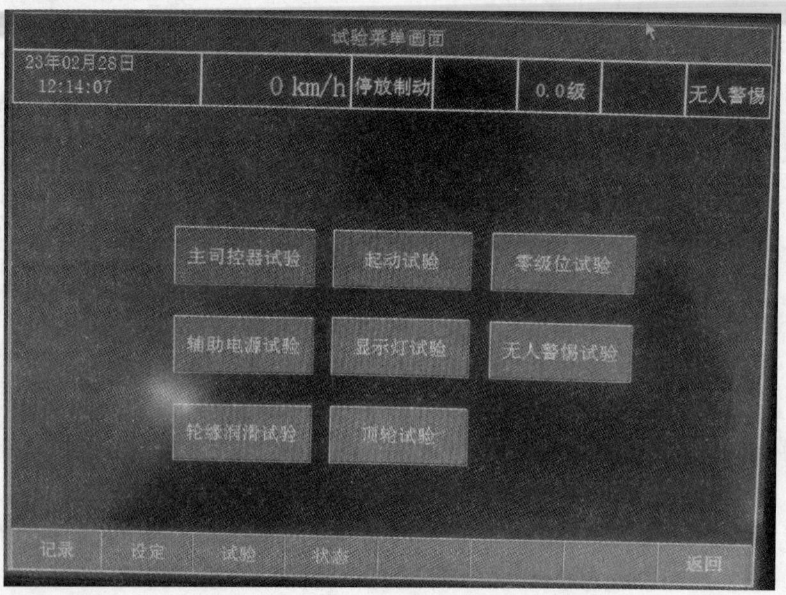

图 4-3-17　试验菜单画面

18）辅助电源试验

可以进行试验，检查辅助变流器 1、2 的输出电流、输出电压、输出频率。

19）显示灯试验

可以完成对操纵台上的各类指示灯的通断状态测试。

20）无人警惕试验

可以实现机车静态下的无人警惕功能测试。

21）轮缘润滑试验

根据提示将换向手柄置于向前或向后位，确认对应轮喷阀是否动作，实现机车静态下对轮缘润滑装置的电空功能测试。

22）记录状态画面

可以用来检查故障记录、连续记录、检修记录。

任务 4.4 HXD3C 型机车网络控制系统故障处理

知识目标

（1）掌握 HXD3C 型机车故障处置流程。
（2）掌握 HXD3C 型机车故障处置方法。

技能目标

（1）能够操作 TCMS 屏异常时的人工激活。
（2）能够操作 TCMS 显示屏日期的设定及修改。
（3）能够操作切除故障 CI。
（4）能够操作 APU 故障的切除。
（5）能够操作切除故障 PSU 单元。
（6）能够操作机车复位。
（7）能够对机车受电弓故障进行处置。
（8）能够对主断路器故障进行处置。

素质目标

（1）培养学生遵章守纪、爱护列车通信网络设备的职业道德。
（2）培养学生学习新技术、新知识的意识。
（3）培养学生勇于创新、开拓进取的意识。
（4）培养学生严谨认真、精益求精的态度，提升学生合作、应变与可持续性发展的能力。
（5）使学生能客观、公正地进行学习效果的自我评价。

知识点学习

4.4.1 故障信息查询

TCMS 故障信息查询方法如图 4-4-1 所示。

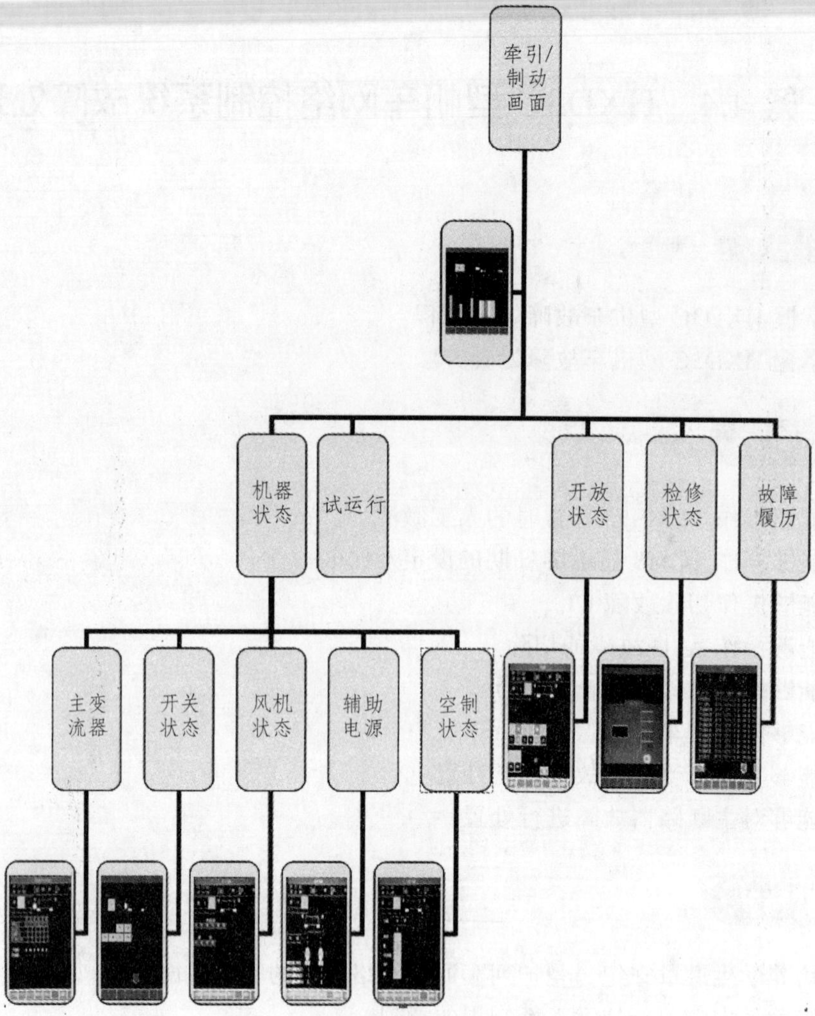

图 4-4-1　TCMS 故障信息查询方法

4.4.2　故障处置方法

1. TCMS 屏异常时的人工激活方法

（1）确认 TCMS 屏上无异物，断开微机控制电源开关，用手指一直按住触摸屏，此时按住触摸屏的手指不要拿开。

（2）闭合微机控制电源开关，大约 10 s，屏幕右上角出现一个白色小光标，按住光标约 2 ~ 3 s，此处光标消失（发出咿的声音），触摸屏左下角出现同样的光标，按住此处光标 2 ~ 3 s，光标消失（发出咿的声音）。

（3）接着进入 TCMS 英文黑白菜单界面，按左下角“write config”（写入）触摸按钮。

（4）再按右下角“重启”触摸按钮，重启电源，待微机启动后，再试 TCMS 触摸屏各触摸按钮作用是否良好。

2. TCMS 显示屏日期的设定及修改方法

在主界面点击检修状态界面，输入密码“000”，点击“确认”，然后点击“设定”，选择时钟设定后开始调整时间。

3. 故障部件的切除方法

1）切除故障 CI 的方法

在“牵引/制动”主画面，触摸“开放状态”进入开放画面：触摸故障 CIx 变为蓝色，按“开放”按钮，原来“正常”变为红色“开放”，按“返回”则切除了故障的 CIx，如图 4-4-2 所示。

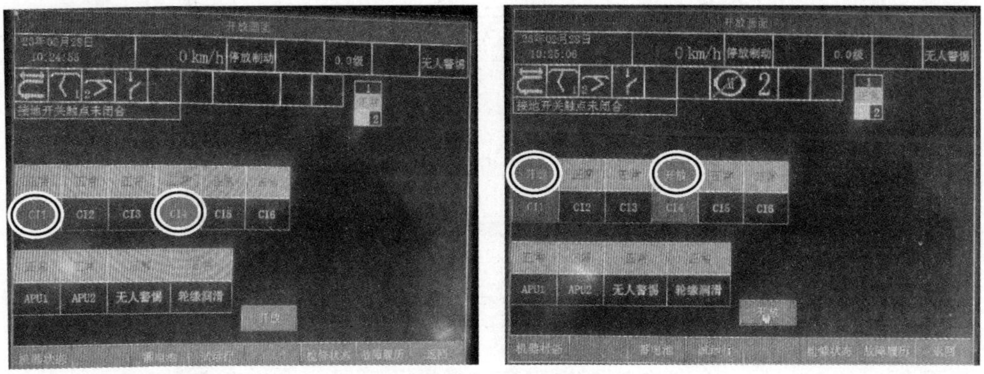

图 4-4-2 CI 切除方法

2）APU 故障的切除方法

在“牵引/制动”主画面，触摸“开放状态”进入开放画面：触摸故障 APUx 变为蓝色，按“开放”按钮，原来“正常”变为红色“隔离”，按“返回”则切除了故障的 APUx，如图 4-4-3 所示。

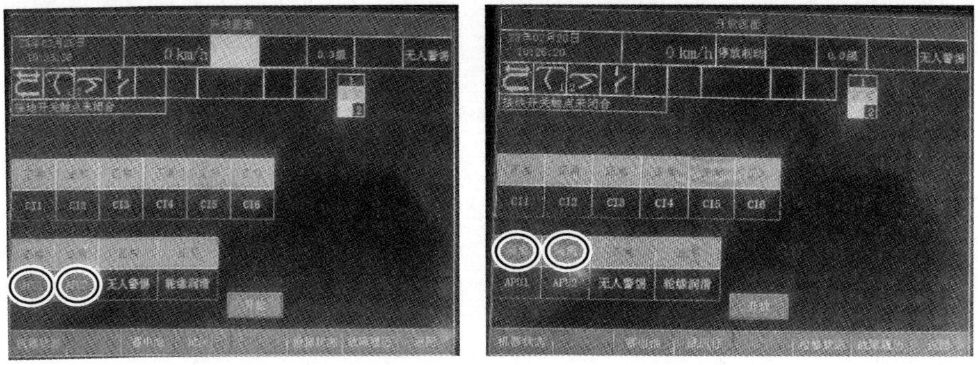

图 4-4-3 APU 切除方法

3）切除故障 PSU 单元的方法

（1）当一组 PSU 故障时，微机会自动转换另一组工作。

（2）如不能自动转换，须人为转换手动扳键或更改微机屏内日期来切换到另一组工作。

4.4.3 常见故障分析

1. 故障查找与处理基本原则

（1）故障处理前，必须将主手柄及换向手柄回“0”位，断开主断路器。

（2）当机车发生故障导致微机屏报故障时，必须进入微机屏故障履历界面，调看具体故障现象或故障名后按相应的故障进行处理。

（3）机车在运行中断开下列开关或断路器均会造成机车惩罚制动：

①电钥匙 SA49（50）；

②微机控制 1、2 自动开关 QA41（42）；

③电空制动自动开关 QA50；

④司机控制 1、2 自动开关 QA43（44）；

⑤机车控制自动开关 QA45；

⑥蓄电池自动开关 QA61。

另外，还有无人警惕装置动作和行车安全装备发出停车指令（如超速、LKJ 动作）也会产生惩罚制动。

（4）断蓄电池自动开关 QA61 进行复位。应按如下程序操作：

司机控制手柄回零位→换向手柄置零位→降弓→断主断→断开机车电钥匙→断开蓄电池。

断开蓄电池 30 s 后，合蓄电池再给机车电钥匙，升弓、合主断。

（5）机车 TCMS 微机、主变流器（CI）、辅助变流器（APU）故障保护动作跳主断路器时，重新合主断路器两次仍合不上，微机将锁死故障，必须切断对应故障装置的电源（即对应的自动开关 QA46、QA47）复位后才能解锁。

（6）人为断开上述自动开关后，再重新闭合时间间隔不少于 30 s。

（7）确认需要断开蓄电池自动开关 QA61 之前，应正确处理好监控装置的操作，并将列车停妥。

（8）当进行应急处理时，切除了任意一牵引通风机、复合冷却器风机、油泵，机车将以 3 个牵引电机维持运行，应在行车时注意观察。

（9）当进行应急处理时，切除了任意一辅助变流器（APU）后，正常的一组辅助变流器作为恒频恒压工作状态，所有辅机将全速运转，只有操纵端的空压机投入工作，此时乘务员应注意观察总风风压变化。

（10）运行途中救援或需登顶处理时应严格执行有关安全防护规定，并按程序进行处理。

2. 机车复位方法及注意事项

1）微机复位

调速手柄回零，断开主断路器，按压操纵台上的黄色微机复位按钮 SB61/SB62（自复式）1 s 后松开。每次按压复位按钮 SB61/SB62 的持续时间不得超过 3 s，在 3 min 内连续操作复位按钮不得超过 2 次。

2）开关复位（小复位）

调速手柄回零，断开主断路器，重新闭合跳断的自动开关；手动断合复位时，断合时间间隔不少于 30 s。

（1）只有在主回路 CI 控制单元系统和 APU 发生故障时使用。

（2）当主回路 CI 控制单元系统在 3 min 内发生 2 次故障将被锁定，解锁必须断合主变流器自动开关 QA46；当辅助变流器（APU）发生故障，在 2 min 内连续发生 2 次将被锁死，解锁必须断合辅助变流器自动开关 QA47。

3）蓄电池复位（大复位）

停车，断开主断路器，降下受电弓，关闭电钥匙，断开蓄电池自动开关 QA61 不少于 30 s 后再闭合。电钥匙必须在闭合蓄电池自动开关后再闭合，以免影响微机控制程序，发生其他故障。

3. 机车受电弓故障

1）受电弓无法升起

受电弓气路方面检查如图 4-4-4 所示。

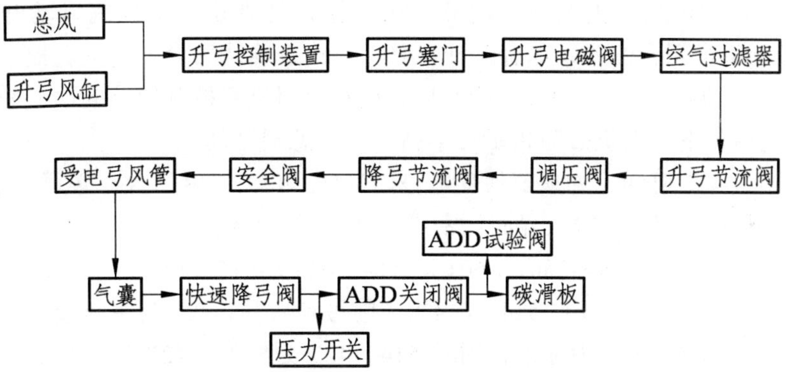

图 4-4-4　受电弓气路检查

（1）检查总风缸或辅助风缸压力。

①升弓风路风压是否高于 650 kPa，在初次升弓合扳键开关时，如风压低于 480 kPa，辅助风泵会自动打风，当达到 735 kPa 时，辅助风泵打风停止，将受电弓扳键开关置断开位后再置升弓位，受电弓升起。

②也可以手动一直按着制动柜上的“辅压机”按钮不松，手动打风到 700 kPa 以上，再进行手动升弓。

③辅助风泵长时间打不起风，关闭 A24，手按“辅压机”按钮打风到 700 kPa 以上，升弓合主断、合风泵扳键开关，打风至 700 kPa 后，开启 A24。

（2）检查控制电压不低于 96 V。低于 88 V 微机报警，低于 77 V 微机断电。

（3）隔离升不起的受电弓，换弓升弓试验。

（4）升弓时仔细听升弓电磁阀 YV41/42 是否得电动作，如果动作问题就出在气路上，并查看升弓控制阀板压力表是否有压力；如果不动作再查找电路问题。

（5）检查气路中的各个阀门是否在正常开启状态。

①确认制动柜上总风塞门 A24 在开启位。

②确认制动柜升弓模块 U43-13 在开启位。

③确认制动柜上 U99 塞门在开启位，此阀门是一个蓝色钥匙，应处于垂直位置，且蓝色钥匙拔不出来。

④检查升弓塞门 U98（升弓阀板下方），应置于顺开位（与管路水平）。

受电弓电路方面的检查如图 4-4-5 所示。

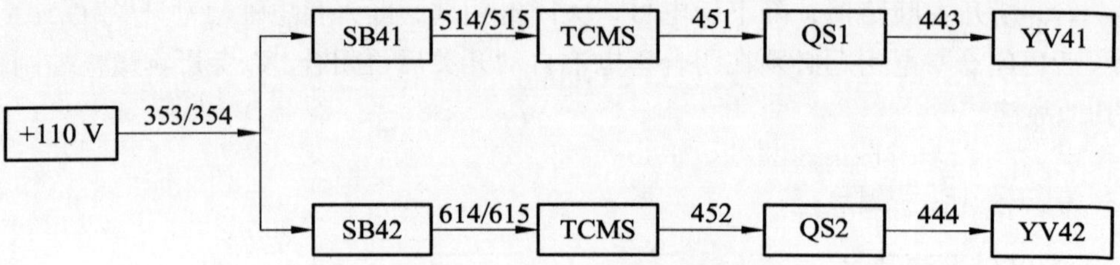

图 4-4-5　受电弓电路检查

首先检查控制电器柜上的各种电器开关位置，特别是司机控制自动开关 QA43、QA44，应置于正常闭合位置，如有跳开现象，请检查确认后合上开关。提示：QA43 控制一室，QA44 控制二室，自动开关跳开后，相对应司机室控制回路断电，最明显的是主断断开、受电弓降下，微机故障指示灯不亮，产生惩罚制动。

由电路图 4-4-7 可知，如果要使受电弓 YV41（42）得电闭合，必须满足以下条件：（注：检修状态下信号输出/输入界面，密码：000，绿色为正常）

（1）闭合升弓开关，观察 501（601）、514（614）/515（615）、425 信号颜色。其中 501/601 为电钥匙，515（615）、514（614）为前弓和后弓，425 为主断接地开关。如在 I 端升前弓，501、515、425 为绿色，同时 514、427 为黑色。427 为 I 端受电弓隔离开关信号，如相应号码显示异常，说明其开关接触不良，可反复断合几次。

（2）高压隔离开关 QS1（QS2）必须位于正常闭合位（421 得电，422 得电）。

（3）升弓钥匙阀（U99）应处于垂直位置，检查 824 处于得电状态。

（4）检查控制风缸压力表，风压低于 480 kPa 时辅压机压力开关 KP58 信号 812 得电，高于 650 kPa 时 812 失电，风压达到 735 kPa 时辅压机压力开关 KP57 信号 811 断开。

（5）检查受电弓压力开关是否动作。通过 TCMS 微机屏确认 448/449 是否处于失电状态，管路漏风或压力开关损坏会造成受电弓压力开关动作。

（6）TCMS 接收到 514/515（614/615）信号后，发出 451（452）信号。

（7）高压接地开关 QS10 开启（425 得电）和主断断开（431 失电），TCMS 在检测这两个信号正常（425 为高电平，431 为低电平）后才会发出 451（452）升弓信号。

（8）查询确认以上信号信息画面的方法：触摸微机屏上“检修状态”，输入“000”后点确认，然后点击“信号信息”，通过翻页即能看到相应的线号状态。如 451（452）是绿颜色，说明微机有电信号输出；如 451（452）是黑颜色，说明还不具备升弓条件，要查一下微机显示屏检修状态下信号信息画面；如在 I 室升 I 端弓，501、515 为绿色，427、434（库内试验）、448、812、829（辅助空压机继电器）、431、452 为黑色；如没有按上述显示，查找并解决相应故障点，解决后就可以正常升弓。

2）机车合升弓开关后、辅助风泵不打风故障

通过原理可知，在辅助风泵无法自动打风的情况下，可按照下列条件来判断其故障原因：

（1）检查升弓开关输入信号（SB41/SB42）514、515、614、615。

（2）检查 TCMS 输出信号 829（829=1）。

（3）辅助压缩机继电器 KMC1 故障不吸合。

（4）辅助风泵（833、400K）无电源。

（5）辅压机压力开关（KP57）811（811=1）和辅压机压力开关（KP58）812（812=1）是否得电。应急时，直接在制动柜上按压“辅助压缩机”按钮 SB97，进行打风。辅助压缩机控制电路如图 4-4-6 所示。

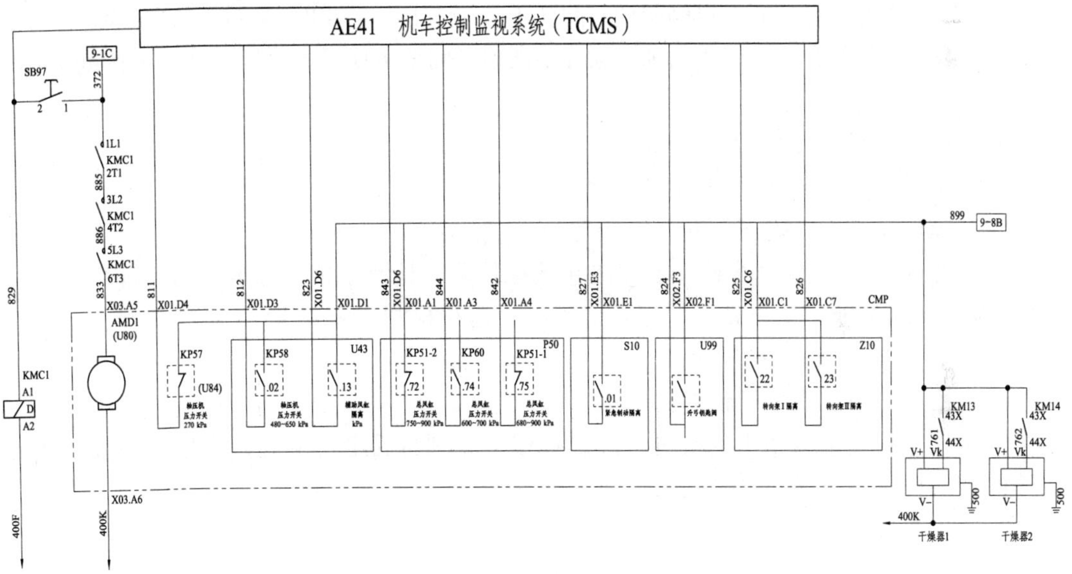

图 4-4-6　辅助压缩机控制电路

3）受电弓降不下来故障

降不下弓主要是升弓电磁阀没有失电，或者是升弓电磁阀没有将受电弓里的风排出。一般情况下可将管路柜上的蓝色钥匙转 90°，将钥匙拔出，受电弓可降下。但也有降不下弓的时候，即使断了蓄电池总开关后，受电弓也降不下来，这时是升弓电磁阀卡滞了，受电弓里面的排风通路被堵死使之无法排出。

解决办法：用木柄等硬物敲击升弓电磁阀，能听到电磁阀排风声音，受电弓就降下来了。

4）受电弓自动降弓故障

（1）立即停车，检查弓网状态，如弓网故障，按照《防止弓网故障（事故）措施》

进行处理。

（2）检查总风缸压力和辅助风缸风压表，应高于 480 kPa 以上，如风压低，闭合升弓扳键，辅助压缩机将会自动打风，辅助风缸风压达到 735 kPa 后，辅助压缩机停止，断开升弓扳键至降位再回 0 位，再次重合即可升弓；也可不合升弓扳键，在制动柜处按压右上方辅助压缩机按钮 SB95，使用辅助空压机打风后再升弓。

（3）检查控制电器柜司机控制自动开关 QA43 或 QA44 是否在闭合位，断、合几次，防止假跳。

（4）操作控制电器柜上的“受电弓故障隔离”开关隔离故障受电弓。

（5）进行高压绝缘检测，绝缘检测正常时，升起另一受电弓维持运行。

（6）受电弓自动降弓是靠自动降弓压力开关进行控制，自动降弓压力开关是一种将气压信号转化为电信号的装置，由于 HXD3C 设置了升弓延时，如果受电弓在 25 s 内未升起（程序设定），微机在规定时间内没有收到 448（449）的低电平信号，则微机判断为受电弓风路漏风，发出降弓指令，同时会在微机屏上显示“Ⅰ（Ⅱ）端自动降弓装置动作”。

受电弓从离开落弓位升至接触网的时间应不大于 5.4 s，如果时间过长，需要缩短升弓时间，如果升弓时间符合要求但仍出现自动降弓故障，需要更换受电弓压力开关进行试验。

5）发生弓网故障的处理

（1）主手柄置“0”位、断主断、降弓、停车。

（2）确认受电弓已降下，断开电钥匙。

（3）使用 6 A 高压绝缘检测装置进行绝缘检测，检测正常后才能升弓。库内检测：<19 kV，绝缘报警，禁止升弓，报检修处理；运行检测：<15 kV，绝缘报警，禁止升弓，立即拨打 110，按其指导执行。

（4）检查车顶及受电弓状态。

（5）操作控制电器柜上的受电弓隔离扳钮，分别将受电弓隔离，在网侧柜确认相应高隔断开，再次进行高压绝缘检测，确认故障位置。

（6）隔离故障弓方法：

①断主断、降下受电弓；

②操作控制电器柜上的“受电弓故障隔离”开关，隔离故障受电弓。如隔离第 1 受电弓，就将隔离开关打至受电弓 1 隔离位置；

③关闭该受电弓的供风塞门 U98。

（7）上车顶处理时，打开车顶门程序：

①将空气管路柜上的升弓风路蓝钥匙 U99 旋转拔出，切断升弓风路。

②将蓝钥匙插入接地开关钥匙箱旋转 90°。

③操作接地开关 QS10 手柄，向右旋转至“接地位”。

④旋转黄色钥匙并取出。

⑤将黄色钥匙插入安全联锁钥匙箱旋转。

⑥任意旋转一把绿色钥匙取出。

⑦用绿色钥匙打开车顶门。

4. 主断路器故障

1）主断路器合不上故障

在主断路器无法正常闭合的情况下，可通过检查下列条件是否满足来判断主断无法闭合的原因：

（1）确认受电弓在升弓状态，网压应大于 17.5 kV，低于 31 kV。

（2）网压为零，检查控制电器柜上“网侧电压”自动开关 QA1 应在闭合位。

（3）确认风压不低于 450 kPa（初次合主断风压为 680 kPa），如受电弓能升起，也可观察微机屏是否提示“主断气路压力低”，若低时，使用辅助压缩机打风至 700 kPa 以上。

（4）检查、确认主手柄回到“0”位，微机屏显示司机控制器级位显示“0.0”级。

（5）检查两端司机室“紧急制动按钮”（SA103/SA104）在弹起位。

（6）检查司机室过分相按钮在正常弹起位。

（7）检查 TCMS（微机显示屏）是否显示主电路过流、主电路接地、辅助变流器过流过载等故障信息。

①主变压器过流时，按压一次微机复位按钮，如还不能恢复，将控制电器柜主变流器控制开关 QA46 断开 30 s 后再闭合。

②主变流器接地或牵引电机过流时，按压一次微机复位按钮，如还不能恢复，可通过 TCMS 将相应的主变流器（CI）切除。

③辅助变流器过流或过载时，等待 10 s 后再闭合一次主断，如故障信息 2 min 内不能消除，将控制电器柜辅助变流器自动开关 QA47 断开 30 s 后再闭合。

（8）检查气阀柜上 U43.14（红色“主断塞门”）是否在垂直位。

（9）检查控制电源柜上 CI 试验开关 SA75 位置是否在“正常”位。

（10）关闭自动过分相装置（微机柜下方）。机车过分相后合不上主断，先将主断扳键开关扳向“断”位，再扳向“合”位；如仍合不上主断，断开控制电器柜上的自动过分相装置开关或微机柜下方自动过分相装置电源开关，使用手动过分相。

（11）确认制动显示屏上无“动力切除”显示，如有“动力切除”显示，将大闸置抑制位 1 s，“动力切除”消失后，回运转位。

（12）断开蓄电池 QA61，进行大复位。

提示：发生非正常情况跳主断，必须将主断扳键开关先置“断”再“合”。

2）主断断不开故障

（1）乘务员发现该故障一般是在过分相的时候，使用半自动过分相按钮无效时，手动断开主断扳键开关 SB43（44）。

（2）如果仍无效，过分相后可以采取停车处理，也可以采取机车最轻载过分相方法维持运行，在适当的站停时间进行大复位。

具体方法：在过分相前，主手柄回到“0”位，手动切除 APU1\APU2，可降弓也可不降弓（如果采取降弓的方法，可以将制动单元内的 U99 蓝色钥匙转动 90°置于关闭位，降弓过分相），过完分相后恢 APU1\APU2，使机车维持运行，在停车站断蓄电池 QA61 进行大复位。

（3）如果采取停车处理，停车后，查看 453 颜色状态，如果 453 为绿色，说明微机没有送出断主断的指令，是微机的原因；为了进一步确认主断触头是否粘连，拍打司机室紧急按钮，再恢复紧急按钮，仔细听主断是否有断开、闭合的声音，如果主断断开、闭合正常，对机车进行大复位，主断断不开现象可能消失。

（4）如果 453 为黑色，按动紧急按钮再恢复，也未听到主断断开、闭合的现象，说明是主断主触头粘连，这时无论怎样处理也没有办法，只能带电过分相或降弓过分相，维持机车运行。

3）主断异常故障

微机（TCMS）没有收到主断正常的主断辅助触点信号，延时 3 s，微机报警“主断异常”。

逻辑设定：主断闭合后，主断辅助触点闭合，431 给出微机高电平信号，在微机屏（TCMS 显示屏）能查看到 431 是绿色；主断断开，主断辅助触点也断开，431 给出低电平信号，431 是黑色。

主断异常有两种：

第一种是机车行车时，一直报主断异常，只有在过分相断开主断时，或人为断开主断时才不报故障。这种情况是微机一直没有收到 431 的高电平信号，也有两种可能情况，一是传输信号的线路断了；二是主断故障，即是主断辅助触头故障。线路查找简单办法是测量连接主断插头的 355，如不带 110 V 电压，是此前的 355 线路故障，如有 110 V 电压，短接 355 与 431，如微机屏中 431 变绿色，说明 431 的线路正常，当短接 431 时，微机屏中 431 没有变绿，仍然是黑色，说明此处到微机的 431 线路有故障。

第二种是机车正常行车时，不报故障，在过分相或断开主断时，才报故障。故障也有两种情况，一是线路短路了，在 431 线路中串入了 110 V 的电源；二是主断故障，辅助触点一直闭合，431 线一直给微机送出主断闭合的信号。查找方法同上。

Part V

项目五 HXD1B 型机车网络控制

【项目描述】

HXD1B 型机车是在 BR189 和 EG3100 型交流传动电力机车基础上研制的交流传动 6 轴 9 600 kW 干线货运电力机车。HXD1B 型电力机车采用 SIBAS32 控制系统和 TCN 通信网络，分为中央控制系统 CCU 和牵引控制系统 TCU 两大系统。机车内部由 MVB 总线连接全部 SIBAS 部件及其他部件，机车之间通过 WTB 总线连接进行重联控制，机车上还装备了制动系统 CCBⅡ和预留了分布式动力控制系统 LOCOTROL 接口，CCU 采用双套热备冗余，系统具有当代机车微机网络控制的先进性。本项目是对 HXD1B 型机车网络控制系统的整体认知，在了解 HXD1B 型机车特点和网络控制系统的组成和功能的基础上，掌握 HXD1B 型机车网络控制系统 SIBAS 的功能和各网络控制部件的作用，掌握 HXD1B 型机车信息显示及其操作方法、数据下载及分析方法，灵活处理 HXD1B 型机车网络控制系统故障，为学习 HXD1B 型机车网络控制技术和网络系统的操作与维护打下基础。

任务 5.1 HXD1B 型机车网络控制系统概述

知识目标

（1）熟悉 HXD1B 型机车特点。

（2）掌握 HXD1B 型机车网络控制系统结构。

（3）熟悉 HXD1B 型机车的 WTB 实现原理。

（4）熟悉 HXD1B 型机车的 MVB 实现原理。

技能目标

（1）能够画出 HXD1B 型机车网络拓扑结构图。

（2）能够叙述 HXD1B 型机车 MVB 设备的 TCN 地址。

（3）能够正确说出 HXD1B 型机车控制系统部件及其功能。

素质目标

（1）培养学生遵章守纪、爱护列车通信网络设备的职业道德。

（2）培养学生学习新技术、新知识的意识。

（3）培养学生勇于创新、开拓进取的意识。

（4）培养学生严谨认真、精益求精的态度，提升学生合作、应变与可持续性发展的能力。

（5）使学生能客观、公正地进行学习效果的自我评价。

知识点学习

5.1.1 HXD1B 型机车概述

HXD1B 型电力机车是一种用于牵引速度为 120 km/h 的重载长大列车的 6 轴 9 600 kW 干线货运交流传动电力机车，能满足长距离区间、长大坡道上牵引重载长大编组货运列车运行的运输需要，如图 5-1-1 所示。HXD1B 机车是一种轴式为 Co-Co 的新型重载电力机车。机车整备重量为 150 t，对应轴重为 25 t，这能使机车发挥更高的牵引性能。机车设计在交流 25 kV/50 Hz 的电压制式下运行。

BR189 和 EG3100 型交流传动电力机车是 HXD1B 型大功率交流传动电力机车的原型车。

图 5-1-1　HXD1B 型机车

1999 年 8 月，为了满足将来跨国运输的要求，德国联邦铁路货运公司将原 100 台 152 系列电力机车的订单改成了 189 系列四流制电力机车，广泛运用于德国铁路的客运和货物运输。BR189 型机车是 4 轴机车，车内设备布置在两侧，形成中间走廊布置的格局，如图 5-1-2 所示。该机车为客货运通用性机车，其电传动技术为水冷 IGBT 四象限变流器和逆变器、轴控交流异步牵引电机、SIBAS32 微机系统，机械部分采用整体式承载结构。

图 5-1-2　BR189 型机车

1997 年，丹麦国家铁路向西门子公司交通技术部购买了 13 台 EG3100 型机车。西门子公司的 VT 部门直接对该新机车的牵引及电子设备负责，其转向架全部在西门子杜伊瓦克轨道机车有限公司（克雷菲尔德－于丁根）、西门子 SGP 交通技术有限公司（奥地利格拉茨）生产，机车车体仍然由西门子的克劳斯－马菲机车有限公司负责。EG3100 型机车如图 5-1-3 所示。

6 轴大功率交流传动电力机车——HXD1B 型电力机车参考了 BR189 机车和 EG3100 机车的设计，为适应中国的线路条件和运用要求，主要在以下方面进行了自主创新：

图 5-1-3 EG3100 型机车

（1）为适应国内干线重载货运需求，机车轴重加重至 25 t，整车功率增至 9 600 kW，起动牵引力增至 570 kN，以提高机车和车列运输能力。

（2）为适应国内干线重载货运需求，车体强度压缩载荷增至 3 000 kN，拉伸载荷增至 2 500 kN。

（3）为提高机车运用可靠性，将 EG3100 的架控技术改为了轴控技术，主传动系统故障冗余度从 50%提高到 83.3%。

（4）为适应国内干线长交路运用要求，HXD1B 机车增加了床、卫生间、微波炉及冷藏箱等生活设施，以改善司乘人员操作环境，提高司乘人员舒适性。

HXD1B 机车主要技术特点：

（1）采用模块化、标准化、通用化设计，并充分考虑噪声、防火、安全及维护等设计要素。

（2）机车设有 2 个水冷牵引变流器，每个变流器包含 2 个四象限整流器以及 3 个为相应 3 台牵引电动机供电的主逆变器和 1 个为辅助设备（如牵引通风机和压缩机）供电的辅助逆变器。逆变器电机控制上采用单轴控制技术，黏着利用率高；轴牵引功率为 1 600 kW，电制动采用再生制动。

（3）辅助电源系统采用主辅一体化设计，可以实现过分相持续供电，故障冗余度达 100%，电源品质好；辅机采用无级闭环控制，效率高，节能降噪。

（4）控制系统采用符合 TCN 标准的网络控制系统，机车内部的通信通过 MVB 总线实现，机车间的通信通过 WTB 总线实现，CCU 采用双套热备冗余，系统具有当代机车微机网络控制的先进性。

（5）车体采用整体承载结构，并以中央梁为主要传递牵引力构件，具有高强度、低质量的优点，适合重载牵引。

（6）重载牵引的 CO 转向架，采用低位双牵引杆，构架强度高，结构合理，基础制动采用轮盘制动。

（7）采用基于 AAR 标准的 CCBII 空气制动系统，适合重载列车制动。

（8）采用独立的机械室通风系统，并具有冬夏季转换功能，使得机车的内部环境清洁，通风效果好。

5.1.2 HXD1B 型机车网络控制系统

HXD1B 型电力机车采用 SIBAS32 控制系统和 TCN 通信网络，分为中央控制系统 CCU 和牵引控制系统 TCU 两大系统。机车内部由 MVB 总线连接全部 SIBAS 部件及其他部件，机车之间通过 WTB 总线连接进行重联控制，机车上还装备了制动系统 CCBII 和预留了分布式动力控制系统 LOCOTROL 接口。它的网络拓扑结构如图 5-1-4 所示。

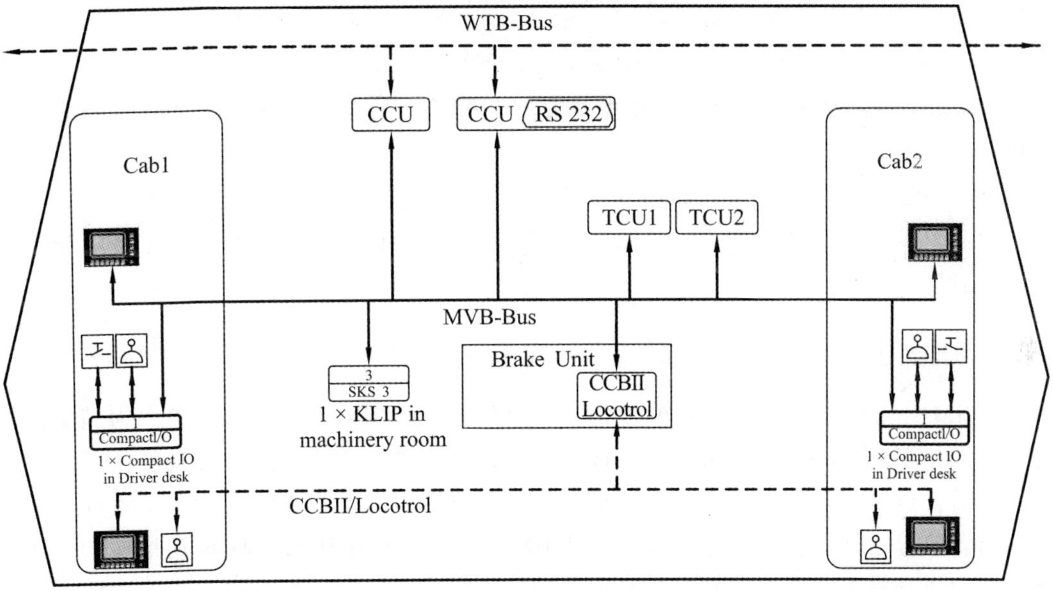

图 5-1-4 HXD1B 型电力机车网络拓扑图

1. 网络控制系统各部件主要功能

1）中央控制单元 CCU

CCU 承担机车车辆控制管理功能，直接完成或协作完成的车辆的控制，监控功能。

CCU 为 32 位 SIBAS32 西门子列车自动化系统微机控制设备。CCU 有如下设备：网关、带 AMVB 模块的中央处理器、电源。

2）制动控制单元 BCU

HXD1B 型机车的制动控制单元是德国克诺尔公司提供的 CCBII 制动系统主机。制动控制单元承担除电制动以外的制动设备控制和管理功能。电制动由 TCU 控制。

3）牵引控制单元 TCU

牵引控制单元承担电气牵引设备控制和管理功能。

牵引控制单元也包括辅助变流器的控制。

4）智能输入输出终端 SKS3

SKS3 分布式输入输出系统减少了车辆布线，提高了车辆控制和诊断的可靠性。通过输入输出终端，系统可以对未与 MVB 直接连接部件设备的信号进行采集和控制。输入输出终端的模块化结构帮助系统实现对特定设备的优化控制。

5）紧凑型智能输入输出终端 CIO

紧凑型智能输入输出终端是司机室内的专门为数字信号输入/输出而设计的设备。

6）微机显示器 HMI

HMI 由显示屏和 PC（个人计算机）组成。显示单元是由 SIBAS 控制、仪表显示和车载诊断系统的人机界面。显示屏为司机提供故障显示、限制性的功能，并提供相应操作提示。

7）网关 Gateway

网关提供 WTB 和 MVB 之间的数据交换。网关中的过程数据处理 PDM 决定 MVB 的哪组数据被传送到 WTB。

8）分布式动力控制系统 Locotrol

本部件为可选择安装部件。它的任务是与重联机车的另一节车进行无线通信。其 MVB 端口必须定义。

2. HXD1B 机车的绞线式列车总线 WTB

HXD1B 型机车的绞线式列车总线连接列车中不同车辆上的电子设备。为满足此功能，不同的车辆总线通过网关相互连接。列车总线在列车总线节点与总线停止通信或开始通信后，可以恢复同其他设备的通信。例如车辆连挂之后或解编之后，总线以变化后的参与者数目运行。总线参与者数目的最小值为 2，最大值为 32。TCN 地址在列车初始化过程中（开机）动态配置到参与者中。列车初始化发生在每次总线配置发生变化后，如每次编组之后。在此过程中，总线的正常数据交换完全停止。当新的总线配置确定之后，数据交换重新开始。系统初始化期间各个参与者的 TCN 地址配置完成。主控器通过申请而明确设定（如通过钥匙开关的操作）。

总线系统物理层由铜质双绞线组成，数据传输速率为 1 Mb/s。总线长度可长达 860 m。为提高总线系统可靠性，总线系统采用全系统冗余设计技术，每个列车总线节点有四个接口，每单个总线节点有一个普通接口和冗余接口，每个接口连接上一节点以及下一节点。每根总线电缆从一个节点铺设至另一节点并在每个总线节点处形成闭环。在总线终端节点，通过网关上的继电器与匹配的终端电阻（120 Ω）相连。

依照国际铁路联盟（UIC）标准，HXD1B 机车报文数据分为 2 种不同类型：

R1-报文：由主控车辆传输至所有从控车辆（控制数据）。

R2-报文：由所有从控车辆传输至主控车辆（状态数据）。

网关实现车辆信号向列车总线的转换。系统采用“忙”位监控数据的正确传输。HXD1B 机车 WTB 通信示意如图 5-1-5 所示。

1）重联选择

HXD1B 机车的 WTB 仅通过车辆间的连接器与从控机车相连。通过使用两套独立的电缆来实现冗余，机车没有遥控连接功能。

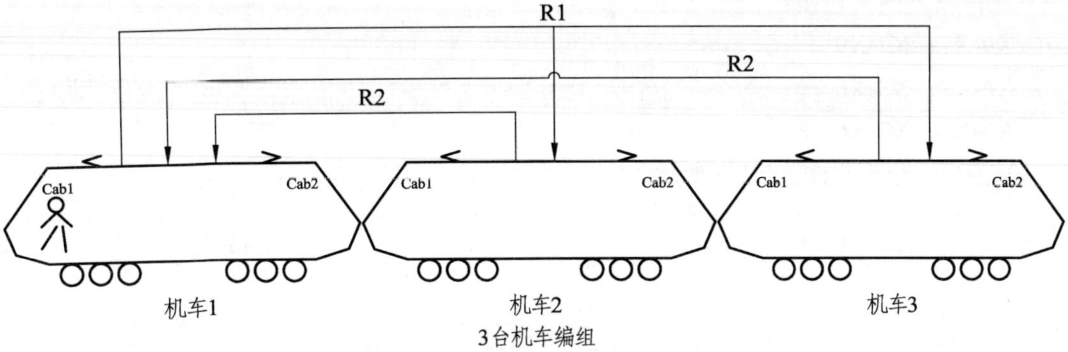

图 5-1-5　HXD1B 机车 WTB 通信示意图

HXD1B 机车平常处于单机牵引模式，当需要多机重联运行时，可通过车端的连接器将 2～3 台机车连接在一起，组成多机牵引模式。在这种模式下，主控机车和从控车是有级别区分的。操作钥匙开关处于 1 位的机车总是被认为是主控机车。所有其他机车被认为是从控车。在所有有电气连接的机车组中，其处于 1 位的操作钥匙开关多于 1 个，则机车组不能运行。此时，状态显示为主控冲突。WTB 连接如图 5-1-6 所示。

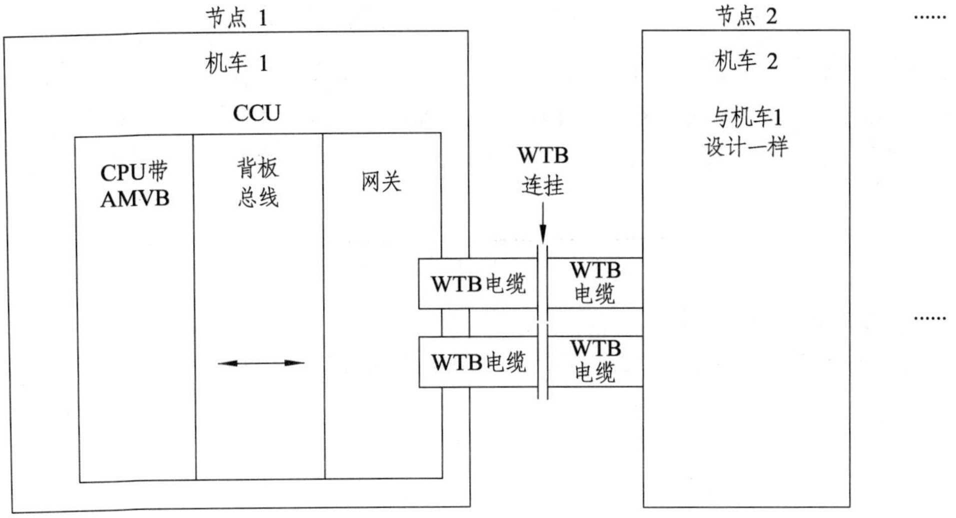

图 5-1-6　WTB 连接示意图

2）WTB 电缆连接

WTB 电缆连接包含 WTB 电缆请求和安装在重联机车上的 WTB 电缆请求。

WTB 电缆请求要求电缆连接必须冗余、阻燃以及满足 EMV 安全，WTB 总长度短于 860 m，必须满足 IEC61375-1 标准，如有可能，可采用预制跨接电缆以保证 WTB 连接有可靠的质量。

安装在重联机车上的 WTB 电缆请求要求单节机车的冗余网关对必须以相同方向安装。重联机车中两节机车（网关）以不同的方向组合（机车后端组合）。

允许以下插头连接：

X9-X7；X7-X9

X6-X8；X8-X6

X9-X8；X7-X6

WTB 电缆连接如图 5-1-7 所示。

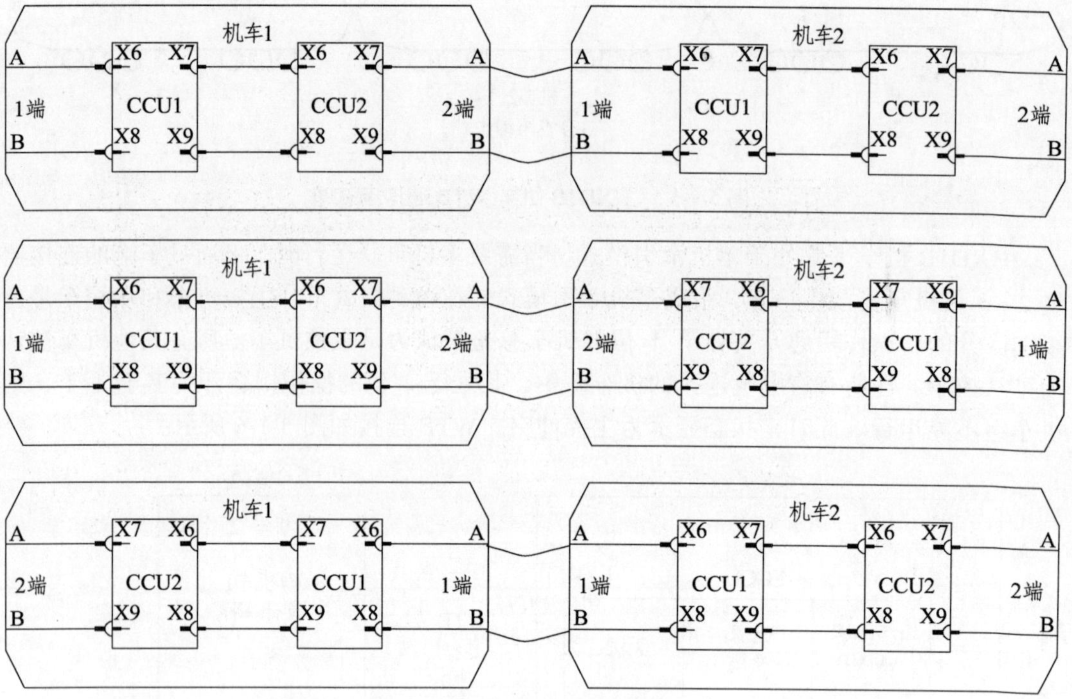

图 5-1-7　WTB 电缆连接

3）过程数据编集 PDM

为交换重联机车车辆之间的过程数据，系统必须进行过程数据处理。在过程数据处理过程中，相关的 MVB 信号在网关中被分配到 WTB 过程数据中。HXD1B 配置必须考虑三机重联。T.01 为机车组的主控机车，亦为列车总线控制器。紧接着，根据列车初始化结果，T.02 到 T.03 为第一到第二从控车。PDM 区分不同的信号类型（输入，输出，中继）以及不同的运行模式（主控、从控）。

（1）WTB 信号描述。

其包括 WTB 要传输的数据以及其信号。4 种 128 位的报文相互区别（MVB 分解位组）。

1 型报文-WTB 端口：主控机车。

R1 报文-信号从主控机车到其他被控机车。

2 型报文-WTB 端口：被控机车。

R2 报文-信号从被控机车到主控机车-R2 报文。

报文包含以下信息：

报文中的信号偏移量；

信号分组；
信号名称；
数据类型；
信号描述；
信号检验位。
WTB 通信的软件结构如图 5-1-8 所示。

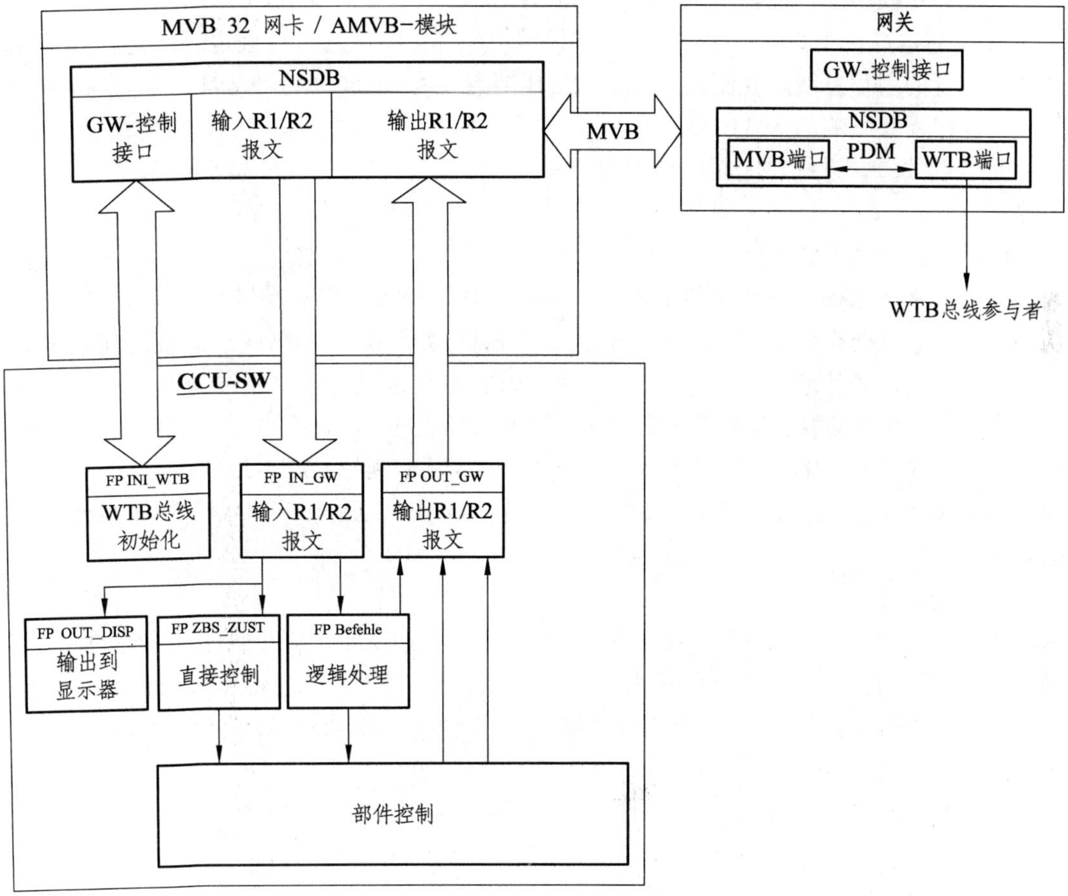

图 5-1-8 WTB 通信的软件结构

（2）列车组态。

列车组态要实现以下内容：

建立 3 个 WTB 总线成员（节点）；（系统限制为 22 个）

每个节点支持重联；

列车节点通过部件“网关”实现；

网关冗余设计。这种情况下，CCU 和网关组成一个单元，其中一个网关处于激活状态，另一个网关处于待机状态；

最多支持 3 节机车重联；

有一个主控机车；

需要区分主控机车和从控车；

每个 WTB 节点均有静态和动态车辆特性；

主控机车的位置可以是列车中的任意位置。

（3）列车初运行。

列车初运行包括 TCN 及 UIC 初运行，两者都是 UIC 映射服务器的一部分。

采用弱主控原理，这表示主控机车和列车总线主控有严格的区分。

TCN 初运行始于新的列车配置，列车扩编或解编。TCN 初运行确定一个可以在 WTB 的任意位置的列车总线主控制器。每个 WTB 节点成为 TCN 的物理地址，通过远程遥控开关可以将受其影响的 WTB 节点剔除，该节点不受初始化影响。TCN 初始化之后，由于中间节点故障，系统对无新的初始化会有反应。新的初运行仅开始于列车尾部的节点故障。

UIC 初运行在 TCN 初运行之后，每个节点成为一个逻辑地址（UIC 地址）。节点的数字编号从列车结构的尾部开始增加。当一辆车处于操纵端或非操纵端时，UIC 初运行启动。如果车辆处在列车起始端，则车辆 UIC 地址为 1；如果操纵端车辆不在列车尾部，则列车近端的车辆的地址为 1。这表示主控车辆的 UIC 地址并不是始终为 1。UIC 初运行过程中，系统动态参数由配置器调节。这种情况仅发生在 TCN-网关管理（网关的 NSDB）和库内运行时。这些参数存储在初运行框架中，这涉及车辆的 UIC-ID（即机车数字编号）。如果每个 WTB 参与者没有明确的 UIC-ID，则不能进行 UIC 初运行，不需要修改或确认初运行。

（4）配置器。

UIC 初运行之后，配置器启动，它由 TCN-PT 工具设计。配置器计算字符的存储空间，根据字符的存储空间给出存储地址。系统采用配置器进行机车列车设置。

系统可以区分主控车，从控车以及重联机车孪车。以下名称空间是有效的：F，G01-03，TZP，T.02。以下功能必须在 TCN-PT 协助下进行：（100）库内运行；（101）库内读数据；（249）SNS 本地解决；（15）UIC 映射服务器；（244）配置器；（250）小名称服务器；（251）路由器。

一些非 NSDB 内容的特殊静态车辆特性在库内动车期间在网关中登记。库内运行始于 CCU 启动之后，库内动车是配置器的一部分，因此功能 244 在 TCN-PT 协助下建立。

通过使用机车配置器可以实现简化的库内动车，这表示只传输部分机车配置数据。系统采用来自机务段 UIC-ID（见 TCN-PT）。静态车辆特征必须在机务段消息中得到明示。已计划的列车设置特征值（TCN-PT）总是有效的。

每次 CCU 启动之后，UIC-ID 便确定了。然后系统读取网关存储的消息。网关中已登记的 UIC-ID 同来自 CCU 的机车号码相比较：如果两者不同，则启动新的库内动车；如果回复成功，则网关已重新设置且数据已存储在存储器中。库内运行从功能 100 and 101 开始。

库内运行也可以始于受监控编程的背景编程。例如可以通过 CCU 输入新的机车号码。

存储数据通过硬件启动评估。这表示当 TCN 6U 网关的重启时，系统识别存储数据的变化（通过消息数据）。

库内动车（含以下重启）在 CCU 功能包 INI_WTB 中实现。

（5）WTB 通信。

WTB 通信包括过程数据（R-报文）和消息数据，也包括控制数据，它与设计无关。所有报文符合 UIC-标准 556。

过程数据-报文：

过程数据通信由网关的 PDM 组织，它在 UIC 初运行和配置之后开始运行。

过程区分为 R1 和 R2 报文，以 100 ms 的周期在列车总线上广播（也可以采用其他循环周期，但是会影响 PDM）。R1 报文为控制数据，仅由主控机车发送。

R2 报文是来自从控机车的状态数据。R2 报文的处理开始于网关启动之后（TCN-PT）。

UIC 字头是一种报文，它由 TCN-PT 设计确定。

消息数据-报文：

一般情况下，消息数据较长，但是没有时间限制。E-报文由单个事件触发并仅发送一次。所有 WTB 参与者都有明确地址。

（6）网关-控制-接口。

通过 CCU，网关的控制接口调节车辆的动态特性以及运行模式。

控制接口可以控制网关的特定功能。控制接口亦可以通告网关状态以及报告列车总线拓扑。

过程数据端口由 TCN-PT 定义。

（7）控制功能。

如果本节机车是操纵端，CCU 发出请求“主控机车”到网关。如果多节机车成为操纵端，则系统中立。此时，忽略已收到的 R1/R2 报文。

调整 PDM 处理模式，以便于可以使用映射服务模块。

定义以下功能，并将其作为过程数据发送到网关。

SetMasterMode-主控模式：2-弱节点；

SetPDMMode-PDM 模式：15-由初运行的结果调整 PDM；

LeadingRequest-主控车辆：1 $LEADREQ。

当司机室成为操纵端的时候，启动新的 UIC 初运行。如果此时另外一个司机室成为操纵端，则忽略本次 UIC 初运行。如果操纵端司机室被取消，信号“主控请求”将保持一段时间，使车辆处于主控状态，以便于可以发出 R1 报文。

如果发生以下情况，信号将存储下来：

本节机车司机室成为操纵端；

其他机车没有激活主控申请信号（来自 NADI 的信号）。

如果发生以下情况，解除机车激活：

超过 2 s，司机室没有成为操纵端。

LeadingDirection-牵引方向$LEADDIR。

本信号定义列车中主控机车方向（0-方向：司机室；1-方向：重联机车孪车方向）。

一旦其他司机室成为操纵端，则该信号激活。因此，当司机台取消操纵端时，方向不变。

如果发生以下情况，信号则存储下来：

司机室 2 为操纵端，或者司机室 1 为非操纵端。

如果发生以下情况，取消激活：

司机室 1 为操纵端。

（8）拓扑分析报告。

拓扑分析报告来自网关包含以下信息，并且通过过程数据发送到 CCU：

NodeAddr——网关的节点地址（TCN-地址）;

UICAddr——UIC 地址；

NumberOfNodes——在列车总线中的节点编号；

Bottom——终端节点的 TCN 地址，沿列车总线主的下降方向；

Top——终端节点的 TCN 地址，沿列车总线主的上升方向；

UICORIENT——UIC 方向，节点方向符合 UIC 方向（01——同向，10——反向）;

TopoCounter——拓扑计数器；

TopoValid——拓扑有效；

Inauguration——初运行被激活；

Leading——主控机车；

UWTMState——UIC WTB 管理者状态，3：PDM 未运行（无效 NADI 或节点不在 NADI，由于库内故障）。

（9）信息报告。

信息报告以过程数据形式，由网关发送到 CCU（端口 7）:

NodeStatus 节点状态-WTB 节点状态字：

Bit12 线路 B，方向 2 故障；

Bit13 线路 B，方向 1 故障；

Bit14 线路 A，方向 2 故障；

Bit15 线路 A，方向 1 故障；

GatewayStatus 网关状态-网关状态字：Bit8-WTB 总线处于激活状态；

NSDBVersion-NSDB 版本；

SwVersion-软件版本（固件）。

（10）控制接口信息。

控制接口信息由控制接口生成（功能包：INI_WTB）:

$TCNADR-自身的 TCN 地址（H1 格式）;

$UICADR-自身的 UIC 地址（H1 格式）;

$UICADRH-自身的 UIC 地址（H2 格式）;

$LOKUIC1-自身的 UIC 地址为 1；

$NODESNB-WTB 节点编号；
$NODES2-2 台机车牵引模式；
$NODES3-3 台机车牵引模式；
$NODES4-4 台机车牵引模式；
$SINGLE-只有 1 个节点；
$INAUG-初始运行（初始化激活）；
$TOPOVAL-UIC 初始化有效；
$TOPOCNT-拓扑计数器；
$LEADING-车辆为主控车；
$BOTTOM-后端车辆的 TCN 地址；
$TOP-前端车辆的 TCN 地址；
$UWTM_3-库内运行（因 UWTM-故障 3）；
$01E3112-定位，机车方向与 UIC 相反；
$01E3111-定位，机车方向与 UIC01 一致；
$BUS_AKT-WTB 总线处于激活状态。

功能包 INI_WTB 的其他变量，也显示在控制接口信息里面。

R2-报文有效性：
$R21VAL：从控 1 R2 有效；
$R22VAL：从控 2 R2 有效；
$R23VAL：从控 3 R2 有效；

因为 WTB 初始化，牵引封锁 $01M4831；

故障显示：
故障开关，WTB 断开；
网关故障；
改变 WTB 节点的编号；
从控车辆的 WTB 节点故障；
列车总线故障存储；
主控冲突；
UIC 线路，电缆 A 故障；UIC 线路，电缆 B 故障。

（11）初运行的结果。

初运行的结果是对所有车辆进行编组。初运行帧存储在 NADI 中。

功能包 KONFIG 读入 NADI 数据，并且评估列车总线的信息。数据由功能块 NADI_TRN 和 NADI_VHC 提供。

① NADI_TRN。

通过此功能块，实际的列车总线组态以网关（NADI）消息数据请求发送。这种情况发生于每次 UIC 初运行。

比较拓扑计数器（OUTPUT TCO）与实际的拓扑计数器（INPUT TCI）的时候，要求读入 NADI。如果有差异，则要求新建 NADI。如果初运行还在继续，则不做比较，因为拓扑计数器无效（值为 FF）。

输出 NAD 是 NADI 的指针，该指针用于后续的 NADI 评估功能块，评估功能块运行于同一循环周期。SNP 输出值给 NADI 提供有效的指针。

② NADI_VHC。

该功能块从 UIC 车辆（NADI）读取整个数据集，其输出端给出车辆数据。功能块提供车辆数据到其输出端。列车组的每个车辆都必须有一个 NADI_VHC 功能块。

NAD 输入是 NADI 的指针（NADI_TRN 的 OUTPUT NAD），UAD 输入是读出的车辆 UIC 地址（1-4）。

以下输出信号有效：

TAD：TCN-地址-> $TCNAD01-4;

ID1：UIC-ID -> $ID01-4;

TIP：列车组车辆特性位字段的指针；

Oktett35：Bit0 车辆 UIC01-4 的 E-特性-> $O35_01-4;

Bit1 车辆 UIC01-4 的 V-特性-> $O351_01-4;

TIP：列车组车辆特性位字段的指针；

Oktett64：Bit6 车辆 UIC01-4 有司机台-> $O64_01-4;

VAO：其他信息；

Oktett71：Bit2 车辆 UIC01-22 是主控机车-> $O712_01-4;

Bit3 车辆 UIC01-22 主控请求-> $O713_01-4。

（12）评估初运行的结果。

功能包 KONFIG 对读入的 NADI 信息进行评估。

需要建立以下变量：

主控车辆的 UIC-地址：} LEADUIC;

在初运行阶段，直到 NADI 有效，该变量数值为 0。

因此，使用该功能块的输出信号：

NADI_TRN.AST（NADI 准备完毕）；NADI_TRN.BSY（正在加载新的 NADI）；NADI_TRN.ERR（NADI-故障）。如果主控车辆在前面，读取 UIC 地址并且赋值给变量。

要取得这些信息，FB NADI_VHC 的 UAD 输入要连接到 UIC-地址。

主控车辆：

只有一个主控车辆：$LEAD1;

多个主控车辆：$LEADCON。

主控请求：

只有一个主控请求：$LEADRE1;

主控冲突：$MASKONF;

来自单个节点的信息：车辆 UIC01-04 主控请求（$O713_01-04）;

Masterconflict 主控冲突；

有两种可能引起主控冲突：

重联的两台机车都给了司机钥匙。UIC 初运行启动，但是没有请求主控车辆。NADI 中有两个主控请求，因此发生主控冲突。

在主控车辆进行列车初运行的时候，另一节车的司机台给钥匙。这表示第二个主控请求被激活，新的 UIC 初运行启动。第二个主控申请无效，主控车辆维持主控状态。NADI 中有两个主控请求，因此发生主控冲突（$MASKONF）。

对主控冲突的响应：

过程数据的接收命令被封锁，激活替代值（R1）；

报告全部的显示内容。

（13）WTB 过程数据通信。

通过网关，过程数据在不同车辆之间交换。设计信号（TCN-PT）通过 PDM 进行信号编集处理。这个过程通过 TCN-PT 实现，并且为 NSDB 一部分。PDM 信号在总线系统 WTB 和 MVB 之间交换。

（14）PDM。

① 信号编集-输出。

主控运行模式：MVB 信号分配给 R1/P1 报文；

从控运行模式：MVB 信号分配给 R2/P2 报文。

② 信号编集-输入。

从控运行模式：R1 报文分配给 MVB 信号；

主控运行模式：读入从控车辆分配给 MCV 信号、独立发送 R2 报文。

（15）过程数据通信的有效性及其管理。

机车之间广播故障诊断设计：

Busy-Byte（数据刷新管理）；

MVB 报文管理的宿时间监视（连接故障，在 MVB 库文件 STDLIB 的输入 FB 中执行）。故障状态下输入信号设置为默认值。

Busybyte-管理：

在过程数据（R1/R2-报文）中，主控机车和从控机车必须发送变化循环。接收器必须验证忙位。如果无忙位变化时间超过 1 s，则设置为忙位故障。系统采用默认值。

3. HXD1B 机车的多功能车辆总线 MVB

多功能车辆总线（MVB）负责车辆内部数据交换。MVB 连接车载计算机、可编程存储控制器、单个传感器、单个执行机构等设备。每个独立的设备都被赋予固定的地址。信号在 MVB 总线上以过程数据或消息数据传输。

1）MVB 传输的数据类型

（1）过程数据。

过程数据是一种局部数据，其严格由一个设备设置的时间间隔周期性传输。过程数据的接收设备（接收器）的数目不受限制。控制命令、设置牵引数据、状态消息等车辆控制功能所需的数据通过端口传输。由于连续循环的数据响应确保安全，过程数据不需确认响应。

每个 MVB 组成设备在转换过程中占据一个传输存储单元。而传输存储单元被分为若干端口。一个端口就是一个过程数据的存储器。在 MVB 内部，过程数据通过端口号被标上地址。每个 MVB 组成设备都可收到此数据。该设备将端口号加入传输存储单元如接收器。如果网关的过程数据排序连接设计用于车辆之间交换，那么过程数据只能在车辆之间交换，也就是说可以越过 MVB 限制到另外的 MVB。在数据管理过程中 MVB 侧信号可以通过网关传输到 WTB 侧或者通过（与、或逻辑等）功能与 WTB 侧信号相连。

为使 MVB32 侧数据和 CCU 侧数据同步到达传输存储单元端口，MVB32 转换传输存储单元每个端口拥有一个双向缓冲区。CCU 发出的信号首先汇集到映象缓冲区，然后在适当的时间内拷贝进入双向缓冲区。反之，来自传输存储单元双向缓冲区的数据在适当的时间内拷贝进入映象缓冲区。此时，该数据可为 CCU 所用。双向缓冲区的数据写入和数据读出在同一端口同时发生。

（2）消息数据。

消息数据一般较长，但短于局部数据。消息数据仅在有请求时传输。消息数据传输为偶然控制，如诊断数据。因为消息数据仅在有请求时传输，所以传输安全需要回复确认来保证。

消息数据在 TCN 两个管理者即 MVB 传送器与 MVB 接收器之间交换。因为这种交换，每个传送器与接收器被赋予一个功能单元，如门控或制动屏柜。TCN 中每个功能单元可通过其车辆地址和功能号直接赋予地址，如不同的 MVB 单元中的两个功能单元通过 WTB 使用含有车辆地址和功能号的地址交换数据。

2）MVB 设备的 TCN 地址

中央控制单元 CCU1 和 CCU2 以及牵引控制单元（TCU1 和 TCU2）组成控制系统的核心，这些设备相互连接。为便于交换数据，它们通过车辆总线 MVB 与其他子系统连接。

主控 CCU 作为车辆总线 MVB 的总线主。所有重要子系统连接到 MVB 总线，成为总线成员，SIBAS 接收并管理这些数据。在西门子 TCN-PT 工具的帮助下，基于这些数据，可产生所有 MVB 转换所需要的 NSDB 清单。同时由于端口明细含所有设备所关注的传输和响应数据，这些数据对所有 MVB 转换都有用。MVB 设备的 TCN 地址如表 5-1-1 所示。

表 5-1-1　MVB 设备的 TCN 地址

设备名称	TCN 类别	模块	设备地址
CCUM	4	AMVB-模块	16
CCUS	4	AMVB-模块	17
Gateway	2	TCN6U	20
TCU1	4	AMVB-模块	24
TCU2	4	AMVB-模块	25

续表

设备名称	TCN 类别	模块	设备地址
分布式动力系统和制动控制单元	1.3	PC104	31
HMI1	2	PC104	56
HMI2	2	PC104	57
SKS1	1	Compact I/O ext.	2064
SKS2	1	Compact I/O ext.	2080
SKS3	2	AS318-MVB	113

4. 列车网络组成

1）重联/取消重联

两节车的控制和设备通过 WTB 和控制线（比如：合主断，变压器等）组成一台车。HXD1B 最多可以 3 台机车重联。

2）列车初始化

（1）WTB 初始化（TCN 初始化）。

列车总线支持可变数量的列车组合，设计上支持多节机车。当列车总线的配置由于另外增加车辆而改变，一旦一端司机室的钥匙开关进行确认，整列重联车就会立即进行自动初始化。

初始化过程中，确定的 TCN 地址就会分配给每节车。TCN 地址标记每节车在重联车中的位置。TCN 初始化结束时，总线主控分配网络拓扑给列车总线的各个节点。

列车总线拓扑允许列车总线的各个节点确认 TCN 地址的起始和终止节点，其自身节点的 TCN 地址，其对总线的参考方向，列车总线其他各个节点的 TCN 地址和类型。

（2）逻辑初始化（UIC 初始化）。

每一次新的 WTB 初始化都要进行逻辑初始化。与 TCN 初始化比较，逻辑初始化和配置的任务是编辑通信系统给应用程序（列车控制）。

执行下列任务：

① 确定列车和机车序列、发布 UIC 地址。

② 编辑、发布对配置的描述，其允许应用程序在逻辑层处理。

（3）TCN 和一个新的被执行的 UIC 初始化之后，当 WTB 检测到多于一节牵引车，所有的 WTB 参与者改变牵引车的状态。这种状态下，不能进行 WTB 通信。这种状态可以通过摘除一节牵引车（钥匙开关）而取消。

3）冗余

（1）WTB 列车总线冗余。

每节机车有两路总线和两个网关组成 WTB 总线冗余。

如果一路 WTB 总线故障，数据交换可以不中断地在另外一路总线上继续进行。

如果两路总线故障，数据传输中断。重联机车的 WTB 重新初始化。这种情况下，重联机车的新部件不能接入网络拓扑。

（2）MVB 列车总线冗余。

MVB 硬件及控制采用冗余技术。如果一路总线故障，数据交换在第二路总线上继续工作。司机显示屏会告知司机总线故障。

（3）中央控制单元 CCU。

每节机车有两套中央控制单元 CCU，分别为主控 CCU 和从控 CCU，互为热备份。主控 CCU 完成本节机车的所有控制功能。

两套 CCU 的结构完全相同。CCU 故障情况下，只要有一套 CCU 处于运行准备状态，则系统可以无任何限制地支持车辆运行。一套 CCU 承担主控功能并且积极控制本机车，另外一套 CCU 处于备用状态。本台机车的 CCU 主从进行周期性转换，以确保该节机车的可靠性。

备用 CCU 故障对机车运行无任何影响，仅仅是向司机发送故障信息。

主控 CCU 故障引起全部管理级别的临时丢失。CCU 将进行自动的切换，此过程中将会分断主断，剩下的 CCU 成为主控 CCU。主、从转换完成后，重新合上主断可以继续行车。

重联机车或多机重联机车运行时，每台机车都有一套主控 CCU 和一套从控 CCU（备用级）。主控机车的主控 CCU 亦是整个重联机车组的主控 CCU。从控机车的主控 CCU 是重联机车的从控 CCU。重联机车的主控 CCU 通过 WTB 传输控制命令以及控制值到重联机车的从控 CCU。重联机车的从控 CCU 通过 MVB 传输控制命令以及控制值到其子系统。这样，如果每节机车仅有一套 CCU 正常工作，整列车就可以正常运行。如果整列车仅有一套 CCU 正常运行，则仍有一台机车正常运行。

（4）网关 GW。

每节机车配置两套网关，其中一套网关参与 WTB 通信。每个网关对应分配到一个 CCU。配置给从 CCU 的网关不参与重联机车的初始化，也不参加任何数据交换。该网关不为其他 WTB 参与者识别。主控 CCU/GW 失去主控功能后，主从转换自动启动。

任务 5.2 HXD1B 型机车 SIBAS32 控制系统

知识目标

（1）掌握 SIBAS32 控制系统特点。
（2）掌握 SIBAS32 控制系统主要部件及其功能。

技能目标

（1）能够叙述中央控制单元 CCU 的主要功能。
（2）能够叙述牵引控制单元 TCU 的主要功能。
（3）能够叙述网关的主要作用。
（4）能够识别中央控制单元 CCU 各部件。

素质目标

（1）培养学生遵章守纪、爱护列车通信网络设备的职业道德。
（2）培养学生学习新技术、新知识的意识。
（3）培养学生勇于创新、开拓进取的意识。
（4）培养学生严谨认真、精益求精的态度，提升学生合作、应变与可持续性发展的能力。
（5）使学生能客观、公正地进行学习效果的自我评价。

知识点学习

5.2.1 SIBAS32 控制系统简介

1. SIBAS32 控制系统概述

SIBAS32 控制系统用于轨道交通逻辑控制，该系统在车辆牵引的变流设备方面起控制、监控及保护作用。它也在控制级执行信息处理，使整个车辆类似于一个控制单元。除此之外，系统集成了车辆诊断、调试、维护功能。

SIBAS32 控制系统采用模块化设计，划分为不同的功能模块，为单倍和双倍欧洲格式，例如中央处理单元、通信接口、接口模块等。因为性能稳定，车载模块化装置可以用于各种类型的车辆控制。

各种模块安装在标准的 19 in（1 in ≈ 2.54 cm）机箱内，构成控制单元，由西门子公司制造。

SIBAS32 控制系统具有以下基本特点：

（1）划分为中央控制单元（见图 5-2-1）和牵引控制单元（见图 5-2-2）。

（2）采用模块化设计，功能模块电路板尺寸采用单倍和双倍欧洲格式。

（3）采用 Siemens ES902 装配系统，电磁屏蔽及机械增强设计符合国际标准。

（4）集成的诊断系统对调试、维护、故障检修提供支持。在故障条件下，保存牵引及车辆状态信息。

（5）通过商用 PC 的诊断接口，使用相关应用软件读取存储信息。

（6）采用高集成度电路，例如高性能微处理器、各种可编程集成电路。

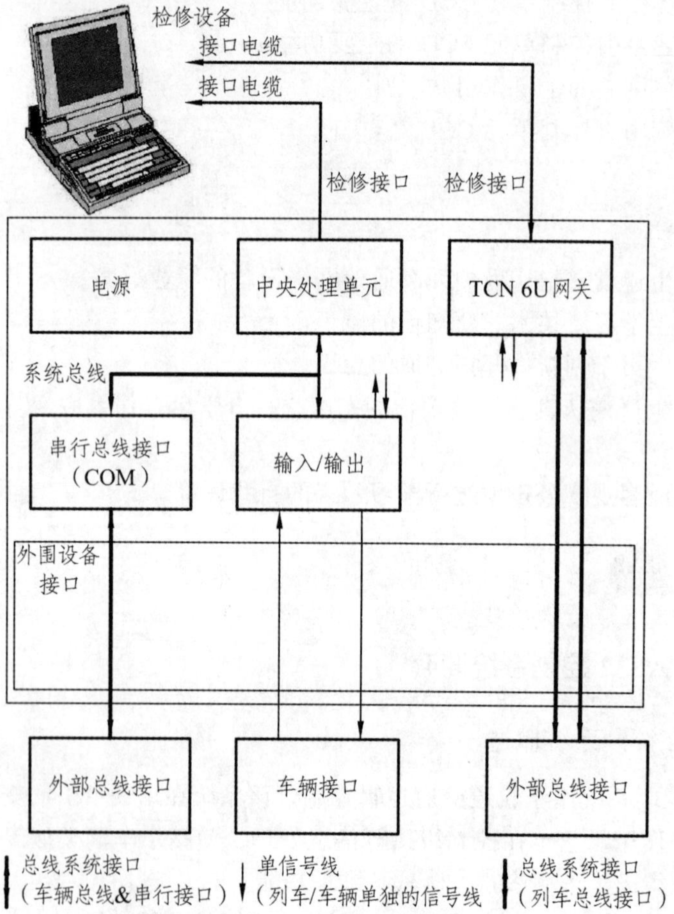

图 5-2-1　中央控制单元结构

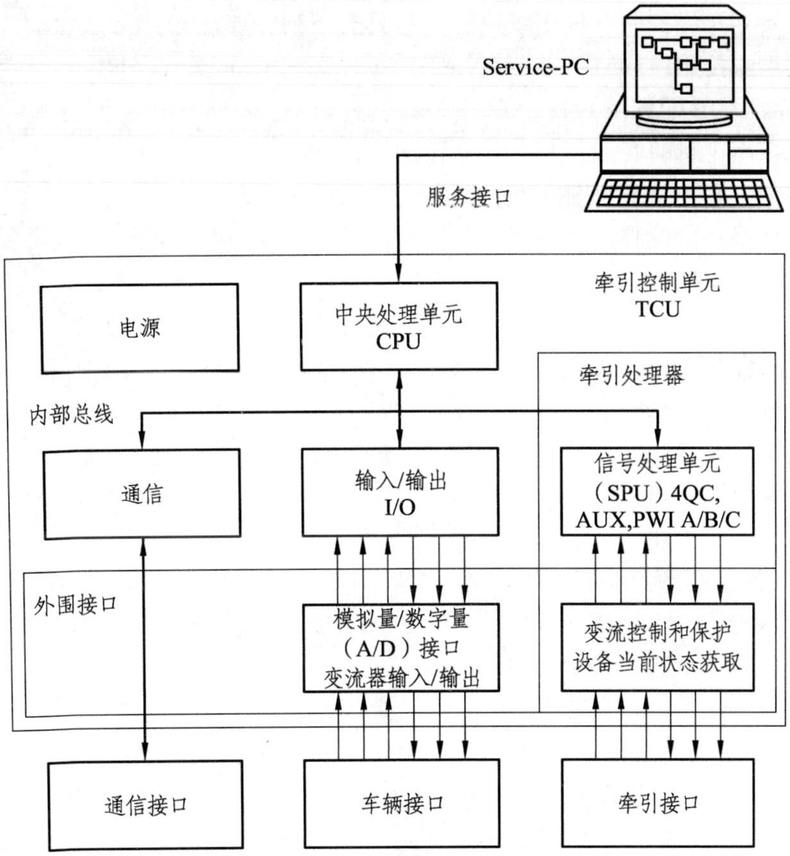

图 5-2-2　牵引控制单元结构

2. SIBAS32 控制系统主要部件及其功能

机车的 SIBAS32 控制系统具有自诊断功能，自诊断信息可在微机显示器上进行显示。CCU 和 TCU 具有故障诊断和故障储存功能。故障诊断分为司机屏提示、Monitor 软件实时诊断、Expert2 软件离线分析等方式。诊断数据分故障数据和日志数据，其中诊断数据附带机车运行的环境参数。诊断数据包含代码、发生时间、消失时间、事件简单说明等信息。

1）CCU

HXD1B 机车采用 3 型 CCU，每台机车配备有 2 个 CCU 机箱，分别工作为主控模式和从控模式，互为热备份。每个 CCU 机箱插件如表 5-2-1 所示。

表 5-2-1　CCU 位置表

位置	插件	功　能
C003	TCN 网关	管理 WTB 总线和 MVB 总线的连接
C019	中央处理器单元	集成 MVB 卡的控制单元
G039	电源适配器	插头带编码
G047	机箱电源模块	电压输入范围很宽
	风扇	机箱散热

CCU 负责列车级控制、机车级控制，它具有下列主要功能：

① 机车重联控制；

② WTB、MVB 总线管理；

③ 机车控制逻辑的实现；

④ 机车牵引/制动特性控制；

⑤ 轴重转移补偿控制；

⑥ 自动过分相控制；

⑦ 自动换端控制；

⑧ 空电联合制动控制；

⑨ 通风机转速自动控制；

⑩ 无人警惕控制；

⑪ 自动轮径校正。

2）TCU

每台机车配备有两个 TCU，各控制一个转向架的牵引和制动。通常 TCU1 为主 TCU，当 TCU1 出现故障的时候，TCU2 变为主 TCU。CCU 只发送指令（牵引/制动等）给主 TCU，两个 TCU 都反馈信号给 CCU。

TCU 主要负责传动级控制功能，主要包括：

① 牵引和电制动力的闭环控制；

② 辅助逆变器的闭环控制；

③ 网侧参数（例如等效干扰电流、功率因数）的闭环控制；

④ 中间直流回路电压的闭环控制；

⑤ 产生 IGBT 模块脉冲信号；

⑥ 预充电接触器、线路接触器等部件的控制；

⑦ 变流器、牵引电机和其他部件的监控；

⑧ 防滑/防空转控制；

⑨ 牵引诊断数据的保存；

⑩ 通过 MVB 与 CCU 和其他 TCU 进行数据交换。

3）SIBAS KLIP

机车安装了 SIBAS KLIP 输入/输出设备后，相关电路的信号（接触器，开关等）读入到 SIBAS KLIP I/O 模块。SIBAS KLIP 分为 Compact I/O 和 KLIP STATION 两类。

（1）Compact I/O。

司机室副台下安装了 1 个 Compact I/O，用于读取司机指令（升弓、合主断、无人警惕装置信号等），也用来读取主司控器的格雷码信号（牵引/制动给定、速度给定），如图 5-2-3 所示。

（2）KLIP STATION。

KLIP STATION 在电路图上代号为 SKS3，它安装在机械室低压柜。通过 SKS3 可以迅速地综合信息和控制指令，由 AS318 模块发送到 MVB 总线，可以大量简化机车布线。

SKS3 的结构如图 5-2-4 所示，其安装的模块如表 5-2-2 所示。

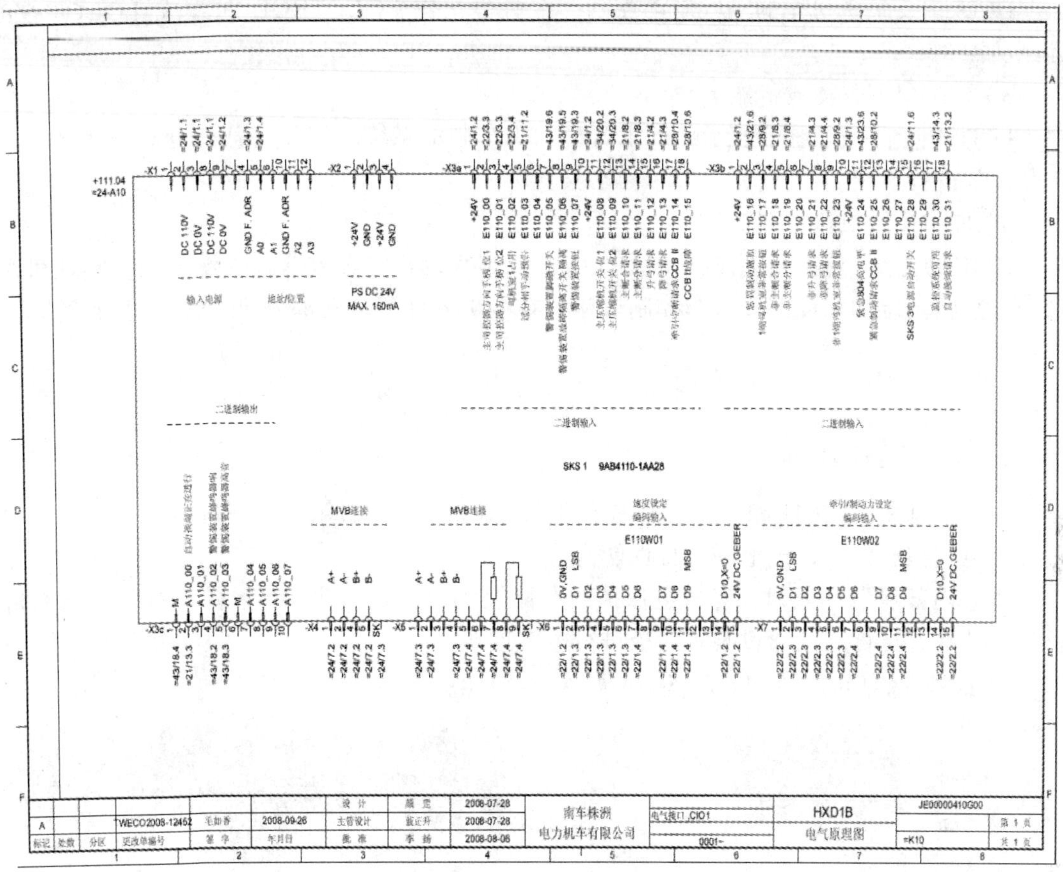

图 5-2-3 Compact I/O

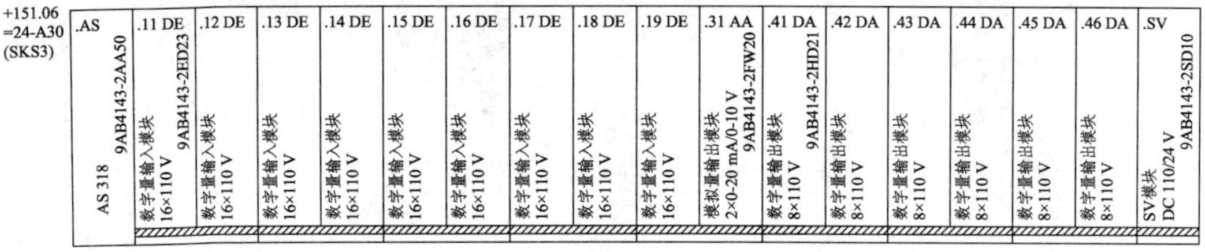

图 5-2-4 HXD1B 型机车 KLIP STATION

表 5-2-2 SKS3 安装的模块

模块	类型	功能
AS318	MVB board	MVB 总线接口
开关量输入	110 V	读入信号（例如：反馈信号）
开关量输出	110 V	输出信号（例如：控制主断、接触器等动作）
模拟量输出	± 20 mA	控制司机台的力矩表
电源	MVB 32	DC/DC 转换

4）BCU（制动控制单元）

BCU 主要负责机车的空气制动控制，在机车安装 LOCOTROL 时集成 LOCOTROL 控制功能。

5）LCDM（制动显示器）

LCDM 为制动系统的显示器，主要显示机车制动系统的相关信息，可对制动系统的部分参数进行设定。

6）HMI（微机显示器）

HMI 的主要功能是显示机车的列车级、机车级运行状态数据和故障信息，实现机车部分参数的设定和集成部分机车控制按钮，在维护界面可以对部分机车设备进行检查。

5.2.2 SIBAS32 控制单元

1. 控制装置的机箱

中央控制系统 CCU 和牵引控制系统 TCU 都采用单独机箱安装，机械连接采用特殊设计，电气接触优良，抗电磁干扰性能高。

机箱内部有散热风扇，有掉电保护的存储模块及实时时钟，各插件都有防插错的机械编码装置，插件之间通过装置底板进行电气连接。

CCU 和 TCU 机箱实物如图 5-2-5 所示。

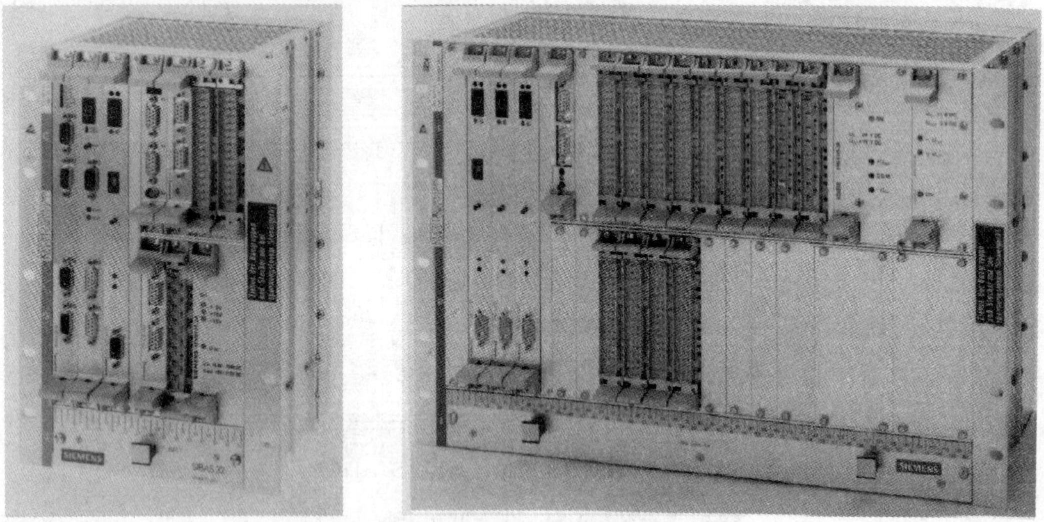

（a）CCU 机箱实物　　（b）TCU 机箱实物

图 5-2-5　CCU 和 TCU 机箱实物

2. CCU 控制单元模块介绍

CCU 的各个模块通过机箱底板连接，模块的布置如图 5-2-6 所示，CCU 模块的型号如表 5-2-3 所示。

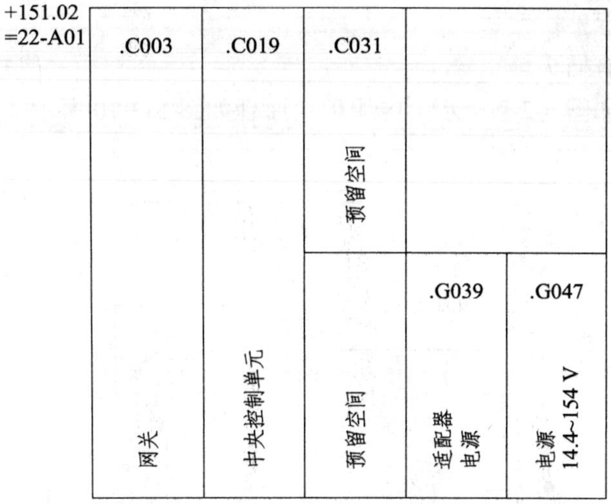

图 5-2-6　CCU 控制单元模块布置

表 5-2-3　CCU 模块的型号

型号	模块名称	名称缩写
6FH6037-3A	风扇模块 30TE 1HE	FAN
6FH9151-3A	开关电源 14.4~154 V/5 V，±15 V（U_n=24~110 V）	PCS 5 V，±15 V
6FH9415-3J	TCN 6U Gateway 网关	TCN GW
6FH9433-3A	Adapter Converter 变换器	APCS 15
6FH9575-3BY60	中央处理单元	CPU

1）风扇模块 FAN

风扇模块安装在 CCU 机箱的底部，用于对 CCU 控制单元进行强迫通风。风扇模块内部有后备电池，对机箱模块的数据提供掉电保护，电池容量可通过软件检测。风扇的额定工作电压为−15 V（−4%、+2%），由 CCU 软件监控风扇状态。风扇模块的面板如图 5-2-7 所示，风扇模块电气原理如图 5-2-8 所示。

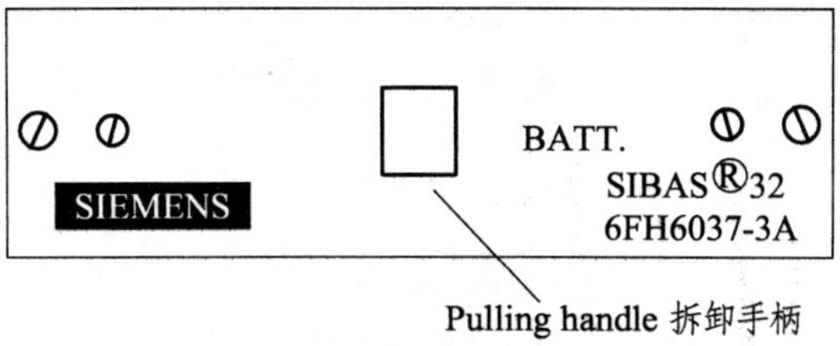

图 5-2-7　风扇模块的面板

2）开关电源 PCS 5 V，±15 V

PCS 5 V，±15 V 单元（6FH9151-3A）为 SIBAS 机箱提供电源，其主要特性如下：

额定输入电压 U_{IN} = 14.4~154 V；

输出电压 U_{OUT} = 5 V，±15 V，50 W；

电气隔离；

输入极性反接保护；

可拆卸，背部有插头。

电源模块面板如图 5-2-9 所示，电源模块原理如图 5-2-10 所示。

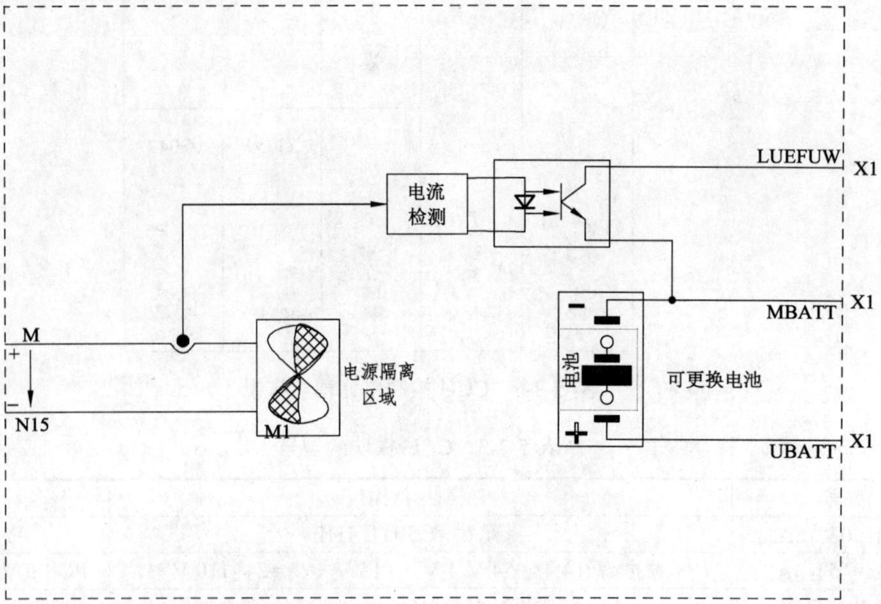

图 5-2-8 风扇模块电气原理

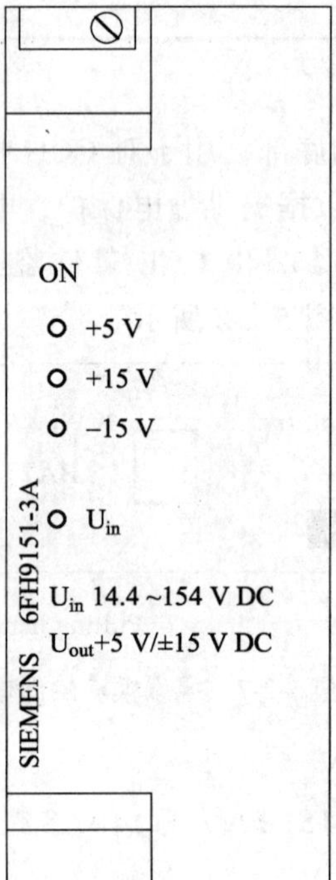

图 5-2-9 电源模块的面板

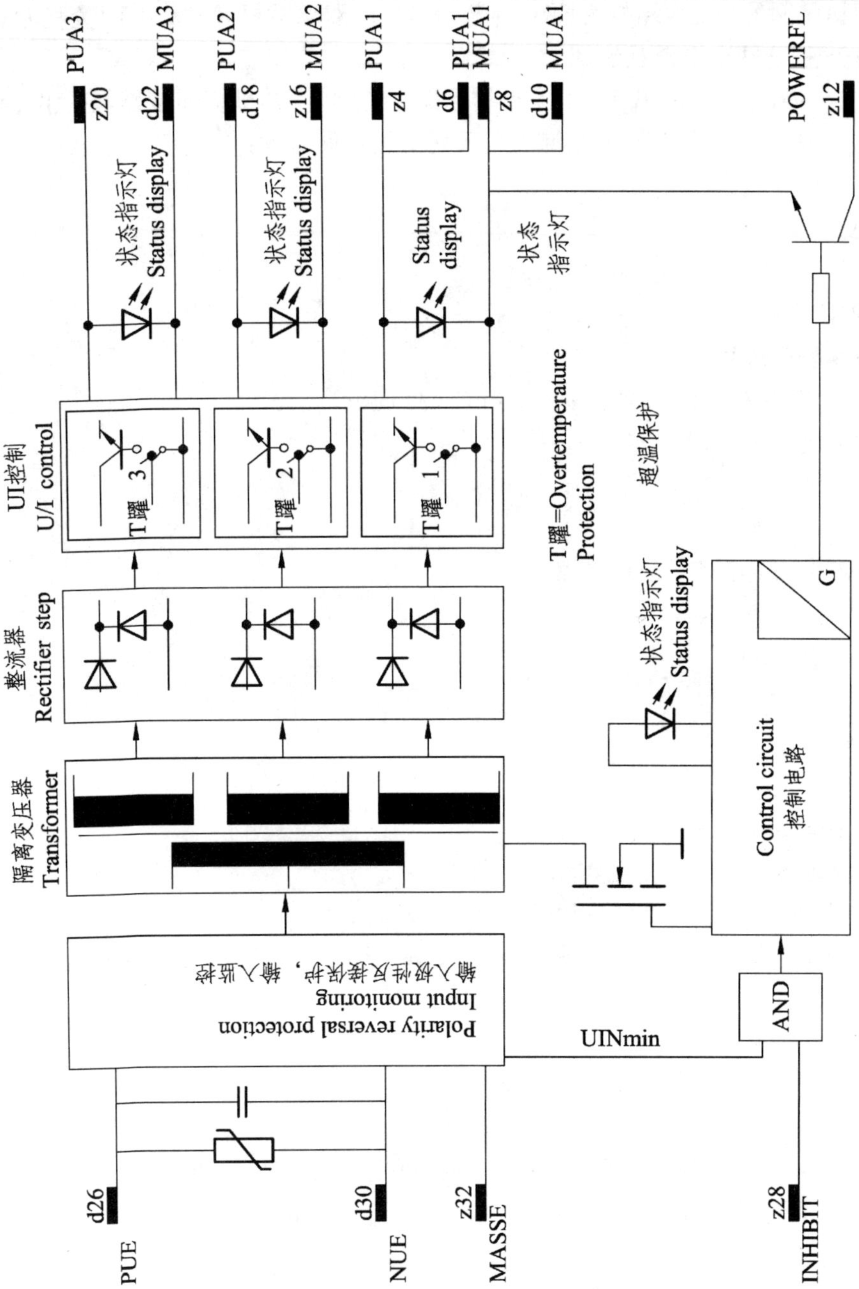

图 5-2-10 电源模块原理

3）网关 TCN GW

（1）简介。

TCN GW（6FH9415-3J）网关模块是用于 TCN 通信协议的微型计算机，它为 WTB 和 MVB 之间提供网关功能，结构为两个槽宽（8 TE）、双倍欧标尺寸，由网关板 Gateway 和 MVB PC/104 板这两个电路板组成。

网关板 Gateway 作为 MVB PC/104 板的母板，通过 64 芯母板连接器与 SIBAS 系统母板总线相连。从正面看，它位于左侧，由下列功能元件组成：

WTB 发送/接收器；

WTB 短路检测；

WTB 总线信号的编码器/解码器 SDSP；

LED 数码显示；

FPGA 可编程门阵列；

14 路数字量输入和 9 位数字量输入（FPGA 处理）；

继电器驱动电路；

15V 电源监控；

SAF C167 微处理器；

ESCC SAF 82532 串行通信控制器；

RAM；

闪存 Flash EEPROM；

FRAM；

七段数码显示；

RS-232 接口；

看门狗电路和复位电路；

9 路数字量输入和 9 位数字量输入（软件处理）；

引导程序启动开关、板复位按钮和监控模式按钮。

MVB PC/104 板是用螺钉固定在网关板 Gateway 上的，其接口位置，从前面看，位于底部右侧，它包含以下基本部件：

MVBCS1 控制器；

线路接口；

RAM。

TCN 网关模块软件固化在闪存 EEPROM 内，它集成了下列功能：

MVB 和 WTB 通信协议软件；

过程数据的名称分解器；

过程数据的编组；

消息数据的路由；

列车组映射及配置；

控制接口；

NSDB 管理；

监控软件；

待机功能；

网络管理连接。

（2）网关 TCN GW 的面板如图 5-2-11 所示。

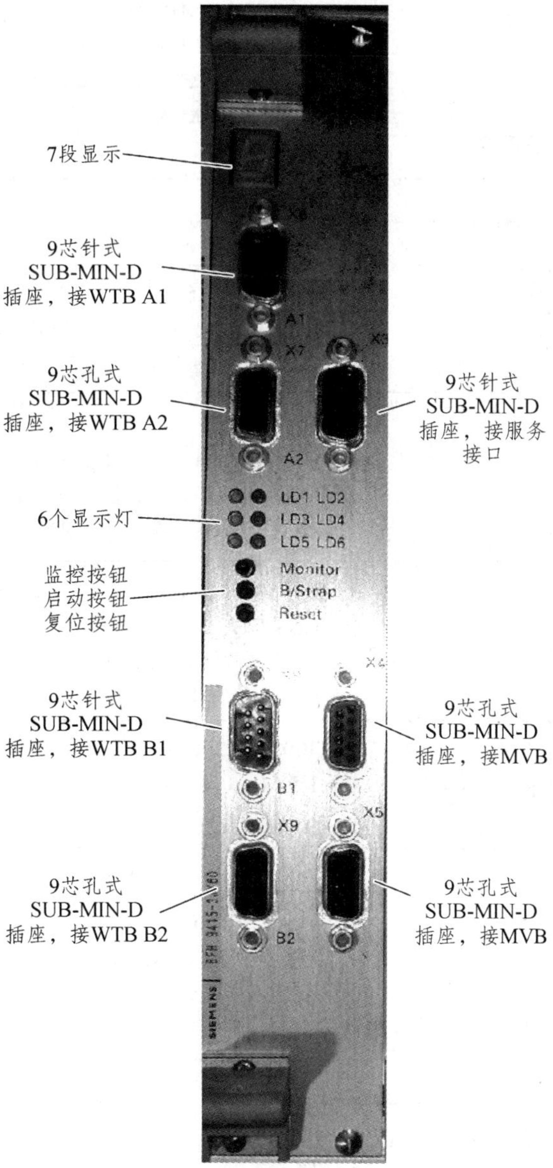

图 5-2-11　网关 TCN GW 的面板

（3）网关 TCN GW 的技术参数如表 5-2-4 所示。

表 5-2-4 网关 TCN GW 的技术参数

型号	6FH9415-3J
背板插座编号： X1，X2	DIN 41612 标准的 64 芯插座
面板插座编号： X3； X4； X5； X6； X7； X8； X9	9-pin SUB-MIN-D（male）； 9-pin SUB-MIN-D（female）； 9-pin SUB-MIN-D（female）； 9-pin SUB-MIN-D（male）； 9-pin SUB-MIN-D（female）； 9-pin SUB-MIN-D（male）； 9-pin SUB-MIN-D（female）
槽宽	8 TE
重量	约 800 g
环境温度	– 40 °C ~ + 85 °C
电源	+ 5 V（1 ± 5 %），约 1.2 A，450 mA + 15 V（1 ± 5 %），约 260 mA，86 mA – 15 V（1 ± 5 %），约 240 mA，76 mA
结构	螺栓固定印制电路板： Gateway-Card 板（233.4 mm x 160 mm）； MVB PC/104 card 板（96 mm x 91 mm）； 都双面浸漆，符合 BN 411 002 标准，铁路应用
执行标准	EN 50155； LES-DB； 绝缘依据 VDE 0110 和 VDE 0160； IEC 61375-1
波特率 X3； X4，X5； X6 ... X9	300...115200 Baud（服务接口）； 1.5 MB（MVB）； 1.0 MB（WTB）
处理器	SAF C167，32 MHz 时钟频率
存储器	Flash EEPROM（2×1 MB）； FRAM（1×32 KB）； RAM 处理器内置：16×1 KB； 外置：2×1 MB
其他模块	MVB PC/104 card
数字量输入口 X1，X2	23
数字量输出口 X1，X2	18
电气隔离	变压器隔离
维护注意事项	无

注意：禁止带电插拔模块。

（4）网关 TCN GW 的原理如图 5-2-12 所示。

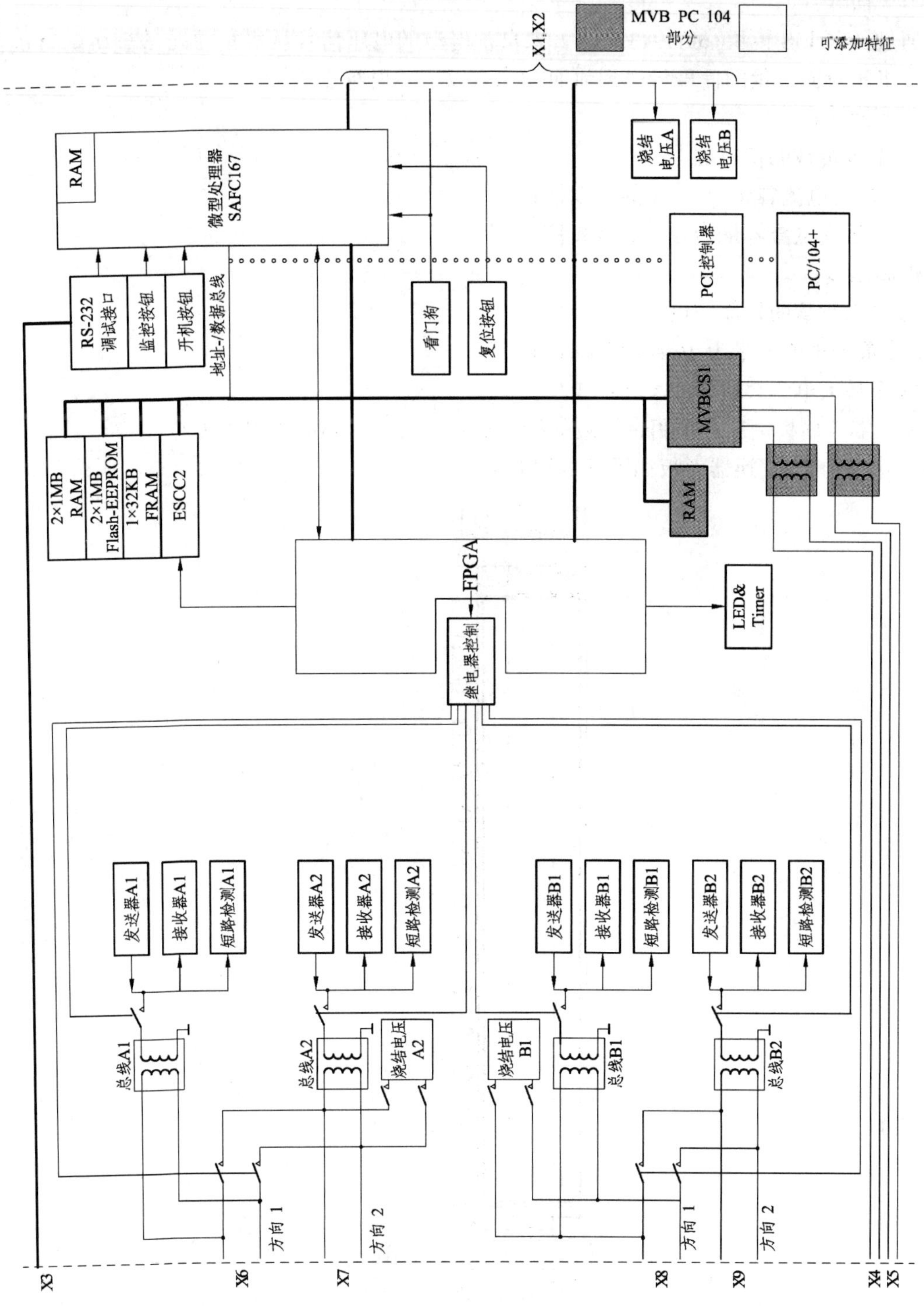

图 5-2-12 网关 TCN GW 原理框图

4）APCS15 变换器

（1）简介。

通过 APC15S 模块（6FH9433-3A），来自蓄电池的电压信号从机箱前面传到机箱背面，同时将机箱背面产生的信号传送到前面，它有以下主要特点：

背面连接：

15 个大负载的快速触点；

2 个最大电流容量为 10 A 的接线柱；

13 个最大电流容量为 4 A 的接线柱。

正面连接：

15 个大负载的快速触点；

2 个最大电流容量为 10 A 的接线柱；

13 个最大电流容量为 4 A 的接线柱。

输入端（面板侧）必须用带屏蔽的接头连接，每个回路必须单独屏蔽。

（2）APCS15 变换器面板如图 5-2-13 所示。

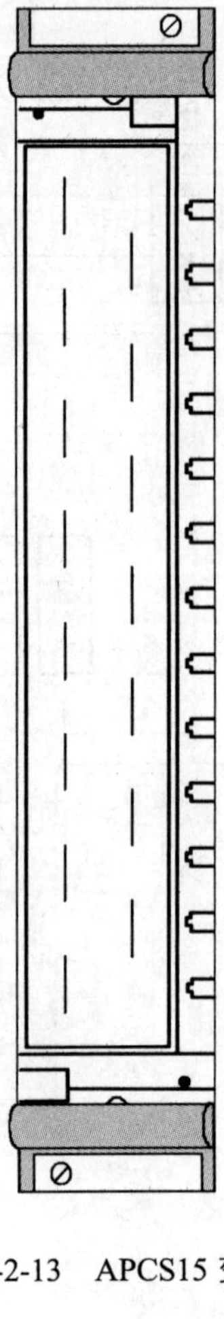

图 5-2-13　APCS15 变换器面板

（3）APCS15 变换器的技术参数如表 5-2-5 所示，APCS15 变换器接线如图 5-2-14 所示。

表 5-2-5 APCS15 变换器的技术参数

订货号	6FH9433-3A
背板插座编号：X1	DIN 41612 标准 15 芯插座
面板插座编号：X2	DIN 41612 标准 15 芯插座
槽宽	4 TE
重量	约 150 g
环境温度	− 40°C ~ + 85°C
结构	欧式印刷电路板； 100 mm × 160 mm； 双面浸漆； 2 层板，35 μm 工艺设计，可机械编码； 依据 BN 411 002 标准，适合铁路运用
执行标准（如果有）	EN 50155； LES-DB； 绝缘依据 VDE 0110 和 VDE 0160
X1 插座的输入信号数	15
X1 插座的输入直流电压	U_{IN} ≤110 V （1 ± 30 %）
X1 插座的输入电流	I_{IN}[01-13] ≤4A 每个重载接头 I_{IN}[14-15] ≤ 10A 每个重载接头（Faston）
X2 插座的输出信号数	15
X2 插座的输出电压	U_{OUT} ≤ 110 V（1 ± 30 %）
X2 插座的输出电流	I_{OUT}[01-13] ≤ 4 A 每个重载接头 I_{OUT}[14-15] ≤10 A 每个重载接头（Faston）
电气隔离	无
维护注意事项	无

注意：禁止带电插拔模块。

（4）接线图如图 5-2-14 所示。

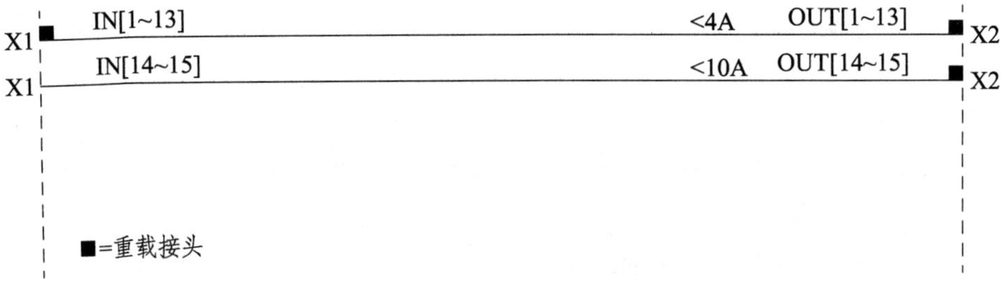

图 5-2-14 APCS15 变换器接线图

5）中央处理单元 CPU

（1）简介。

CPU 模块（6FH9575-3BY60）是 SIBAS 32 控制系统的处理器模块，采用了一块 Am486DX-2。除了逻辑运算和变量存储外，CPU 模块还内置了外围设备，提供了一个插入式模块接口，主要供通信用，具体参见后面的技术参数。

模块通过背板上的两个连接器与系统相连，X1 用于 SIBAS 总线（16 位数宽，2 MB 地址空间）连接。CPU 是 SIBAS 系统唯一的总线管理者，外围信号通过 X2 连接。

CPU 设有一个 16 MB FEPROM，1 MB 高速 SRAM 和 2 MB BRAM。若想提高其容量（以使 RAM 无等待时间），还可以在闪存 EPROM 区集成 768KB RAM。

实时时钟和电池后备 RAM 作为电池欠压故障时的缓冲，通过一个超级电容，可支撑至少 30 min。外装电池必须最迟在得到 CPU 的相应电路监测信息后更换。外部电池充电状态信息由 CPU 软件判断，综合开发工具可用于 CPU 编程。

面板上有下列部件：

用于显示程序状态的 7 段数码显示；

BCD 开关，可由 CCU 软件读入；

黄色 LED 灯，用于显示 CCU 不在复位状态；

红色 LED 灯，用于显示看门狗电路是否启动；

用于控制闪存 EPROM 写入程序的跳线（必须短接才能写程序）；

红头按钮（凹），用于 CCU 复位；

黑头按钮，用于 Monitor 软件复位；

用于进入引导程序的黑头按钮（凹）；

用于维护的 9 芯串行插座（RS-232）；

用于调制解调器接口的 15 芯插座（RS-232）；

用于插件板直接电缆连接的 9 芯插座。

AMVB 模块是一种嵌入式的通信卡，处理 MVB 总线通信，它满足 IEC61375-1 标准，可广泛地用于中央处理单元（CPU 6FH9263-3M 或更高版本）和逆变器处理单元 IPU 模块以及总线匹配卡。

AMVB 模块内置有 ASIC MVBCS1 芯片，负责所有 MVB 通信，以及作为与主机之间的接口，带有 64 KB 的 DPRAM。

AMVB 模块硬件包括 EMD 型（电气中距离电介质，带电气隔离）MVB 接口，有 2 个数据通道（A 和 B，通道 B 是冗余）。结合相应的功能软件，支持过程数据（CPU 和 IPU 使用）、消息数据以及总线管理（这两项仅适用于 CPU）。软件不包含在模块内。

因为集成在 CPU 或 IPU 上的原因，与 IEC61375-1 不同的是插针只用了一个 SUB-MIN-D 连接器，且模块没有终端电阻。因此，该模块要用一种特殊的、可以集成了终端电阻的双排连接器。

（2）CPU 面板如图 5-2-15 所示。

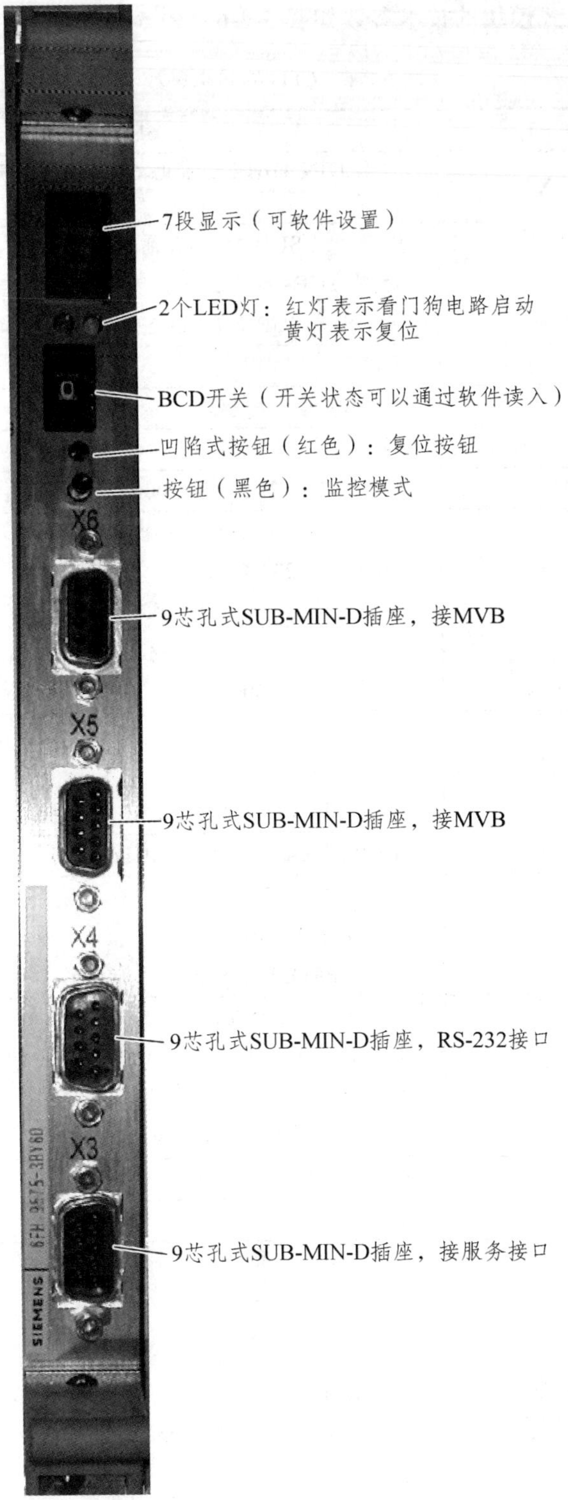
7段显示（可软件设置）
2个LED灯：红灯表示看门狗电路启动
黄灯表示复位
BCD开关（开关状态可以通过软件读入）
凹陷式按钮（红色）：复位按钮
按钮（黑色）：监控模式
X6
9芯孔式SUB-MIN-D插座，接MVB
X5
9芯孔式SUB-MIN-D插座，接MVB
X4
9芯孔式SUB-MIN-D插座，RS-232接口
X3
9芯孔式SUB-MIN-D插座，接服务接口
SIEMENS

图 5-2-15 CPU 面板

（3）CPU 及嵌入式模块的技术参数如表 5-2-6、表 5-2-7 所示。

表 5-2-6　CPU 的技术参数

订货号	6FH9533-3B
背板插座：X1，X2	遵循 DIN 41612 标准的 64 芯插接式连接器，用于 SIBAS 总线系统
面板插座：X3； X4； X5	9 芯针式 SUB-MIN-D 插针连接器； 15 芯 SUB-MIN-D 插孔连接器； 9 芯孔式 SUB-MIN-D 连接器
槽宽	4 TE
重量	约 550g 插入式模块
环境温度	-40°C ~ +85°C
电源	+5 V（1 ± 5%），约 1 000 mA 插入式模块消耗
结构	欧式双倍尺寸印刷电路板； 160 mm × 233.4 mm； 双面浸漆； 18 μm 工艺设计的 6 层板，可机械编码； 依据 BN 411 002 标准，适合铁路运用
执行标准	EN 50155； LES-DB； 绝缘依据 VDE 0110 和 VDE 0160
CPU 相关数据	Am486DX-2，频率 66 MHz
存贮模块	主 RAM 1 MB； 电池 RAM 2 MB； 闪存 EPROM 16 MB
其他模块	实时时钟 DP8570； 带集成总线接口，具有中断控制、看门狗、其他时钟功能和外围功能的 FPGA； 两通道串行接口 ID 模块 MVB 接口
输入	8 位输入端口
输出	8 位输出端口
面板上的显示元件和操作控制	2 个 2 mm 衬套； 一个 7 段显示； 2 个 LED 灯显； 红：看门狗电路动作；黄：复位； 1 个 BCD 开关； 1 个按钮（黑），用于 Monitor 软件； 2 个凹陷式按钮 红：复位；黑：引导程序
维护注意事项	无

表 5-2-7 嵌入式模块的技术参数

订货号	无
背板插座 X6，X7，X8	40 芯孔插座（2×20 芯，间距 2.54 mm）
面板插座	无
槽宽	XBUS（EM1 接口）
质量	100 g
环境温度	−40 °C ~ +85 °C
电源	+ 5 V（1 ± 5%）; 典型负载 390 mA（68%的总线负载）
结构	插卡式； 110 mm × 70 mm； 双面浸漆； 18 μm 工艺设计技术的 6 层板
执行标准	EN 50155； LES-DB； 绝缘依据 VDE 0110 和 VDE 0160； IEC 61375-1
电气隔离	有
维护注意事项	无

（4）CPU 原理框图如图 5-2-16 所示。

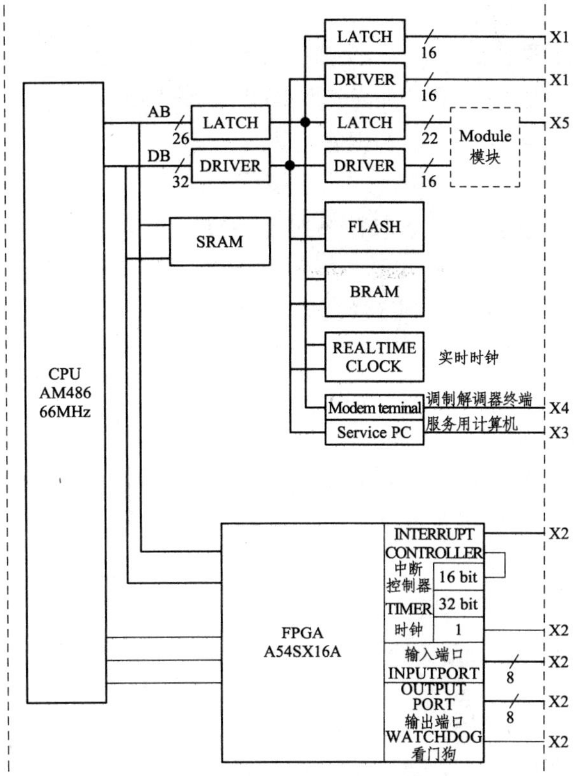

图 5-2-16 CPU 原理框图

任务 5.3　HXD1B 型机车信息显示及其操作

知识目标

（1）掌握微机显示屏图像层次。
（2）掌握微机显示屏各软键含义。

技能目标

（1）能够正确识别主屏幕界面。
（2）能够正确操作模拟测试。
（3）能够操作修改密码。
（4）能够通过操作微机显示屏查看软件版本。
（5）能够通过操作微机显示屏查看牵引封锁、主断闭合和受电弓状态。

素质目标

（1）培养学生遵章守纪、爱护列车通信网络设备的职业道德。
（2）培养学生学习新技术、新知识的意识。
（3）培养学生勇于创新、开拓进取的意识。
（4）培养学生严谨认真、精益求精的态度，提升学生合作、应变与可持续性发展的能力。
（5）使学生能客观、公正地进行学习效果的自我评价。

知识点学习

司机显示屏作为机车的人机接口，显示了机车的运行状态、故障信息等并为司机和维修人员提供指导。

5.3.1　图像层次

显示屏界面的主要层次如图 5-3-1 所示。

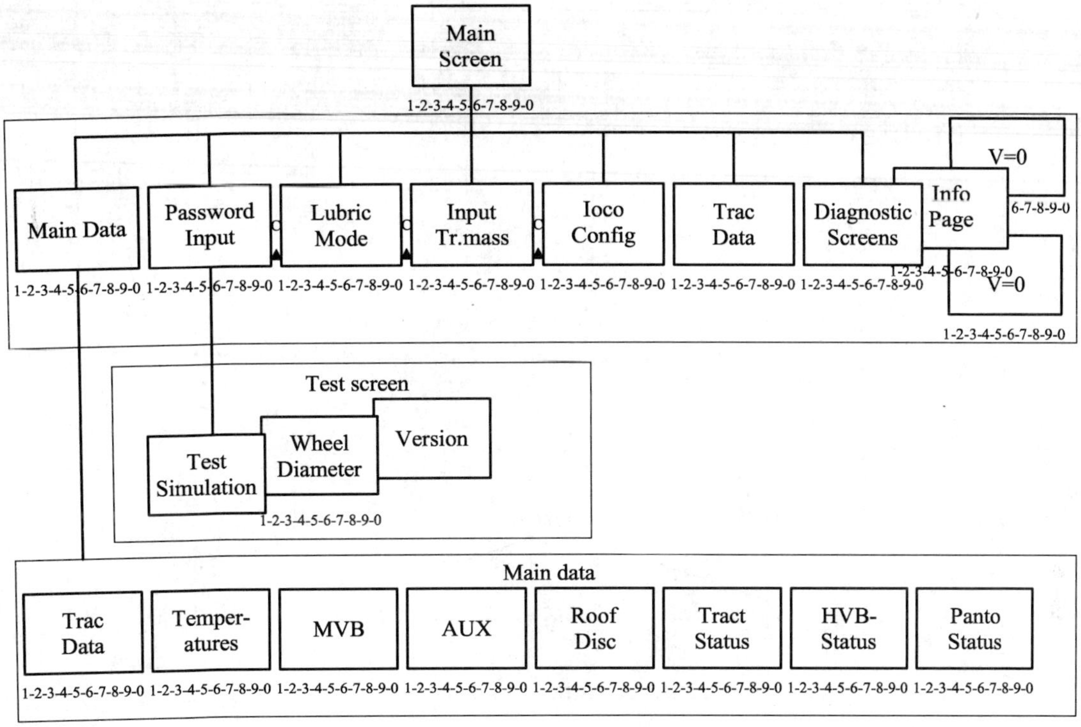

Main Screen——主屏幕；Main Data——主要数据；Password Input——输入密码；

Lubric. Mode——轮沿润滑模式；Input Tr. Mass——输入列车重量；

Loco Config. ——机车状态；Trac. Data——牵引数据；

Disgnostic Screens——诊断屏幕；Info Page——消息屏幕；

Test Simulation——模拟/测试；Wheel Diameter——轮径；

Version——版本；Temperatures——温度；MVB——多功能车辆总线；

AUX——辅助逆变器状态；Roof Disc. ——车顶隔离开关；

Tract. Status——牵引状态；HVB-Status——主断状态；

Panto Status——受电弓状态。

图 5-3-1 界面的主要层次

5.3.2 按键布置

人机接口显示器如图 5-3-2 所示。

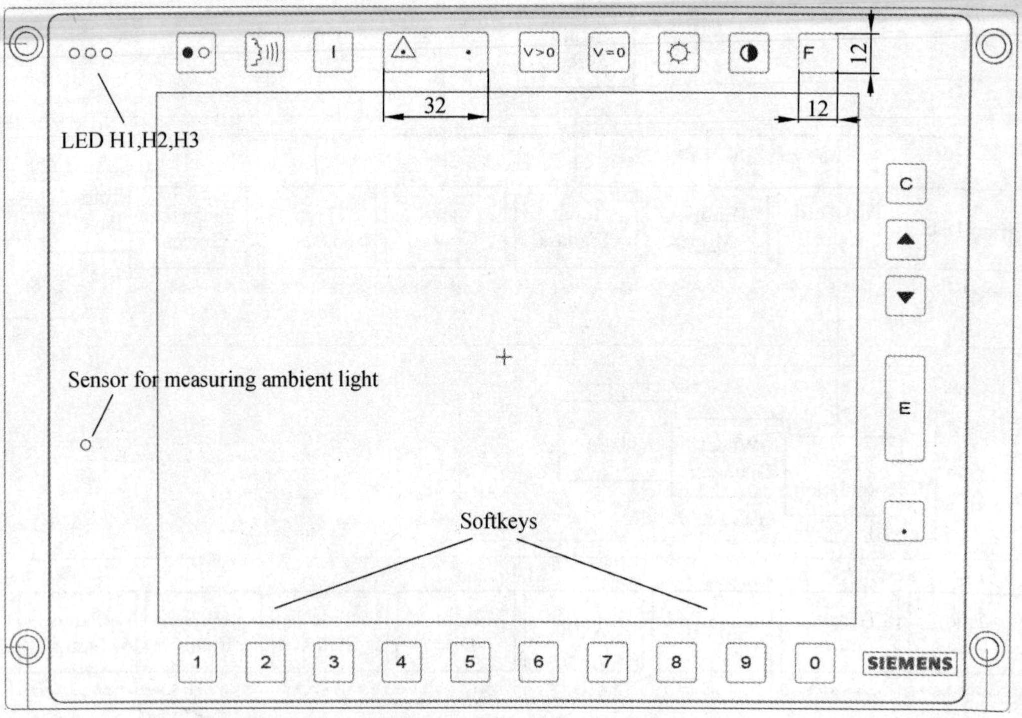

Sensor for Mearsuring Ambient Light—— 感光传感器；Softkeys—— 软键。

图 5-3-2 人机接口显示器

按键具体如下：

●○：关上显示器的背景照明，操作其他键可点亮。

I：消息键，调出附加信息（如果有任何可用的信息）。

△ ·：ST 事件键，总是导向事件的总览。

V>0：速度 V>0 km/h 时，当前故障的处理措施。

V=0：速度 V=0 km/h 时，当前故障的处理措施。

☼：打开亮度对话框。

◑：白天和夜晚亮度的手动转换。

F：更改密码。

C：除非该键的功能有专门的介绍，否则该键会退回上一层界面。

▲ ▼：滚动键，如果文本或者表格太大而不能在单个屏幕中完整显示出来，那么可以操作此键向上、向下滚动。对于任何其他可能的输入将给出单独的说明。

E：输入/回车键，结束输入。

.：与数字键结合用于特殊功能（如 MVB 端口预览）。

1 ... 0：数字键，即软键。其当前功能在显示器的下边有显示。

5.3.3 显示界面介绍

1. 主屏幕布置

主屏幕布置如图 5-3-3 所示。

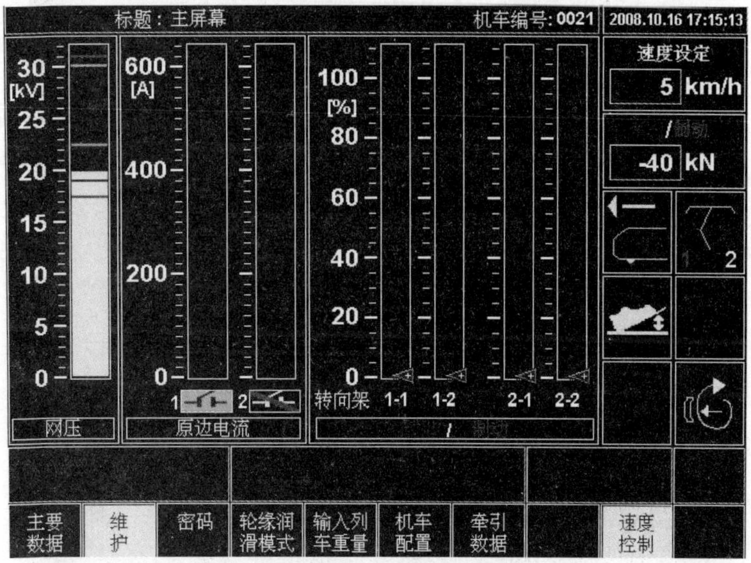

图 5-3-3 主屏幕布置

2. 日期和时间区域

时间和日期区域显示当前的时间和日期，如图 5-3-4 所示。

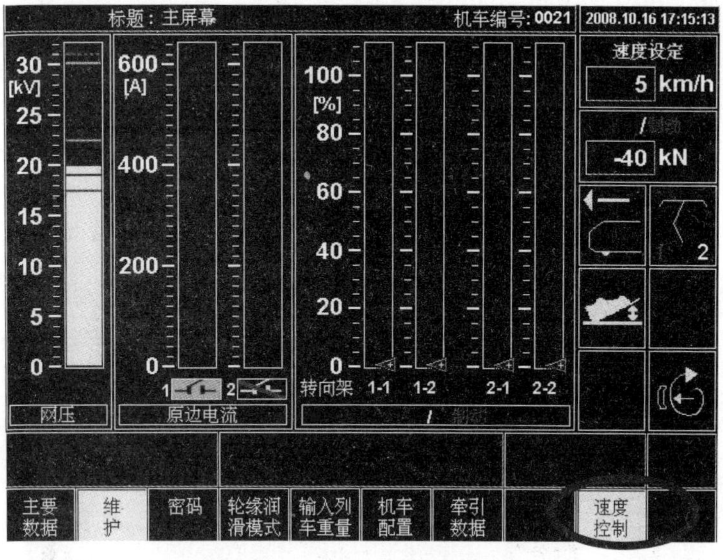

图 5-3-4 时间和日期区域显示

3. 软键功能

主要数据界面的软键功能如图 5-3-5 所示。

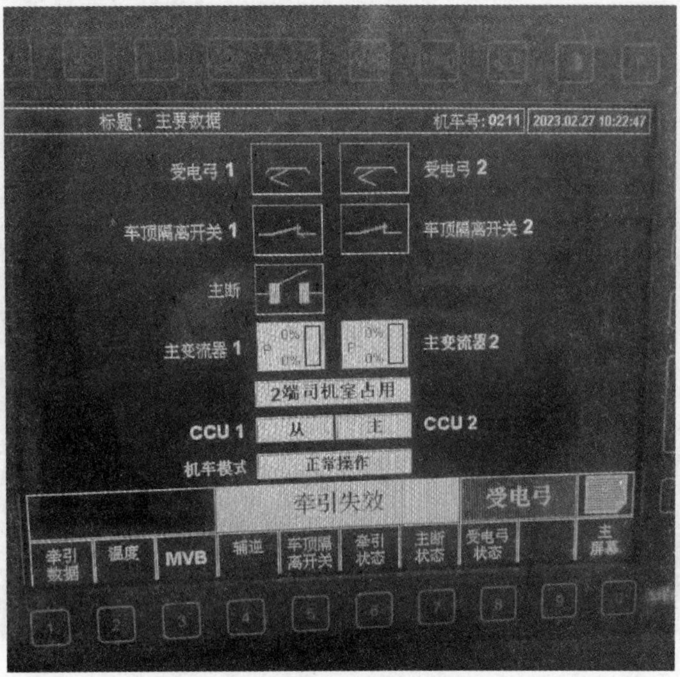

图 5-3-5　主要数据界面的软键功能

4. 事件和状态栏

两行状态文本显示在屏幕左侧底部和中间，如图 5-3-6 所示。

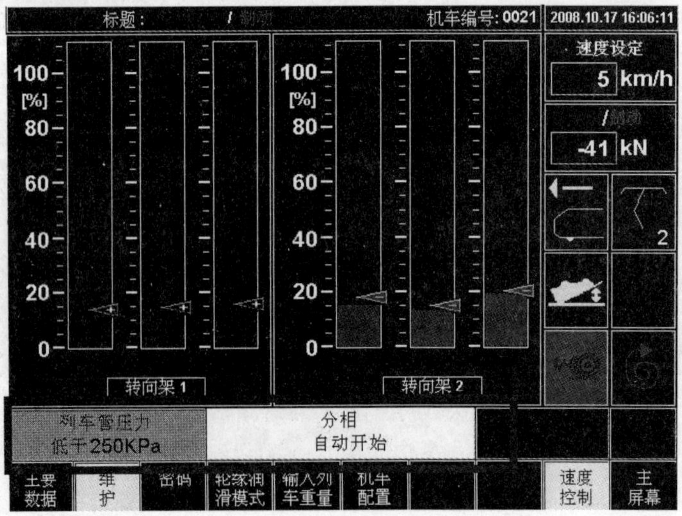

图 5-3-6　事件和状态栏

当有新的事件报告时，都会出现一个简略的错误内容，该区域开始闪烁。
当使用硬键 V=0 或 V>0 打开处理建议时，闪烁停止。
按下“ST 事件键”硬键或通过软键转换到另外的屏幕不停止闪烁。

5. 主要信息显示区

主要信息显示区如图 5-3-7 所示。

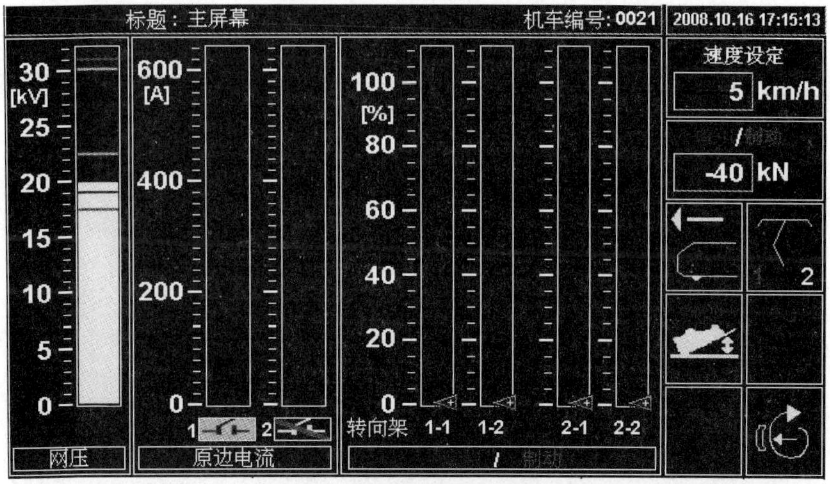

图 5-3-7 主要信息显示区

6. 主要数据

“主要数据”包含机车的重要状态信息，如图 5-3-8 所示。

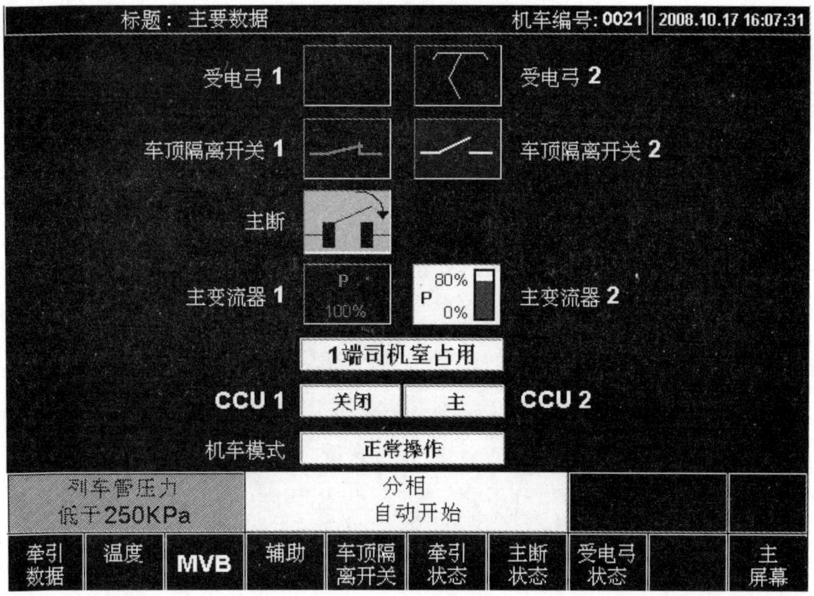

图 5-3-8 主要数据

7. 状态—牵引失效

在状态—牵引失效显示界面上显示事件（见图 5-3-9）：

激活事件：白底黑字。

未激活事件：黑底灰字。

使用旁边的 ▲ ▼ 滚动键可滚动浏览状态列表。

注意：只要有一个事件突出显示，机车将牵引失效。

图 5-3-9 状态－牵引失效

8. 辅助逆变器状态

辅助逆变器状态如图 5-3-10 所示。

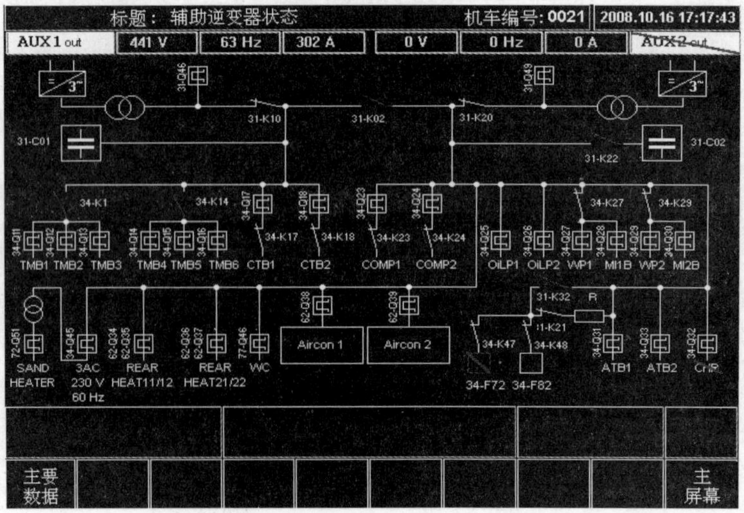

图 5-3-10 辅助逆变器状态

9. 主断路器允许闭合

主断路器允许闭合如图 5-3-11 所示。

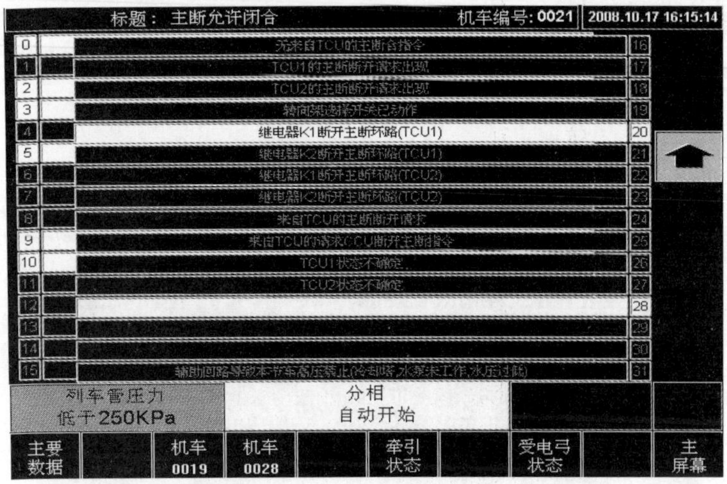

图 5-3-11　主断允许闭合

在主断允许闭合显示界面上显示事件：

激活事件：白底黑字；

未激活事件：黑底灰字。

使用旁边的 ▲ ▼ 滚动键可滚动浏览状态列表。

注意：只要有一个事件突出显示，主断路器将不能闭合。

10. 受电弓状态

受电弓状态如图 5-3-12 所示。

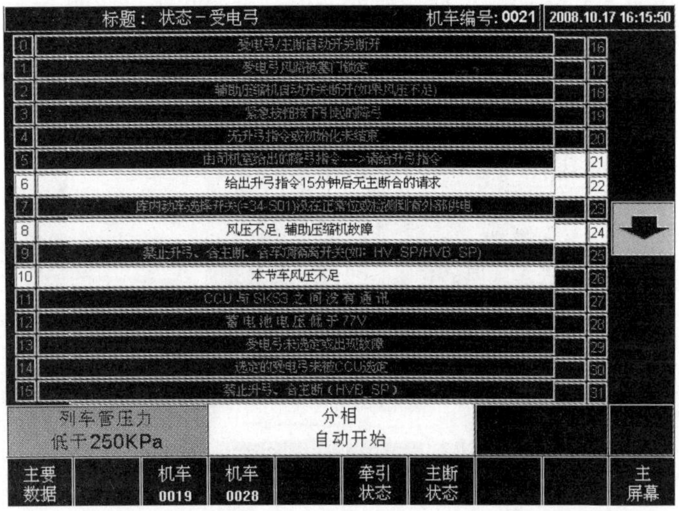

图 5-3-12　受电弓状态

在状态—受电弓显示界面上显示事件：

激活事件：白底黑字；

未激活事件：黑底灰字。

使用旁边的▲ ▼滚动键可滚动浏览状态列表。

注意：只要有一个事件突出显示，受电弓将不能升起。

11. 速度控制

速度控制区域如图 5-3-13 所示，速度控制区域为黄色时，速度控制被激活，如果出现故障，速度控制区域为白色，这时速度控制不能被激活。

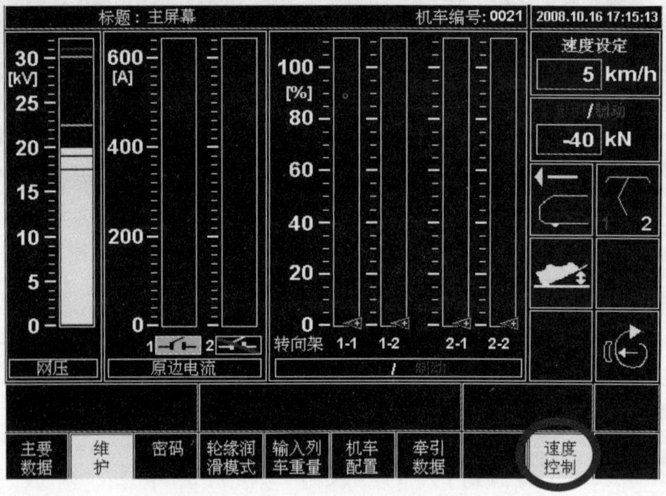

图 5-3-13　速度控制被激活

12. 亮度控制

亮度对话框如图 5-3-14 所示。使用该对话框可以调节背景照明。

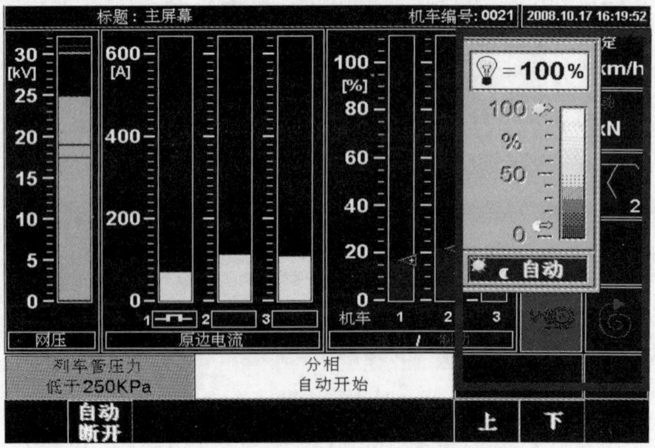

图 5-3-14　亮度对话框

13. 事件总览

事件总览界面如图 5-3-15 所示。图中所有事件列表都打开，该列表包含了所有已报告的事件。这些事件将根据接收时的时间显示来区别。

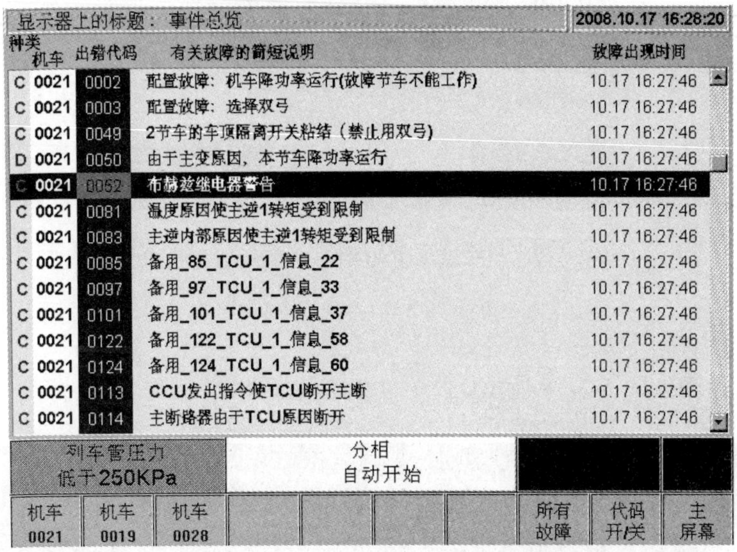

图 5-3-15　事件历史

事件列表有 3 种类型：

所有事件；

过去事件；

当前事件。

按键查看进入后显示处理的提示和建议，如图 5-3-16 所示。

所有已经选择了补救措施或评价的事件均用“*”标识。

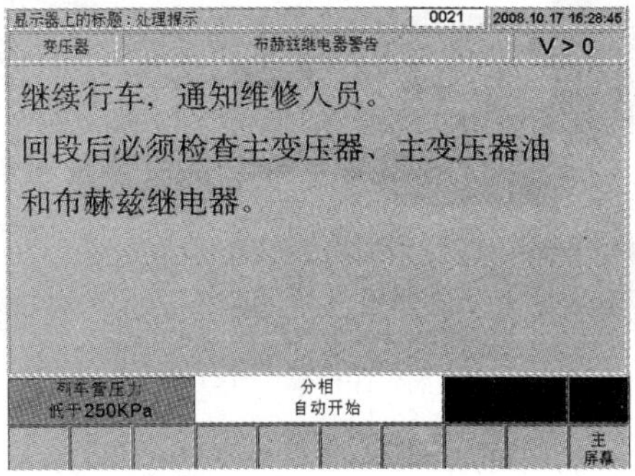

图 5-3-16　处理建议

14. 诊断界面

诊断界面如图 5-3-17 所示。

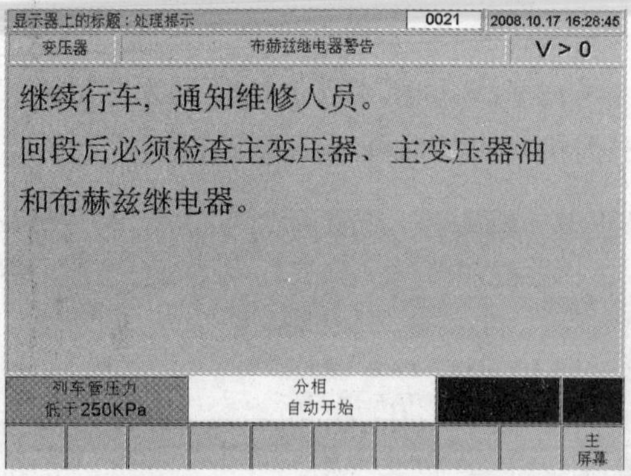

图 5-3-17　机车速度 $V>0$ 时一个事件的补救措施

15. 模拟/测试

模拟/测试界面如图 5-3-18 所示。

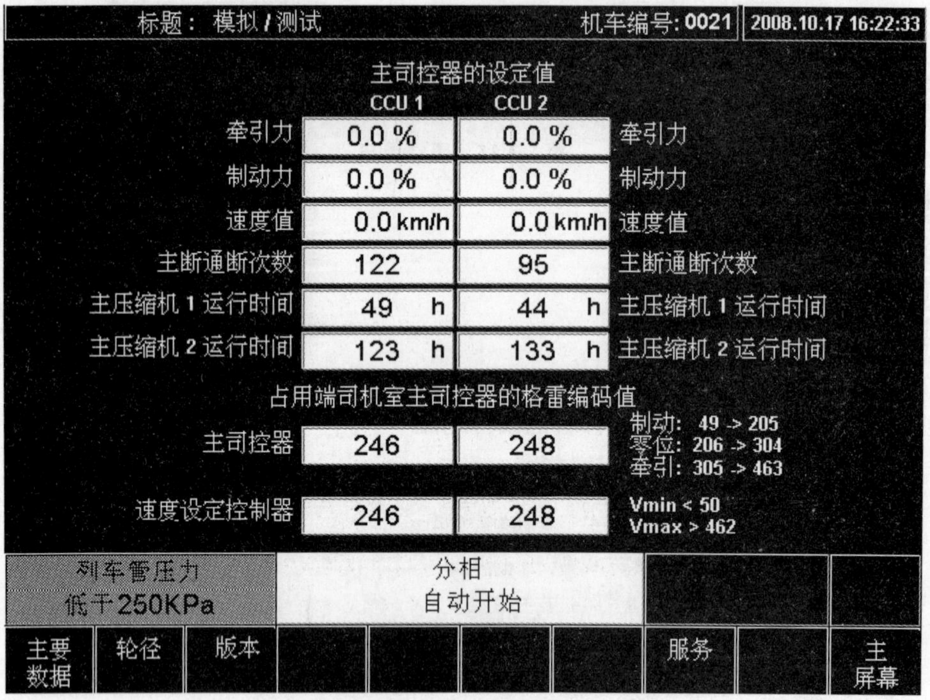

图 5-3-18　模拟/测试

16. 修改密码

密码输入界面如图 5-3-19 所示，可能改变密码的条件如下：

机车没有运行；

“主屏幕”底部的“维修”区激活。

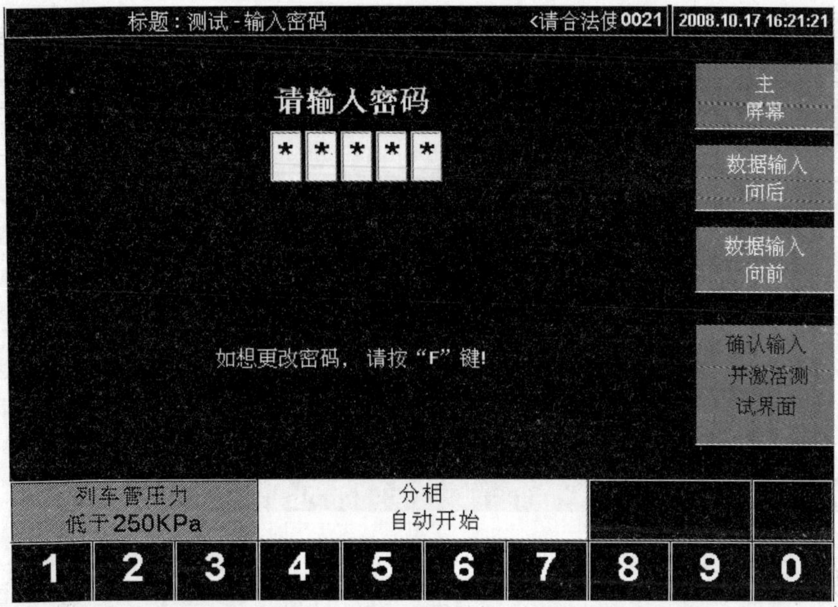

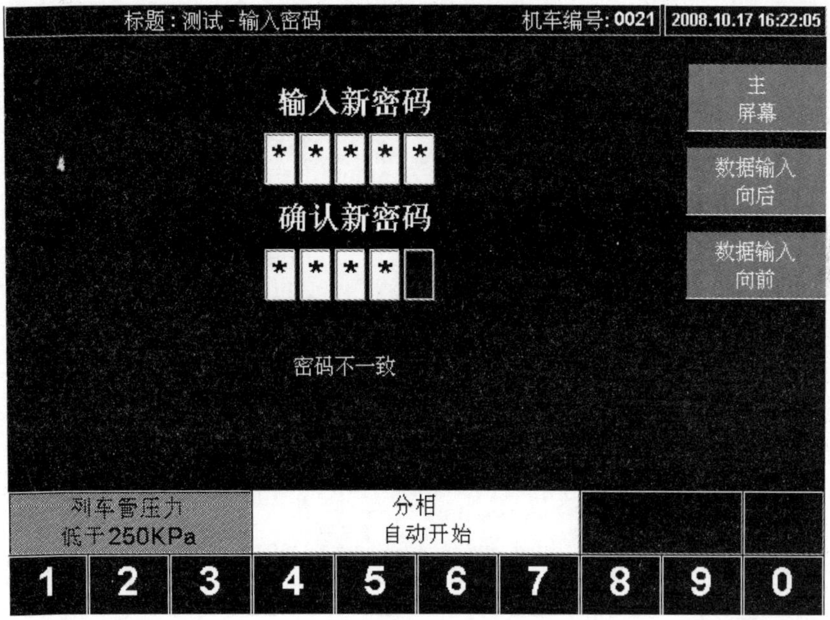

图 5-3-19 密码输入

17. 软件版本

软件版本界面如图 5-3-20 所示。版本屏幕仅对维修人员开放，而且只有在机车处于模拟测试模式下才可以看见（仿真开关处于激活状态）。

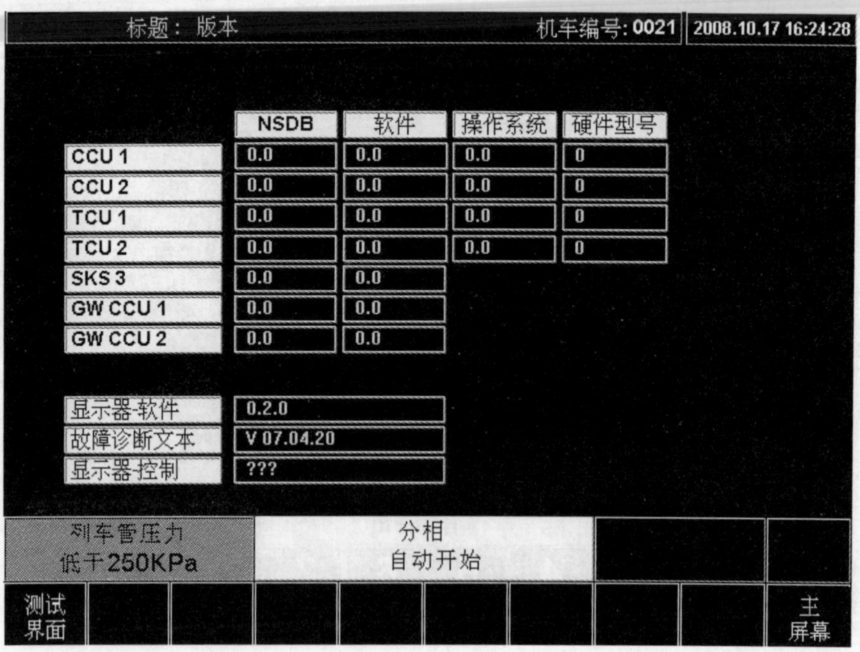

标题：版本
机车编号: 0021
2008.10.17 16:24:28
NSDB
软件
操作系统
硬件型号
CCU 1
CCU 2
TCU 1
TCU 2
SKS 3
GW CCU 1
GW CCU 2
显示器软件
0.2.0
故障诊断文本
V 07.04.20
显示器控制
???
列车管压力
低于250KPa
分相
自动开始
测试
界面
主
屏幕

图 5-3-20 软件版本

任务 5.4 HXD1B 型机车网络控制系统故障处理

知识目标

（1）掌握 HXD1B 型机车处理方法。
（2）掌握受电弓不降弓故障判断处理逻辑原理。

技能目标

（1）能够处理受电弓故障。
（2）能够处理主断路器闭合故障。
（3）能够处理机车牵引失效故障。
（4）能够处理机车辅助及控制电路接地故障。

素质目标

（1）培养学生遵章守纪、爱护列车通信网络设备的职业道德。
（2）培养学生学习新技术、新知识的意识。
（3）培养学生勇于创新、开拓进取的意识。
（4）培养学生严谨认真、精益求精的态度提升学生合作、应变与可持续性发展的能力。
（5）使学生能客观、公正地进行学习效果的自我评价。

知识点学习

5.4.1 故障处理方法

HXD1B 型电力机车最常见的几类故障主要有受电弓无法升起或升起后自动降弓故障、主断路器无法闭合故障、机车牵引失效无法给出牵引力故障、机车辅助回路 AC 440 V、AC 230 V 或机车控制回路 DC 110 V 接地故障、机车辅助压缩机或机车主压缩机泵风故障等。这些故障发生的频次较高，对机车造成影响较大。以下是对各故障具体情况检查处理的方法。

1. 无法升弓或自动降弓

故障判断处理逻辑原理：当机车正常上电、司机室占用且升弓条件全部满足的情况下给出升弓命令后，在一定的延时后检测到被选择的受电弓未升起，系统会判定为一次升弓故障。在不改变受电弓模式下，再次给出升弓命令，被选择的受电弓仍未升起则判定位两次升弓故障，系统将会自动打开该弓对应的高压隔离开关并切除故障受电弓，不允许人工闭合被断开的高压隔离开关，断开蓄电池总控电源，将把该受电弓的故障锁定解除，并允许闭合该受电弓线路上的高压隔离开关。在不复位不改变升弓模式的情况下第三次升弓，系统将自动配置升另一受电弓，该自动转换是在升弓模式处于自动位时的情形，在指定升弓为某一弓的情况下，该弓发生两次升弓故障后系统将会再次提示选择的受电弓存在升弓故障需要改变升弓模式，此时必须人工转换至无故障的另一弓的升弓模式。

升弓条件不满足的情况下的升弓操作被视为无效的升弓命令，系统将不会进行故障判断，即无任何故障记录，只是从 CCU 协议数据中可以分析出给出升弓命令信号的动作扳钮记录。在受电弓升起后因升弓条件中的任何一个条件终止无法满足时，系统将自动降弓，这种情况下的自动降弓系统不会有任何的相关故障记录，只有对于在所有条件均满足情况下发生的因机械或管路漏风造成 ADD 阀动的自动降弓事件，F 版、G 版的控制系统中才有相关受电弓滑板故障的信息提示。

发生无法升弓或自动降弓情况时，首先应按以下步骤确认故障并逐步排除故障。

（1）查看微机显示屏上是否有升弓故障的故障信息或者受电弓滑板故障信息，如果有升弓故障的信息提示，则说明提供给 CCU 的升弓信号正确，故障发生在升弓电磁阀、升弓风路、机械以及反馈信号环节。如果途中运行时发生自动降弓且有受电弓滑板故障信息，确认有无翻弓、刷弓情况，如无异常可转换受电弓模式选择开关，用另一受电弓维持运行。无任何相关的升弓故障信息提示可能是由于升弓扳钮开关或电钥匙信号未给出，造成或升弓条件不满足导致。

（2）在微机显示屏 HMI 的主界面状态下按数字键“1”（主要数据），再按数字键“8”（受电弓状态），屏幕上白色背景的提示信息为无法升弓或自动降弓的原因（按右侧上、下键可翻页），确认造成条件不满足的某一条或多条原因，各提示信息如表 5-4-1 所示。

表 5-4-1　机车受电弓故障提示信息

序号	受电弓状态
0	两个车顶隔离开关已断开
1	受电弓和主断自动开关（=21-F114）断开
2	风压不足和受电弓未升起
3	来自本务车的降弓指令
4	升弓指令给出 15 min 后，无主断合指令出现
5	机车运行模式选择开关不在正常位
6	禁止升弓、合主断
7	CCU 和 SKS3 之间无法通信
8	TCU1 和 TCU2 的自动开关断开
9	CCU 与 TCU1、TCU2 间无法通信
10	检测到库内外部辅助供电电源存在
11	由于主断路器断开故障，系统禁止升弓

续表

序号	受电弓状态
12	司机室未占用或受电弓模式选择开关动作（仅用于本务机车）
13	主断路器未断开
14	ECU 部件自检已激活
15	TCU 原因使主断或受电弓封锁
16	受电弓风路塞门关断
17	被选择的受电弓存在升弓或降弓故障
18	（空白）
19	来自 TCU1 的降弓指令
20	来自 TCU2 的降弓指令
21	来自 SKS3 的主断反馈信号不确认
22	没有升弓指令时检测到网压
23	车顶隔离开关动作激活，等待完成
24	（空白）
25	WTB 存在主从冲突
26	软件版本有冲突
27	无有效的受电弓配置

（3）按上、下箭头键选定当前显示白色背景的信息条后，机车运行状态时按“V>0”键、 机车停车状态时按“V=0”键进入故障处理提示界面，根据故障处理的提示信息进行相关操作，受电弓状态白色背景信息全部消除可重新升弓。

（4）以上处理后故障仍然持续或条件无法满足，可尝试转换到另一操纵端升同一弓和升另一弓操作，判断排除司机室升弓扳钮开关故障。断开蓄电池控制电源开关，重新上电后升弓：

① 查看微机显示屏上是否有来自 CCU 或来自 TCU1、TCU2 的禁止合主断保护，如果有禁止合主断保护，则需要对 CCU 进行电脑清保护的解锁操作。

② 进行升弓操作时，检查确认被选择受电弓的气阀板上升弓电磁阀（Ⅰ端 41YV，Ⅱ端 42YV）有无动作声响，看进风压力表和回风压力表的压力情况，并监听是否有精密调压阀漏风。

如果电磁阀动作正常、无精密调压阀漏风、进回风压力在 3.5~3.8 bar（注：1 bar = 0.1 MPa），无明显压力差，而受电弓未升起，应该是受电弓关节卡死或被冰雪冻住，如果实际上受电弓已经升起但是微机显示屏上无升弓反馈标志则是气阀板回风压力开关故障［（3±0.2）bar 动作，（2.5±0.2）bar 释放］；Ⅰ端=21-A02，Ⅱ端=21-A03）或 SKS3 输入=24-A30.11 模块 E131_03（或 E131_04）信号故障。

电磁阀得电吸合的动作，但是进风、回风压力无法建立，为受电弓气路有泄漏处所致，重点检查制动柜 U43.13 的塞门是否正确开启，检查车顶进风软管、ADD 阀及塞门、滑板、气囊等部件是否有漏风。

③ 当给出升弓命令后电磁阀无动作，且无升弓故障信息出现时，应检查是受电弓扳键开关（Ⅰ端=21-S11，Ⅱ端=21-S21；扳动开关时，应有联锁动作声响）及连接插头状态。进入微机显示屏 MVB 端口预览模式，查询 E131_12 信号（受电弓气路隔离塞门打开），查询 E11O_12.E11O_21 信号（I 端升弓指令、升弓指令—非）或 E210_12、E210_21 信号（II 端升弓指令、升弓指令—非），查询 E131_03 信号（受电弓 1 升起）或 E131_04 信号（受电弓 2 升起）、A13B_01 输出（升受电弓 1 指令）和 A13B_02 输出（升受电弓 2 指令）的状态，当这些二进制信号不正确时，需要检查升弓扳键开关辅助联锁、对应的 CIO 模块和相关的 SKS3 模块及连接线路状态，排除故障。

2. 受电弓不降弓

故障判断处理逻辑原理：受电弓升起状态下，人为给出降弓指令或系统有降弓保护动作时，一定时间延时后系统检测到受电弓仍然是升起状态，系统将会预报工作的受电弓存在降弓故障，只要降弓故障发生一次，系统将封锁该受电弓，并自动断开对应的高压隔离开关，复位该故障需要断开蓄电池总控电源自动开关。

在此所说的受电弓不降弓的故障是指司机给出降弓扳钮开关命令后，而受电弓未完成降弓动作，一般是指没有相关降弓故障信息报出的不降弓情况。

发生不能降弓情况时，首先应按以下步骤确认故障并逐步排除故障。

（1）按下紧急停车按钮或断司控器电钥匙，查看受电弓是否降下。能降弓则重点检查受电弓扳键开关辅助联锁和凸轮状态，正常情况下扳动开关时应有联锁动作声响。必要时可进入显示屏 MVB 端口预览模式，查询 E110_13、E110_22 信号（Ⅰ端降弓指令、降弓指令—非）或 E210_13、E210_22 信号（Ⅱ端降弓指令、降弓指令—非）状态，不正常时检查相应开关联锁及线路。

（2）如显示屏受电弓标识显示未降下，而确认受电弓实际已经降下，气阀板风压为 0 时，受电弓气阀板回风压力开关［（3±0.2 bar）动作，（2.5±0.2）bar 释放；I 端= 21-A02，II 端= 21-A03］故障，且该情况会预报选择的受电弓存在降弓故障。

（3）在司机室电钥匙给上后，受电弓自动升起且降弓命令无效，该故障原因为操作端的升弓扳键开关中某个辅助触指粘连或虚接。

受电弓不降弓的故障，常见为受电弓扳键开关不良或辅助触点故障。

3. 主断合不允许

（1）升弓后，正常时显示屏将显示主断合允许（变绿，即 E131_05 主断合允许信号高电平）。如一直主断合不允许（即显示），分断主断扳键开关一次无效时，在显示屏的主界面状态下按数字键“1”（主要数据），再按数字键“7”（主断路器状态），屏幕显示主断允许闭合条件（按右侧上、下键翻页），白色背景的提示信息为不满足主断允许闭合的条件。各提示信息如表 5-4-2 所示。

表 5-4-2 主断闭合条件（主断状态）

序号	主断闭合条件（主断状态）
0	受电弓/主断路器自动开关断开
1	风压不足
2	紧急按钮被按下
3	存在降弓指令
4	布赫继电器报警
5	受电弓风路塞门关闭
6	司机给出主断路器断开指令
7	主断路器暂时断开（分相区）
8	网压超限或受电弓未升起
9	（空白）
10	主变压器油温超限
11	主断路器断开故障
12	主断路器闭合故障
13	主逆变器 1 或主逆变器 2 水位报警
14	CCU 部件自检激活
15	主断环路自检激活（请等待完成）
16	存在主断路器禁止闭合事件
17	在司控器不在“0”位
18	机车模式选择开关没在正常位
19	（空白）
20	两 TCU 都关闭或两转向架都隔离引起主断断开
21	由于所有辅逆故障引起主断断开
22	辅助控制电路自动开关断开引起主断断开
23	主断控制环路开路
24	主断控制回路开路
25	TCU1 未给出 HVB 释放信号
26	TCU2 未给出 HVB 释放信号
27	系统未检测到油流信号
28	主变压器绕组的温度过高
29	主变压器的油温太低（V40 P）
30	两个油水冷却塔风机都故障
31	顶轮检测试验模式未激活或准备未完成

（2）按上、下箭头选到当前显示白色背景的信息条后，机车运行状态时按“V>0”键，机车停车状态时按“V=0”键，进入故障处理提示界面，根据故障处理的提示信息进行相关操作。

（3）主断路器状态白色背景信息全部消除可重新合主断。经过处理但故障仍未消失，确认“机车模式选择”转换开关（=21-S54，低压柜）在“正常”位，机车断电 10 s 以上再上电进行复位。

（4）以上处理无效时，结合分析机车数据和操作微机显示屏查询 MVB 端口信号，进行故障查找：

① 分析 TCU、CCU 数据中信息，确认有无禁止合主断的保护。如有保护，则消除故障并清除保护后再试验。

② 进入微机显示屏 MVB 端口预览模式，查询 E131_10 信号（主断硬线回路闭合），正常时应为高电平。如是低电平，则重点检查两司机室的紧急按钮（Ⅰ端= 43-S10，Ⅱ端 = 43-S20）、连锁钥匙阀 U99（= 28-A01）、布赫继电器（=34-E01）及相关线路。如检查 SKS3 模块（= 24-A30.11）B5 位有高电平输入而 E131_10 信号仍为低电平时，故障为该模块。

③ 查询 E131_10 信号，正常为高电平，进一步检查=21-A11-K02 继电器（在低压柜左柜内）是否吸合。=21-All-K02 继电器已得电吸合，则重点检查该继电器触指、接线及继电器安装座状态；如检查 SKS3 模块（= 24-A30. 11），A13 位有高电平输入而 E131_05 信号仍为低电平（即主断合允许不变绿）时，故障为该模块不良。

④ 检查= 21-All-K02 继电器未吸合，则重点测量 HVB TCU1 禁止合指令回路、HVB TCU2 禁止合指令回路、机车模块选择转换开关（= 21-S54）、SKS3 输出模块 CCU 1 主断允许通道（=24-A30.41 的 A13B_05）、CCU2 主断允许通道（= 24-A30.45 的 A13F_00）支路各节点对负端的电压，不正常时检查对应 TCU、SKS3 模块及线路。

主断合不允许常见原因有司控器不在“0”位（包括格雷码编码器输出不正常，此时需输入密码进入维护界面进行查看）、禁止合主断保护、紧急停车按钮不良、=21-A11- K02 继电器不良、U99 触指不良等。

4. 主断合允许但无法合上主断

（1）主断合允许变绿后，合主断扳键开关一次，无主断路器闭合的声响，且显示屏有 “主断反馈信号故障”的相关信息，故障一般为制动柜 B01U43.14 主断控制风路塞门（在风表上方的粉红色塞门，正常应在垂直位）错误关闭，主断路器插头不良或主断本身的电磁阀、主断控制板或主断风压开关故障。

（2）无主断路器闭合的声响，且显示屏无任何提示时，如换端操作正常，则回原操作端进入微机显示屏 MVB 端口预览模式，查询 E110_10，E110_ll，E110_18，E110_19 信号（Ⅱ端对应为 E210_10、E210_11、E210_18、E210_19）输入电平是否与真值表定义的逻辑相同，重点检查故障端主断合扳键开关联锁及凸轮、CIO 模块及接线。

（3）换端操作仍无法合主断，进入微机显示屏 MVB 端口预览模式，查询 A13B_06

（合主断命令通道 1，SKS3 输出=24-A30.41 模块）、A14D_02（合主断命令通道 2，SKS3 输出=24-A30.46 模块）是否闭合，确认闭合后检查=21-A11-K01 继电器是否得电吸合。继电器有电但未吸合时，检查接线或尝试更换继电器、安装座。

（4）检查=21-A11-K01 继电器得电，测量=92-X151.14 线排 44 点（正）、41 点（负）间有 110 V 左右电压，则主断合不上的故障原因为主断路器及插头不良，否则为=21-A11-K01 触指、安装座及接线不良。

（5）主断合允许变绿后，合主断扳键开关一次，如有主断闭合后随即释放跳开的声响，排除不是保护性跳主断时，故障为主断路器本身故障（辅助联锁、控制板故障或保持线圈电路开路）。

主断合允许但无法合上主断，常见原因有主断合扳键开关不良、主断控制风路塞门 U43. 14 关闭、主断路器插头不良、主断控制板故障、主断电磁阀故障。

5. 牵引失效故障

故障现象：微机显示屏显示牵引失效，机车无法给出牵引力。

（1）在显示屏的主界面状态下按数字键“1”（主要数据），再按数字键“6”（牵引状态），屏幕上显示白色背景的提示信息为牵引失效的原因（按右侧上、下键翻页）。各提示信息如表 5-4-3 所示。

（2）按上、下箭头选中当前显示白色背景的信息条后，机车运行状态时按“V>0”键，机车停车状态时按“V=0”键，进入故障处理提示界面，根据故障处理的提示信息进行相关操作。

（3）牵引状态背景白色信息全部消除可重新提主手柄。经过处理但故障仍未消失，机车断电 10 s 以上再上电进行复位。

（4）以上处理无效时，换端操纵进行试验检查，并分析机车 TCU、CCU 数据中有无导致牵引失效的信息。

牵引失效常见原因有主逆未准备就绪、网压波动、司控器编码器输出故障、CIO 模块故障；与操作有关的原因有机车在制动模式、无人警惕装置报警激活、停放制动施加、主风缸风压 < 650 kPa、监控装置常用制动、制动缸风压 > 40 kPa 且速度 V > 5 km/h 等。

表 5-4-3 牵引失效条件

序号	牵引失效条件（牵引状态）
0	无人警惕装置报警已激活
1	速度超出最大限定值（V>最大限定值）
2	无方向选择、方向选择不清或主司控器故障
3	自动换端操作已激活
4	机车重联后系统正在初始化（仅用于重联模式）
5	监控系统给出牵引封锁指令

续表

序号	牵引失效条件（牵引状态）
6	手动制动指令发出——机车在制动模式
7	紧急制动被激活
8	制动缸风压>40 kPa 且速度 V>5 km/h
9	停车制动切除未确认
10	主风缸风压<650 kPa
11	停放制动施加
12	多个制动控制单元处于投入状态
13	司机室已占用但 CCBⅡ未在本机位或未占用但 CCBⅡ在本机位
14	超过一半的转向架空气制动被切除
15	由惩罚制动或紧急制动引起的牵引互锁
16	两个辅助逆变器都未工作
17	DP 机车引起的牵引互锁（如无方向选择、牵引中断指令）
18	主逆未准备好运行（主逆无法给出牵引力）
19	主断路器没有闭合
20	给出牵引指令后 20 s 无牵引力或无有效的牵引指令
21	由主变绕组温度、油温、油流、冷却塔等原因引起牵引封锁
22	库内动车时间超限（4 min），相关设备冷却 1 min 后解锁

6. 机车辅助及控制电路接地故障

1）AC 440 V 接地故障

故障现象：微机显示屏报“检测到交流 440 V 电路 1 接地故障”或“检测到交流 440 V 电路 2 接地故障”，或 AC 440 V 绝缘检测装置有数字显示。

① 机车升弓取流后，通过低压电器柜电度表观察窗，检查左柜红色数码显示的绝缘检测装置（中间一个为 AC 440 V 电路 2 绝缘检测装置= 31-F21，检测恒压恒频负载回路；下面一个为 440 V 电路 1 绝缘检测装置=31-F11，检测变压变频负载回路）。数码显示的数值为被监测电网对地绝缘电阻值（单位符号为 kΩ），正常情况下显示“.OL”表示绝缘电阻大于 500 kΩ；低于 200 kΩ 时，机车微机显示屏应有接地故障提示。

② 断开主断，使用“辅助变压器选择”（=31-S58）将接地回路对应的辅助变压器隔离，人工进行辅逆故障冗余，再合主断试验，如果原绝缘检测装置仍然报接地故障则判断为绝缘检测装置本身故障，否则为相应负载回路有接地。

③ 根据绝缘检测不良对应的负载回路，断开低压柜面板上对应的三相自动开关查找接地。辅助逆变器负载情况如图 5-4-1 所示。

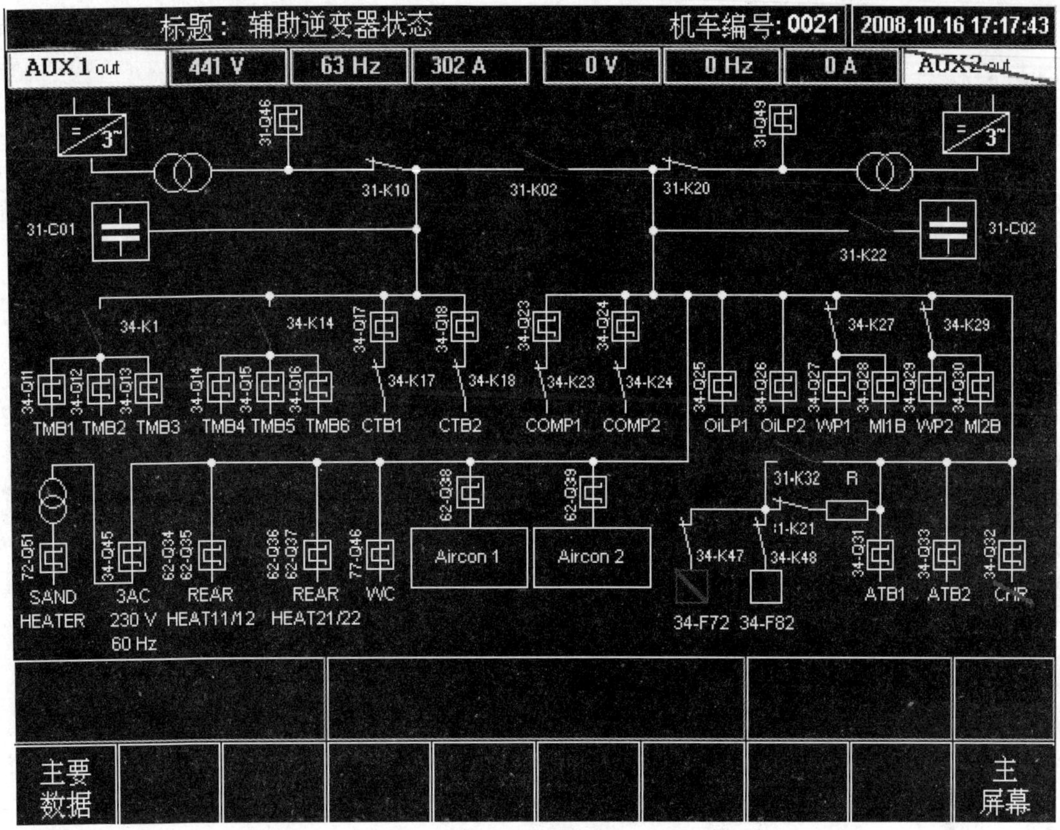

图 5-4-1　辅助逆变器负载情况

AC 440 V 电路 1 接地常见原因为冷却塔风机接线过热烧损，AC 440 V 电路 2 接地常见原因为空调电加热器上有冷凝水而接地，电源柜充电机接地。

2）AC 230 V 接地故障

故障现象：微机显示屏报“检测到交流 230 V 电路接地故障”，或 AC 230 V 绝缘检测装置有数字显示。

① 机车升弓取流后，通过低压电器柜电度表观察窗，检查左柜壁最上面一个带红色数码显示的绝缘检测装置（=34-F31），数码显示的数值为被监测电网对地绝缘电阻值（单位符号为 kΩ）。正常情况下显示“.OL”表示绝缘电阻大于 500 kΩ；低于 200 kΩ 时，机车微机显示屏应有接地故障提示。

② 拔插电热水壶、微波炉电源、卫生间插头，或断开“砂箱加热”（=77-Q51）、“窗加热”（=63-F60）、“低压柜预留加热”（=77-F61）、“暖风机风扇”（=62-F55）、“低压柜风扇”（=34-F62）自动开关，高压试验检查接地。

③ 如确认是砂箱加热接地时，需在低压柜左柜内=92-X151.15 线排上甩掉砂箱加热接

线进行检查。如有“砂箱加热”（=77-Q51）跳开现象时，应保持该自动开关断开，逐个甩砂箱加热线，并用万用表“×10K”挡测量砂加热回路对地电阻、加热电阻阻值，而不能利用高压试验跳自动开关来辅助判断。

AC 230 V 接地故障常见原因有砂箱加热进水、微波炉转盘电机进水、卫生间水泵电机进水等。

3）DC 110 V 接地故障

故障现象：DC 110 电路绝缘检测装置有数值显示，或微机显示屏报“检测到蓄电池接地故障”，或欧姆表检测绝缘不良（低于 0.25 MΩ）。

（1）正端接地。

①“电源欧姆检测”开关（=32-S02）旋转至“+”位（即欧姆表正极接地，欧姆表负极接 110 V 电源负端）。如欧姆表指示绝缘偏低，说明控制电源正端对地绝缘不良（低压柜右下柜的直流电路绝缘检测装置=32-F41 有数值显示，但欧姆表检测良好时，为直流电路绝缘检测装置本身故障）。

② 断开“蓄电池输出”自动开关（=32-Q82），测量蓄电池正负端对地电压（正常时对地电压均为 0）。如蓄电池负端对地电压为蓄电池电压，为蓄电池正端接地；蓄电池负端对地、正端对地均有电压时，则为蓄电池中间单节接地，此时可根据对地电压按每节 2 V 的标准，推算接地单节的大概位置（单独检测某个单节，如对地电压微弱时，多为单节漏液，可用指针式万用表“×1K”挡测量单节极柱对框架的对地电阻进行确认，正常应大于 17 kΩ，一般为∞）。

③ 将电源柜内“蓄电池充电转换开关”（=32-S03）闸刀置“中立”位，接地故障消失时只需排查电源柜相关部件，必要时可断电拔下模块或打开电源柜背面盖板检查接地。

④ 依次断开电源柜各个自动开关（保留=32-Q82、= 32-F161 自动开关在合位，“控制电源开关”=32-S51 在“正常”位，蓄电池电压高于 85 V），依次拔下干燥塔控制盒、卫生间、冷藏箱、第三方设备柜、鸣笛转换器插头，根据接地情况变化来判别、区分接地电路，再逐步排查。

（2）负端接地。

①“电源欧姆检测”开关（=32-S02）旋转至“+”位（欧姆表负极接地，正极接 110 V 电源正端），如欧姆表指示绝缘偏低，说明控制电源负端对地绝缘不良（低压柜右下柜的直流电路绝缘检测装置=32-F41 有数值显示，但欧姆表检测良好时，为直流电路绝缘检测装置本身故障或设定错误）。

② 断开“蓄电池输出”（=32-Q82）自动开关，测量蓄电池正负端对地电压（正常时对地电压均为 0）。如蓄电池正端对地电压为蓄电池电压，为蓄电池负端接地；蓄电池负端对地、正端对地均有电压时，则为蓄电池中间单节接地，此时可根据对地电压按每节 2 V 的标准推算接地单节的大概位置（单独检测某个单节，如对地电压微弱时，多为单节漏液，可用指针式万用表“×1K”挡测量单节极柱对框架的对地电阻，正常应大于 17 kΩ，一般为∞）。

③ 将电源柜内“蓄电池充电转换开关”（=32-S03）闸刀置“中立”位，接地故障消

失时只需排查电源柜相关部件，必要时可断电拔下模块或打开电源柜背面盖板检查接地。

④ 对机车内外部容易积水和接地故障多发处所进行排除，重点排查两端重联插座、两侧底架行灯插座、两端司机室行灯插座、自动过分相四个车载感应器转接头、鸣笛转换器、冷藏箱、油流继电器插头、主变流柜 X15 插头等。

检查无效时，需至少保留“蓄电池输出”（= 32-Q82）、“控制输出”（=32-F161）自动开关在合位，“控制电源开关”（=32-S51）在“正常”位，蓄电池电压高于 85 V，以便使用欧姆表检测绝缘。

⑤ 闭合机车所有 110 V 控制电源自动开关，机车正常上电后，依次接通司机室弱光灯（弱光灯关不掉时，多为低压柜左柜上车=52-K80 延时继电器失电后衔铁不释放，可临时拔下该继电器）、强光灯和走廊灯，按压上车照明按钮触发上车照明延时电路，打开底架行灯，同时检测接地是否发生变化。如绝缘值、接地有所变化，则为相应支路有接地，需进一步排查。

⑥ 以上检查无效时，则需要对 110 V 负端电路分块排查。断开制动电路中加改的三个继电器和下拉电阻连接，取下 32-A31-K01 继电器，甩开电源柜内+150.03 位置=32-X07 线排上的 1 点 B 位的 320171.01 线和+150.04 位置= 92-X151.01 线排 16 点 B 位的 320171.577 线检查接地，区分是 320142.03 支路还是 320171.01 支路有接地，接地未消失为 320142.03 支路有接地，否则为 320171.01 支路有接地。

⑦ 如是 320171.01 支路上的接地，恢复位置+150.03 上=32-X07 线排上的 1 点 B 位的 320171.01 线恢复（此时+ 150.04 位置=92-X151.01 线排 16 点 B 位的 320171.577 线不能恢复）。

a. 断开= 92-X151.01 线排 8、9 点间的短接片（320171.555）（排除低压柜中间继电器），接地消失则再分级检查被甩除部分；接地无变化，恢复短接片，然后断开电源柜内=32-X07 线排上 320171.02 线和 320171.03 线（排除电源柜两个 DC/DC 模块），接地消失则再分级检查被甩除部分。恢复 320171.02 线和 320171.03 线。

b. 断开=32-X07 接线柱上的 320171.04 线、320171.05 线和=92-X151.01 线排 41 点的 A 位 320171.14 线、42 与 41 点的短接片，可把 320171.01 支路分两块来检查接地，如果故障消失则为甩除部分有接地，否则为保留部分有接地。

320171.04、320171.05 部分有接地：先甩=92-X151.01 线排 31 点 C 位的 320171.13 线、34 点的 A 位 320171.11 线、35 点的 A 位 320171.12 线，故障消失说明故障在被甩除的电路中，恢复 320171.13 线，继续甩=92-X151.01 线排 1 点的 B 位 320171.100 线、C 位的 320171. 20 线检查接地，排除中间继电器线圈电路的接地故障。

320171.06、320171.07、320171.08 部分有接地：先甩=92-X151.01 线排 42 点 A 位的 320171.15 线，43 点的 A 位 320171.16 线，58 点的 A 位 320171.17 线和 58、59 点间的短接片，故障消失说明故障在被甩除的电路中，恢复 320171.15 线继续进一步查找。

⑧ 如果是 320142.03 支路上的接地，应注意欧姆表、“电源欧姆检测”开关（=32-S02）、欠压继电器（=32-F77）、控制电源输出继电器（=32-K81）无接地，依次甩=92-X151.01 线排 45 点 D 位的 320142.72 线、45 点的 B 位 320142.73 线、18 点的 C 位 320142.77 线、

45 点（实际接线为 46 点，与图不符）的 D 位 32.142.82 线、45 点（实际接线为 46 点，与图不符）的 B 位 320142.83 线、26 点的 B 位 320142.16 线、26 点的 D 位 320142.15 线、28 点的 B 位 320142.17 线、28 点的 D 位 320142.35 线检查接地。

查找 DC 110 V 接地故障时，禁止机车升弓和对蓄电池充电（恒流充电状态下断开蓄电池，因充电负载骤减，将造成机车控制电压急剧升高，损坏机车电子电气设备），不得使用摇表检测绝缘，禁止带电插拔插头。

查找接地时，甩线采用对半分割方法，达到最简洁、快捷的效果。同时，要做好甩线、检查处理情况、恢复的记录，避免重复排查、漏查和忘记恢复接线。确认被甩部分正常时，应及时恢复被甩接线，并确认接线可靠。

DC 110 V 接地故障常见原因有司机室弱光灯灯头搭锡、灯座内部碰线、重联插座进水、底架行灯插座进水或内部碰线、油流继电器插头进水、干燥塔排水阀进水、空调内部 24 V 电路接地、鸣笛转换器故障、直流绝缘检测装置故障、蓄电池漏液、重联电话接地等。

7. 空气压缩机故障

1）主压缩机泵风故障

故障现象：主压缩机扳键开关在合位，总风缸风压低于 680 kPa 时未启动两主压缩 机工作，或低于 750 kPa 时远离操作端的主压缩机不工作，或主压缩机超过 900 kPa 不停止工作、强泵位主压缩机均不工作。

（1）确认辅逆工作正常，总风缸风压低于 750 kPa（680 kPa），主压缩机扳键开关在合位时不泵风（只有一个压缩机工作），而强泵位泵风正常（或相反）。可进入微机显示屏 MVB 端口预览模式，查询主压缩机扳键开关对应的 E110_08、E110_09 信号（2 室对应为 E210_08、E210_09）输入电平是否与真值表定义的逻辑相同，不相同时重点检查主压缩机扳键开关联锁及凸轮、CIO 模块及接线。

（2）确认“制动系统检测电源”自动开关（=28-F130）闭合良好，在微机显示屏 MVB 端口预览模式查询 SKS3 模块= 24-A30.19 的 E139_04（对应 P50. A72 总风压力开关 1，<750 kPa 闭合，>900 kPa 断开）、E139_12（对应 P50.A75 总风压力开关 3，<680 kPa 闭合，>750kPa 断开）输入信号状态，检查制动柜上 P50.A72、P50.A75 压力开关、SKS3 模块状态及线路。

（3）以上检查确认无故障，当某个主压缩机不工作时，按压操纵台微机显示屏 HMI 上“主要数据”对应的 1 键进入“主要数据”界面，再按压“辅逆”对应的 4 键进入“辅助逆变器状态”界面，检查对应主压缩机接触器（主压缩机 1 接触器=34-K23，主压缩机 2 接触器=34-K24）是否正常闭合：未闭合时检查接触器是否有电，有电不闭合为接触器本身故障，无电则进入微机显示屏 MVB 端口预览模式查询 SKS3 输出=24-A30.44 模块 A13E_02（主压缩机 1 闭合命令）或 A13E_03（主压缩机 2 闭合命令）输出状态；主压缩机接触器能闭合时，检查空压机接线盒内接线、压缩机电机和主压缩机 1 自动开关（=34-Q23）或主压缩机 2 自动开关（=34-Q24）状态性能。

（4）分析机车 CCU 文件时发现诊断文件中故障代码 736：主压缩机 1 不工作或故障

代码 739：主压缩机 2 不工作的记录，应检查主压缩机故障检测电路的电源、接线、SKS3 模块的 E137_00 和 E137_14、主压缩机接线盒内的 4 个常闭节点检测部件点位 1-8 的接线及状态。其中 1-2 点为主压缩机油气混合最高温度 112℃的控制开关节点，3-4 点为不可恢复的压缩机最高温度热熔保险节点，5-6 点为保证主压缩机连续启动时间间隔的最小卸荷压力（2.7±0.5）bar 的压力开关节点，7-8 点为主压缩机最低工作极限温度-25℃控制加热器的继电器连锁节点。

在故障诊断数据中同时伴有故障代码 734、735 或 737，738 则是主压缩机故障检测回路中的某个节点、接线或电源在主压缩机运转时出现瞬间、短时间的动作、开路故障。

2）辅助压缩机泵风故障

故障现象：风源柜风压表显示风压不足 450 kPa，升弓操作时辅助压缩机不工作；或辅助压缩机泵风时超过 650 kPa 仍不停止。

（1）辅助压缩机未正常启动。

① 检查辅助压缩机自动开关（＝21-F157，电源柜面板）在合位。

② 确认司机室占用正常，升弓操作有效。

③ 确认辅助压缩机接触器（=21-K91，低压柜左柜内）是否吸合。接触器已吸合但不泵风，检查辅助压缩机控制插头插座（=21-A20，风源柜上），辅助压缩机电机碳刷（M01，风源柜上），以及辅助压缩机接触器主触头及接线。

④ 确认辅助压缩机接触器未吸合时，按压接触器上的浅灰色方形顶杆，人工闭合接触器。

a. 接触器吸合且松手后不释放，则为接触器限流电阻短接联锁虚接或相关接线不良。

b. 闭合接触器后仍不泵风，应注意检查是否为辅助压缩机自动开关接触不良或相关接线不良。

⑤ 人工闭合接触器时正常泵风，松手后接触器释放，则应重点检查风压开关（49KF，制动屏柜 U43.02 模块）和 SKS3 输入模块（＝ 24-A30.11，低压柜右上柜内）、输出模块（=24-A30.41，低压柜右上柜内）及相关线路。

先按住微机显示屏右侧边最下方的“•”特殊功能键，快速连续按四次“主要数据”对应的 1 键，即可进入微机显示屏 MVB 端口预览模式查询端口信号状态。图 5-4-2 所示为辅助压缩机接触器。

查询 E131_00 信号（辅助压缩机启动请求）是否为高电平：

①不是高电平时，重点检查风压开关（49 KF，低于 450 kPa 闭合，大于 650 kPa 断开）及接线（风压开关回路开路时，系统默认为风压正常不启动辅助压缩机），必要时可人为在=92-X151.O3 线排 1 点端子上引入 110 V 正电源（因电子版电路图与实际有偏差，在短接或引入电源前须核对线号正确，下同），辅助确认是否为 SKS3 输入=24- A30.11 模块不良。

②如 E131_00 信号高电平正常，短接低压柜= 92-X151.13 线排上 1、2 点端子，将 SKS3 输出=24-A30.41 模块 A13B_00 输出短接，辅助压缩机接触器应正常吸合。此时检查 E131_ll 信号（辅助压缩机没有故障）为高电平时，则故障为 SKS3 输出模块（＝24-A30.41）

及相关接线不良；仍为低电平时，重点检查该回路中的常闭联锁。

辅助压缩机未正常启动常见的原因是风压开关 49KF 插头松动。

（2）风压超过 650 kPa 辅助压缩机泵风不止。

首先应断开司机室电钥匙取消占用司机室，然后到控制电源柜处断开对应的辅助压缩机电源控制自动开关=21-F157。

操作微机显示屏进入 MVB 端口预览模式，查询 E131_00 信号（辅助压缩机启动请求）在风压超过 650 kPa 时是否仍为高电平，如果是高电平则为制动柜上辅助压缩机控制模块上 U43.02 的风压开关 49 KF 触点短接故障或 SKS3 输入模块（=24-A30.11）的 E131_00 节点短路故障。

如果检查 E131_00 信号为低电平，则检查 SKS3 输出模块（=24-A30.41）A13B_00 输出是否闭合；如果 A13B_00 节点闭合，则为该节点短路故障；如果 A13B_00 也为低电平，则造成辅助压缩机持续泵风不止的原因为=21-K91 接触器主触头烧结故障。

5.4.2 典型故障案例解析

1. 受电弓自动降弓故障

2011 年 3 月 15 日，HXD1B 型 0176 号电力机车在途中运行时多次自动降弓，当时乘务员在机车Ⅱ端司机室操纵，正常升弓模式升受电弓 1 号运行。多次降弓后，乘务员更换了受电弓运行，但是仍然出现自动降弓现象。

机车回段后，分析机车记录数据，发现当时有多次“降弓命令（Ⅰ端司机室扳钮开关）”记录。在开盖检查Ⅰ端司机室操纵台扳键开关过程中，发现Ⅰ端司机室操纵台扳键开关输出插头的两个固定卡子未卡，插头插接较松。插上插头升弓正常，未发生自动降弓现象。

经分析，判断产生“来自Ⅰ端司机室的降弓命令”是由于Ⅰ端司机室操纵台扳键开关输出插头松脱造成的。为了证明分析结果，查清故障的真正原因，进行了故障再现的现场模拟，在Ⅱ端司机室操纵并升受电弓 1，将Ⅰ端司机室（非操纵端）操纵台扳键开关带电脱开时，自动降弓故障现象重现。

结论：机车逻辑设计中保留了非操纵端的紧急制动和降弓命令有效。当非操纵端扳键开关插头松开，触发了一个降弓命令信号给控制系统，相当于手动扳非操纵端的降弓扳键开关降弓。经过实践验证，如果出现该故障后，断开非操纵端的 CIO 电源自动开关，可以消除该故障，同时并不会影响机车正常牵引运行。

2. 主断故障

1）无法合主断故障

2010 年 12 月 2 日，HXD1B 型 0177 号电力机车在过某个分相区时，司机按操纵台手动过分相按钮后主断自动断开，分相区结束主断不能自动闭合，司机进行人工合主断仍然无法合上，微机复位后故障仍然存在。

机车回段后升弓合主断正常。分析机车数据记录发现当时主断状态有异常记录：CCU 故障记录“主断状态：字节 23：主断硬件回路”（故障代码 1144）。从机车电路原理图可知，构成主断硬件回路的有机车升弓电钥匙 U99、2 个司机室的紧急按钮、布赫继电器 3 个电器触点，当机车主断处于闭合状态时，这 4 个部件中任何一个常闭触点出现开路，将造成主断硬件回路开路事件并被 CCU 记录。

分析机车记录数据，司机在给出分断主断命令和正常情况下按下紧急按钮，将有主断硬件回路开路的故障代码记录；但在按下紧急按钮的同时，会有Ⅰ端或Ⅱ端司机室紧急按钮按下的 CCU 协议记录（故障代码 1131 或 1132）。经对 U99、紧急按钮、布赫继电器警报触点以及连线接点的检查，发现Ⅱ端司机室紧急按钮 210623.01 号线鼻压接不良，有可能存在瞬间虚接情况，压接好线鼻后试验交车。

12 月 7 日，该机车再次出现自动断主断现象，故障持续 15 s 后恢复正常。数据分析发现，同样是由于机车主断控制回路开路造成主断断开，但是司机断主断的命令和紧急制动按钮被按下的操作将有代码为 1131 或 1132 的 CCU 协议记录。经再一次检查相关部件、线路和节点，未发现明显故障或异常。拆开Ⅰ、Ⅱ端司机室紧急按钮进行对比，发现Ⅱ端司机室紧急按钮的塑料芯杆部分比Ⅰ端的要稍微长一些，打磨处理后安装好紧急制动按钮，该机车此后再也没有发生同样的故障。

结论：造成 HXD1B 型 0177 号电力机车自动跳主断或无法合主断故障的原因，是由于Ⅱ端司机室紧急按钮芯杆略微偏长，使得主断硬件回路中的紧急按钮常闭触点（11、12 点位）处于临界接通状态。机车振动情况下可能瞬间断开，但是由于行程很微小，无法让触发 CCU 记录紧急制动的另一个辅助联锁的常开触点闭合，所以发生“主断硬件回路开路”的断主断事件但无按下紧急制动按钮的记录。

2）主断路器故障

2011 年 4 月 20 日，HXD1B 型 0159 号电力机车乘务员回段下班预报，自动过分相装置损坏，只能纯手动过分相，自动过分相无法合主断（该故障是跨局轮乘交接的机车信息）。分析机车数据记录，TCU1、TCU2 诊断数据中有“开关设备：丢失主断闭合确认信号→HAS”记录；CCU1、CCU2 诊断数据中有“主断闭合故障，没有主断闭合反馈信息”记录。通过对 4 月 19 日途中运行及库内操作的所有 CCU 协议数据进行逐条分析，发现机车从第一次上电升弓合主断到发生主断故障的这段时间，一直没有降弓，也没有断主断，乘务员是通过按自动换端按钮来实现所有的转线、挂头、换端调车作业，直到过第一个分相时主断断开后重新合主断发生故障。通过对该故障发生的事件记录和乘务员的处理（有多次关闭、打开 S10 塞门的记录）过程分析，确认该故障是由于机车乘务员误关了 U43.14 主断风路塞门所致。

一般在辅助风缸有足够风压情况下关闭 U43.14 塞门，关闭后 10 min 内升弓合主断，可以实现主断的一次闭合过程，但是主断一旦断开后将无法再闭合，给闭合命令后系统将预报“TCU1 检测到 HVB 反馈信号故障”（故障代码 0078）和“TCU2 检测到 HVB 反馈信号故障”（故障代码 0142）。

主断无法闭合并预报故障代码 0078.0142 还有其他诸多原因，例如主断电磁阀故障、主断电磁阀电源插头缩针、主断控制板故障、主断机械故障、主断闭合反馈继电器故障或反馈信号丢失（实际主断已闭合）、主断风路堵塞等。

3. 司机控制器故障

2011 年 4 月 14 日，某机务段 HXD1B 型 0184 号电力机车出库担当 45948 次牵引任务，在出库转线改换Ⅱ端司机室操纵时，发生了换向手柄置“向前”位机车向后走行的故障，乘务员来回拨动司控器方向转换开关无效。

机车回段后，下载该机车 CCU 数据进行分析（见图 5-4-2、图 5-4-3），结合 LKJ—2000 型监控装置运行记录，整理当时的方向记录情况，如表 5-4-4 所示。

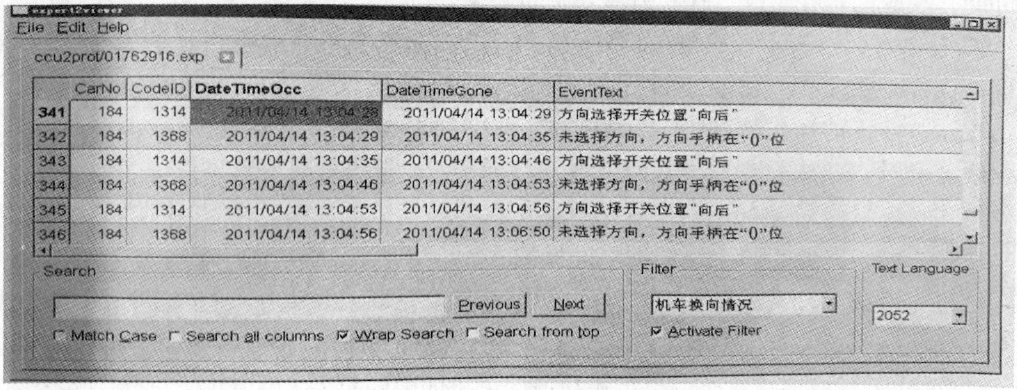

	CarNo	CodeID	DateTimeOcc	DateTimeGone	EventText
341	184	1314	2011/04/14 13:04:28	2011/04/14 13:04:29	方向选择开关位置“向后”
342	184	1368	2011/04/14 13:04:29	2011/04/14 13:04:35	未选择方向，方向手柄在“0”位
343	184	1314	2011/04/14 13:04:35	2011/04/14 13:04:46	方向选择开关位置“向后”
344	184	1368	2011/04/14 13:04:46	2011/04/14 13:04:53	未选择方向，方向手柄在“0”位
345	184	1314	2011/04/14 13:04:53	2011/04/14 13:04:56	方向选择开关位置“向后”
346	184	1368	2011/04/14 13:04:56	2011/04/14 13:06:50	未选择方向，方向手柄在“0”位

图 5-4-2 库内Ⅱ端司机室试验机车方向选择情况

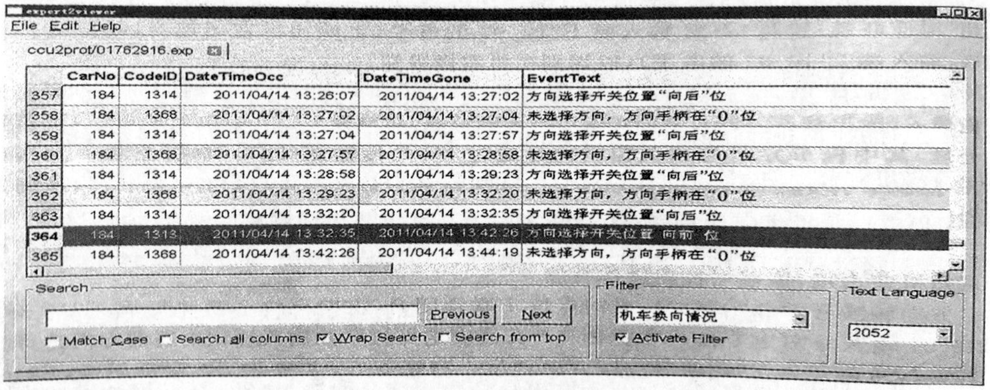

	CarNo	CodeID	DateTimeOcc	DateTimeGone	EventText
357	184	1314	2011/04/14 13:26:07	2011/04/14 13:27:02	方向选择开关位置“向后”位
358	184	1368	2011/04/14 13:27:02	2011/04/14 13:27:04	未选择方向，方向手柄在“0”位
359	184	1314	2011/04/14 13:27:04	2011/04/14 13:27:57	方向选择开关位置“向后”位
360	184	1368	2011/04/14 13:27:57	2011/04/14 13:28:58	未选择方向，方向手柄在“0”位
361	184	1314	2011/04/14 13:28:58	2011/04/14 13:29:23	方向选择开关位置“向后”位
362	184	1368	2011/04/14 13:29:23	2011/04/14 13:32:20	未选择方向，方向手柄在“0”位
363	184	1314	2011/04/14 13:32:20	2011/04/14 13:32:35	方向选择开关位置“向后”位
364	184	1313	2011/04/14 13:32:35	2011/04/14 13:42:26	方向选择开关位置“向前”位
365	184	1368	2011/04/14 13:42:26	2011/04/14 13:44:19	未选择方向，方向手柄在“0”位

图 5-4-3 出库换Ⅱ端司机室后机车方向选择情况

从上表可知，机车乘务员在Ⅱ端司机室进行库内高压试验，当时已出现了 2 次方向异常现象，但由于当时机车未动车，再加上乘务员未确认微机显示屏的方向标识，从而错过了发现故障的时机。

LKJ-2000 型监控装置记录显示，13：17：52 乘务员在Ⅰ端司机室操纵机车出库，机车走行了 389 m 后，乘务员换 0 端司机室操纵，13，26：18 方向转换开关置“向前”位，13：26：52 提手柄走车，13：26：54 动车，机车移动了 2 m 后于 13：26：59 停车，当时最高速度为 2 km/h。随后 3 次试验向前时机车均向后走车，后经机务段 120 故障台指导，乘务员用拳头敲击振动方向转换向开关处的司控器面板（此时方向转换向开关仍在“向 前”位），机车于 13：32：46 恢复正常。

表 5-4-4 机车 CCU 数据记录与 LKJ-2000 监控记录对比表

机车 CCU 数据记录				LKJ-2000 监控记录			方向选择状态
工况	起止时刻	持续时间	方向	起止时刻	持续时间	方向	
库内高压试验	13:04:28—04:29	00:00:01	“向后”位	13:04:39—04:41	00:00:02	前	
	13:04:29—04:35	00:00:06	“0”位	13:04:41—04:47	00:00:06	中	
	13:04:35—04:46	00:00:11	“向后”位	13:04:47—04:50	00:00:03	后	方向异常
				13:04:50—04:57	00:00:07	前	
	13:04:46—04:53	00:00:07	“0”位	13:04:57—05:05	00:00:08	中	
	13:04:53—04:56	00:00:03	“向后”位	13:05:05—05:07	00:00:02	后	方向异常
	13:04:56—06:50	00:01:54	“0”位	13:05:07—07:02	00:01:55	中	
出库后换端操纵机车	13:26:07—27:02	00:00:55	“向后”位	13:26:18—27.00	00:00:42	后	
				13:27:00—27:14	00:00:14	前	
	13:27:02—27:04	00:00:02	“0”位	13:27:14—27:15	00:00:01	中	
	13:27:04—27:57	00:00:53	“向后”位	13:27:15—28:09	00:00:54	后	
	13:27:57—28:58	00:00:01	“0”位	13:28:09—29:10	00:01:01	中	
	13:28:58—29:23	00:00:25	“向后”位	13:29:10—29:23	00:00:13	后	
				13:29:23—29:35	00:00:12	前	
	13:29:23—32:20	00:02:57	“0”位	13:29:35—32:31	00:02:56	中	
	13:32:20—32:35	00:00:15	“向后”位	13:32:31—42:38	00:10:07	后	方向异常
	13:32:35—42:26	00:09:51	“向前”位				恢复正常
备注	经比对该机车 CCU 时钟约比 LKJ 时钟慢 11 s；Ⅱ端司机室操纵机车 CCU 数据记录的方向与 LKJ-2000 型监控记录的方向正常时应相反						

故障原因分析：

1）司控器方向选择的工作原理

如图 5-4-4 所示，司控器转换开关通过“方向点位 1”“方向点位 2”辅助联锁分别控制 CIO2 输入端 E210_00、E210_01 电平（Ⅰ端司机室司控器，则对应控制 CIO1 输入端 E110_00、E110_01 的电平），以识别机车方向选择；司控器电钥匙辅助联锁（即“司机室占用”对应联锁）控制 CIO2 输入端 E210_02 的电平（Ⅰ端司机室司控器，则对应控制 CIO1 输入端 E110_02 的电平），以识别司机室操纵端。

司机室占用、方向选择、定速、牵引/制动等控制指令由司控器发出，经 CIO（紧凑型智能输入/输出终端）通过 MVB（多功能车辆总线）传输至 CCU（中央处理单元）进行数据处理，其中机车方向的相关控制信息通过 MVB 传输至 TCU（牵引控制单元），由

TCU 控制牵引变流器 PWM 模块输出三相交流电的相序以确定牵引电机转向，从而达到控制机车向前或向后运行的目的。

当Ⅱ端司机室司控器给上电钥匙，CIO2 输入端 E210_02 呈现高电平，则表明司机Ⅱ端司机室占用，该端司控器操作有效。

方向转换开关在“0”位时，方向点位 1 联锁闭合，方向点位 2 联锁断开，E210_00、E210_01 输入分别为 1 和 0，根据图 5-4-4 中真值表定义机车控制系统识别当前方向选择为“0”；方向转换开关在“向前”位时，方向点位 1 联锁断开，方向点位 2 联锁闭合，E210_00、E210_01 输入分别为 0 和 1，机车控制系统识别当前方向选择为“向前”；方向转换开关在“向后”位时，方向点位 1 和 2 联锁均闭合，E210_00、E210_01 输入均为 1，机车控制系统识别当前方向选择为“向后”。

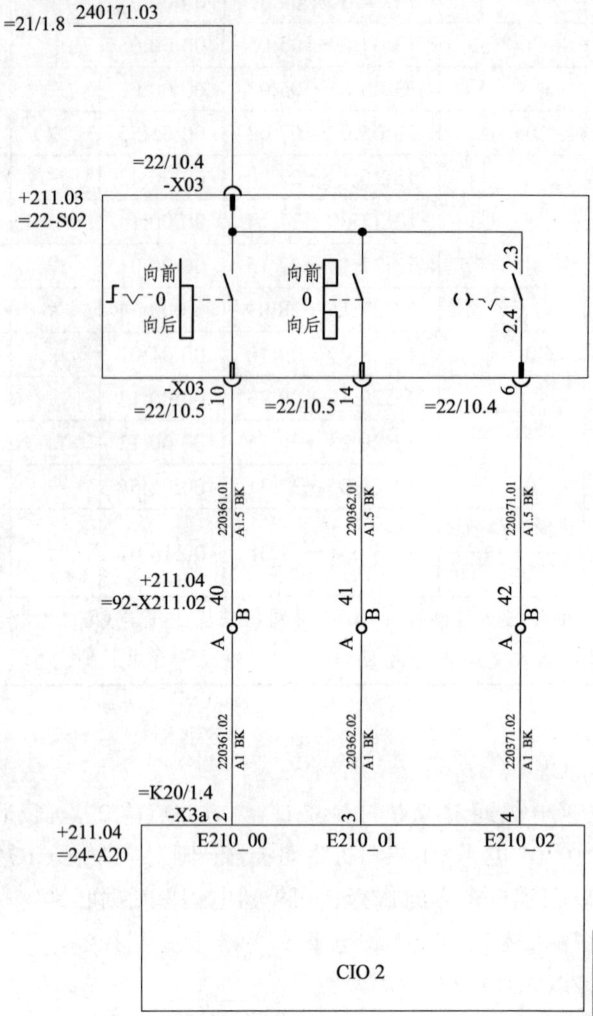

位置	E210_00	E210_01
向前	0	1
0	1	0
向后	1	1

图 5-4-4 司控器方向选择电路原理

2）逻辑控制分析

由图 5-4-4 中 E210_00、E210_01 真值表的逻辑关系可知，CIO2 输入端 E210_00 仅在方向转换开关在“向前”位时保持低电平。当司控器方向转换开关置“向前”位时，因某种原因造成 E210_00、E210_01（I 端司机室操纵时对应为 E110_00、E110_01）同时出现高电平，就会被机车控制系统错误识别为向后方向，从而出现司控器方向转换开关置“向前”位、“向后”位机车均反方向走车的情况。

从逻辑控制方面分析，发生此故障的原因在于操纵端 CIO 输入端 E210_00（或 E110_00）检测到了高电平，而司控器插头 X3 接触不良或电线路断路只能导致低电平。从故障应急处理方面分析，采用敲击振动方向转换开关处司控器面板可有效消除故障，可判断为司控器 S847W2D2b 型辅助触头盒内辅助联锁（分别对应方向点位 1 和方向点位 2）出现暂时卡位，这才是导致司控器方向选择故障的主要原因。事后经分解检查发现，靠近司控器面板的前两个辅助联锁 S3.1 和 S3.2 会因温度的上升导致本来开距过小的动静触指断不开。

3）安全防范措施与改进建议

鉴于司控器向前位机车向后走车故障的危害，为确保行车安全，需采取的安全防范措施是：要求乘务员等作业人员进行牵引操作时，在选择方向后、操作主手柄前，必须确认微机显示屏 HMD 显示的机车方向标识是否与司控器方向转换开关的方向一致。

为了从根本上解决司控器方向选择故障，建议机车生产厂家重新对 S847W2D2b 型辅助触头进行改进；另一个建议方案是利用司控器上与方向点位 1 逻辑值相同的辅助联锁（如 S3.3 或 S3.4 的常闭联锁），多采取 CIO 的一个空闲输入端 EU0_04（或 E210_04），以三点位方式重新定义方向开关选择的逻辑真值表，以增加方向选择的输入冗余。当检测 E110_00（或 E210_00）的输入状态与 E110_04（或 E210.04）不一致时，即可判定方向选择存在问题而自动封锁牵引，同时给出提示信息。当然，增加输入冗余会降低司控器的可靠性，但这样会有利于安全，利大于弊。

4. 主变压器故障

1）布赫继电器警报故障

2011 年 8 月 7 日，HXD1B 型 0051 号电力机车发生布赫继电器警报故障，机车数据记录 CCU 诊断文件中有 268、269 的故障代码，CCU 协议文件中有 355、358 的故障代码，机车无法升弓。

检查布赫继电器状态，发现布赫继电器警告级别的上浮球没有下移，布赫继电器警报级别的下浮球也没有下移，布赫继电器内部没有聚集气体。

经过数据分析发现，数据记录中一直没有警告级别的报警（一般由于气体缓慢聚集，将会有故障代码 267 的诊断数据，也有故障代码 357 的协议数据）。经过对主变压器油取样化验，各项指标均符合要求，排除了油流的瞬间冲击因素。初步分析认为是有人误动作导致布赫继电器警报。经过检查、试验浮球动作性能后恢复复位按钮，用计算机 Monitor 软件清除两个 CCU 的 BRAM 故障记录后，重新上电自检，故障再次发生。

经过确认浮球状态无异常，开 CCU 柜门查看 SKS3 的=24-A30.18（E138_11）的指示灯灭，测量 341542.03 无电压信号，说明 SKS 模块无故障。开盖检查布赫继电器接线盒内的接线，并检测相关的触点通断状态，发现布赫继电器警报信号触点 8、9 点间开路（见图 5-4-5），确认为布赫继电器内部的干簧管微动开关故障，更换布赫继电器清除保护后故障消除。

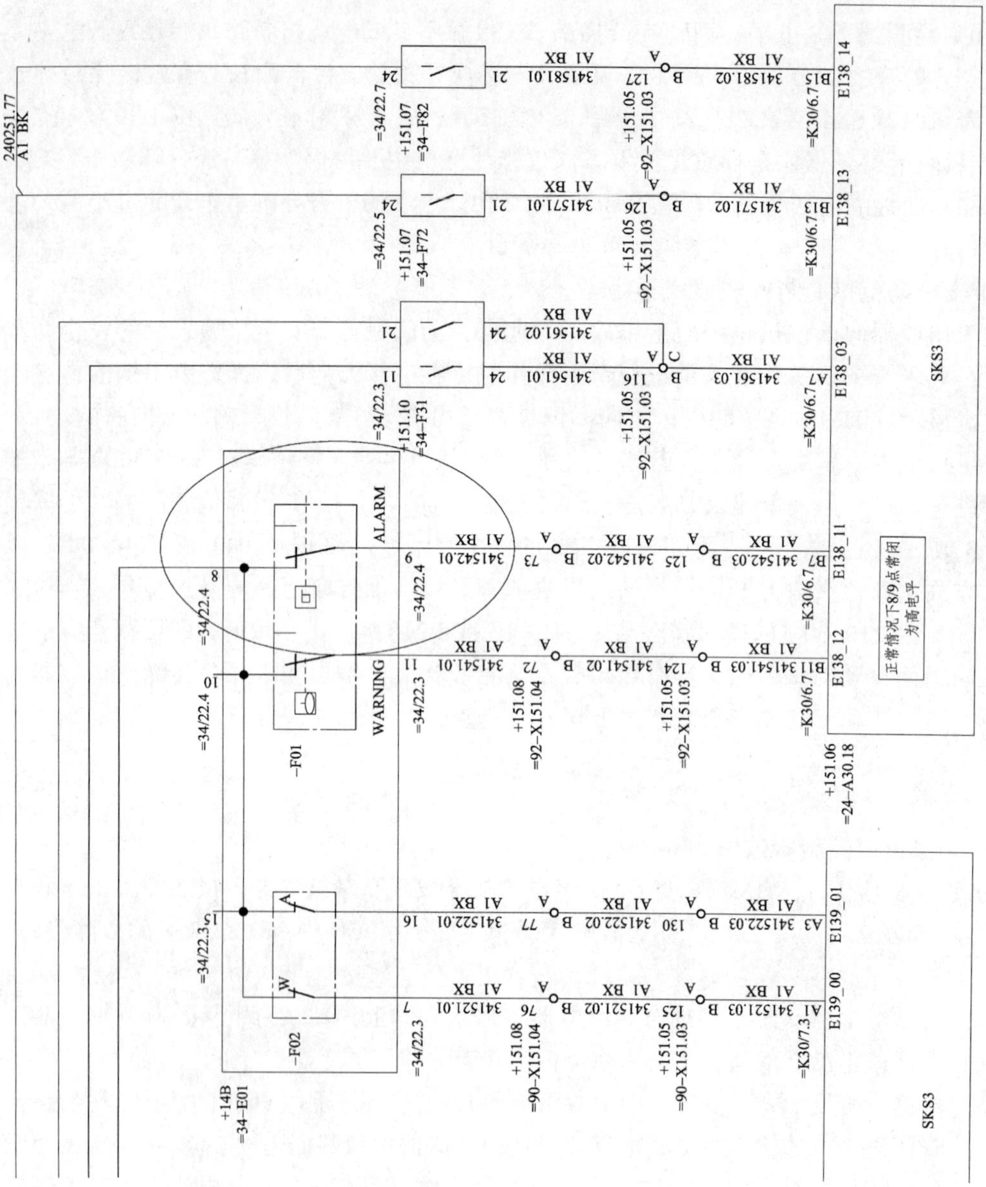

图 5-4-5　布赫继电器接线原理（局部）

正常情况下布赫继电器 8、9 点接通，无布赫警告的高电平信号经 SKS3 提供给 CCU 系统，如此触点断开时，系统会认为布赫继电器动作而发出警报信息。

2）主变压器内部气体超标

2010 年 7 月 9 日，HXD1B 型 0053 号电力机车在进行普查检测作业中，化验技术人员通过数据分析，发现该机车主变压器油中气体乙炔为 57.9 μL/L，含量超注意值达 10 多倍，分析认为该机车主变压器存在故障隐患。

为确保数据及预报准确，化验室对机车主变压器油再次进行了重取检测确认，结果是不仅乙炔含量大幅增长为 187.32 μL/L（注意值为≥5），乙炔气体的相对产气速率达 149% ，而且氢气为 310.67 μL/L（注意值为≥150），总烃为 239.35 μL/L（注意值为≥150 μL/L），含量也超过注意值，总烃的相对产气速率也达 139.78%。

根据特征气体法和三比值法进行的综合分析，判断主变压器中存在电弧放电的现象比较明显，化验室向技术科提出故障隐患预报，由技术科安排扣车确定下一步方案。同时，化验室将分析结果通报南车集团株洲公司驻段人员，并将检测数据及分析结论报到路局机务处检测所化验室。经机务处检测所化验室及株洲厂对油样的再次复检确认后，厂段双方决定对 HXD1B 型 0053 号电力机车落变压器进行分解检查。检查结果：西门子公司对机车变压器吊芯检查后，发现该机车主变压器存在铁芯和夹件之间的接地线没有被良好地连接，造成电弧放电的故障。

参考文献

[1] 毕红雪，李福胜. 交流传动机车网络监控与诊断系统[M]. 成都：西南交通大学出版社，2014.

[2] 徐传波，于文涛，程迪. 高速铁路动车组网络技术[M]. 成都：西南交通大学出版社，2018.

[3] 陈特放，曾秋芬等. 列车微机与网络控制技术及应用[M]. 北京：科学出版社，2012.

[4] 谢伟达，钱存元. 列车通信与网络[M]. 北京：中国铁道出版社，2014.

[5] 黄秀川，何成才. 动车组网络技术 [M]. 成都：西南交通大学出版社，2018.